CAIKONGQU SUIDAO WEIYAN
WENDINGXING FENXI JI ZHILI

采空区隧道围岩稳定性分析及治理

李晓俊 ◎ 著

化学工业出版社
·北京·

内容简介

下伏多层采空区隧道围岩受力复杂、施工难度大、处置费用高，是我国公路、铁路隧道建设中急需解决的重大技术难题。本书是介绍采空区隧道围岩稳定性演化机理及综合治理技术的著作，采用工程地质调查、资料收集、室内实验、数值计算与理论研究相结合的方法，内容包括多层采空区残余变形机理、采空区层位对隧道围岩稳定性的影响、采空区注浆减沉优化技术、残余变形对隧道围岩稳定性影响及评价、采空区隧道治理与支护技术，对采空区隧道工程的设计、施工、治理均具有十分重要的指导意义。

本书理论性、实践性强，集采空区隧道设计、施工及采空区治理经验和理论成果于一体，可供相关专业的工程技术人员与科研人员参考使用。

图书在版编目（CIP）数据

采空区隧道围岩稳定性分析及治理 / 李晓俊著. —
北京：化学工业出版社，2024.10. — ISBN 978-7-122-46019-6

I. U452.1

中国国家版本馆 CIP 数据核字第 2024JD4669 号

责任编辑：严春晖　金林茹　　　装帧设计：王晓宇
责任校对：张茜越

出版发行：化学工业出版社
　　　　　（北京市东城区青年湖南街 13 号　邮政编码 100011）
印　　装：北京七彩京通数码快印有限公司
710mm×1000mm　1/16　印张 18½　字数 310 千字
2024 年 10 月北京第 1 版第 1 次印刷

购书咨询：010-64518888　　　　售后服务：010-64518899
网　　址：http://www.cip.com.cn
凡购买本书，如有缺损质量问题，本社销售中心负责调换。

定　　价：99.00 元　　　　　　　　版权所有　违者必究

前言

我国中西部地区煤炭资源丰富，为我国经济建设发挥重要作用，但由于被大规模地下开采，也存在着大量采空区以及日益突出的地表沉陷和环境灾害等问题。随着我国"一带一路"倡议的稳步推进，我国中西部地区公路、铁路等基础设施建设加速发展，公路隧道不可避免地会穿越采空区段进行修建，在附加车辆荷载、隧道爆破荷载、围岩蠕变等因素的作用下，趋于稳定的采空区围岩会出现不同程度的"活化"现象，造成采空区以上岩体及隧道围岩出现较大的残余变形，对隧道结构及围岩稳定性产生不利影响，极易使隧道在运营期间出现过大的变形和结构应力等问题，对公路安全运营造成威胁。因此，采空区隧道围岩残余变形机理、隧道围岩长期稳定性演化规律、采空区隧道治理与支护技术还有待深入研究。

本书内容包括绪论、工程地质条件、多层采空区残余变形机理、采空区层位对隧道围岩稳定性的影响、采空区注浆减沉优化技术、残余变形对隧道围岩稳定性影响及评价以及采空区隧道治理与支护技术。

本书内容丰富，理论性和实践性强，是一本集采空区隧道设计、施工及采空区治理经验和理论成果于一体的著作，可供相关专业工程技术人员与科研人员参考使用。

本书在编写过程中参考了大量的文献和专业书籍，谨向相关作者深表谢意！

由于笔者水平和能力有限，书中疏漏与不足之处在所难免，敬请读者严加斧正！

山西工程科技职业大学
李晓俊

目录

1 绪论 ... 001
1.1 采空区形成与特征 ... 002
1.1.1 采空区概念及特征 ... 002
1.1.2 采空区分类 ... 003
1.2 研究背景及意义 ... 007
1.3 采空区稳定性研究现状 ... 008
1.3.1 理论研究现状 ... 008
1.3.2 实验分析研究现状 ... 012
1.3.3 数值分析研究现状 ... 015
1.4 本书内容与意义 ... 017
1.4.1 本书内容 ... 017
1.4.2 意义 ... 018

2 工程地质条件 ... 019
2.1 自然地理条件 ... 020
2.1.1 地理位置 ... 020
2.1.2 气象特征此图次数 ... 020
2.1.3 水文特征 ... 022
2.1.4 土壤植被特征 ... 023
2.2 工程地质条件 ... 023
2.2.1 地形地貌 ... 023
2.2.2 地层岩性 ... 025
2.2.3 围岩分级 ... 030
2.2.4 进出口场地稳定性 ... 031

2.3 基于沉降监测的残余变形规律 ……………………………… 032
 2.3.1 SBAS-InSAR 技术 ……………………………… 032
 2.3.2 数据处理 ……………………………………… 038
 2.3.3 处理结果 ……………………………………… 041
2.4 煤层及采空区 ……………………………………………… 045
2.5 地质构造 …………………………………………………… 047
2.6 地震 ………………………………………………………… 048
2.7 水文地质 …………………………………………………… 049

3 多层采空区残余变形机理 …………………………………… 052

3.1 基于概率积分法的残余变形理论模型 …………………… 053
 3.1.1 修正的概率积分法模型 ……………………… 053
 3.1.2 地表残余变形时序预测模型 ………………… 055
 3.1.3 计算参数选定 ………………………………… 055
 3.1.4 地表残余变形预测 …………………………… 057
 3.1.5 采空区残余变形规律及对隧道围岩稳定性影响
    机制分析 ……………………………………… 059
3.2 残余变形机理 ……………………………………………… 063
 3.2.1 岩石单轴压缩实验 …………………………… 064
 3.2.2 破碎岩体压实实验 …………………………… 072
 3.2.3 数值仿真分析 ………………………………… 105
3.3 本章小结 …………………………………………………… 143

4 采空区层位对隧道围岩稳定性的影响 ……………………… 146

4.1 残余变形对不同竖向位置隧道围岩稳定性的
  影响 ………………………………………………………… 147
 4.1.1 构建模型 ……………………………………… 147
 4.1.2 残余变形作用下不同竖向位置隧道围岩稳定性
    分析 …………………………………………… 149
4.2 残余变形对不同交叉形式隧道围岩稳定性的
  影响 ………………………………………………………… 155
 4.2.1 构建模型 ……………………………………… 155

  4.2.2 残余变形作用下不同交叉方向隧道围岩的稳定性分析 …… 156

 4.3 残余变形对不同水平位置隧道围岩稳定性的影响 …… 159

  4.3.1 构建模型 …… 159

  4.3.2 残余变形作用下不同水平位置隧道围岩的稳定性分析 …… 160

 4.4 本章小结 …… 165

5 采空区注浆减沉优化技术 …… 167

 5.1 工作面顶板上覆岩层厚度对注浆减沉效果的影响 …… 168

  5.1.1 研究思路 …… 168

  5.1.2 计算模型 …… 168

  5.1.3 注浆结石体变形参数 …… 169

  5.1.4 注浆减沉效果分析 …… 172

 5.2 注浆时机的减沉机制 …… 181

  5.2.1 研究思路 …… 181

  5.2.2 计算模型与参数 …… 181

  5.2.3 不同注浆时机减沉规律 …… 182

 5.3 采空区注浆后隧道稳定性评价 …… 186

  5.3.1 围岩塑性区演化规律 …… 187

  5.3.2 隧道衬砌变形分析 …… 187

  5.3.3 隧道衬砌应力分析 …… 190

 5.4 本章小结 …… 197

6 残余变形对隧道围岩稳定性影响及评价 …… 199

 6.1 研究思路 …… 200

 6.2 建立隧道数值模型 …… 200

  6.2.1 隧道围岩高精度计算模型确定 …… 200

  6.2.2 隧道结构建模 …… 201

 6.3 施工过程隧道及围岩稳定性分析 …… 202

  6.3.1 数值计算过程 …… 202

  6.3.2 围岩塑性区分析 …… 203

  6.3.3 围岩竖向变形分析 …………………………………… 203
  6.3.4 围岩水平变形分析 …………………………………… 205
  6.3.5 初期支护应力分析 …………………………………… 207
  6.3.6 初期支护变形分析 …………………………………… 208
  6.3.7 二次衬砌应力分析 …………………………………… 209
  6.3.8 二次衬砌变形分析 …………………………………… 210
 6.4 残余变形作用下隧道稳定性评价 ……………………………… 211
  6.4.1 计算残余变形作用下隧道围岩位移场 ……………… 211
  6.4.2 残余变形对隧道衬砌结构的影响 …………………… 213
  6.4.3 隧道塑性区分析 ……………………………………… 214
  6.4.4 隧道围岩变形分析 …………………………………… 215
  6.4.5 隧道衬砌应力分析 …………………………………… 224
 6.5 本章小结 ………………………………………………………… 233

7 采空区隧道治理与支护技术 ……………………………………… 235
 7.1 采空区治理技术 ………………………………………………… 236
  7.1.1 采空区治理方法 ……………………………………… 236
  7.1.2 采空区治理方法的选择 ……………………………… 240
  7.1.3 采空区注浆技术 ……………………………………… 241
 7.2 采空区隧道设计 ………………………………………………… 258
  7.2.1 隧道内轮廓扩大设计 ………………………………… 258
  7.2.2 隧道衬砌结构设计 …………………………………… 263
  7.2.3 洞口设计 ……………………………………………… 266
  7.2.4 防排水设计 …………………………………………… 267
  7.2.5 沉降缝及柔性功能层设计 …………………………… 269
  7.2.6 瓦斯防治措施 ………………………………………… 276
  7.2.7 施工组织设计 ………………………………………… 280
  7.2.8 监控量测与超前地质预报 …………………………… 284

参考文献 ………………………………………………………………… 287

1 绪论

1.1 采空区形成与特征
1.2 研究背景及意义
1.3 采空区稳定性研究现状
1.4 本书内容与意义

1.1 采空区形成与特征

1.1.1 采空区概念及特征

采空区指的是在矿山开采活动中形成,并且没有得到妥善处理的区域,在煤矿的开采过程中,这些采空区也被称作"老塘"或"老窿"。采空区不仅会影响矿区生产安全与资源回收利用,还会造成严重地质灾害,威胁人民群众生命财产安全。至今,还没有一个统一的采空区定义。《矿山安全术语》(GB/T 15259—2008)将采空区定义为"采矿后不再需要维护的地下和地面空间",而《采空区工程地质勘察设计实用手册》则将采空区定义为"人们在地下进行大面积采矿或为了各种目的在地下挖掘后留下的矿坑或洞穴"。从上述描述中,可以明确地看到采空区涵盖了所有的人工地下挖掘空间,如巷道和溜井等。由于这些地下工程都有可能产生较大的地应力场,破坏其围岩,并诱发地质灾害,故本书所指的采空区一般是那些不具备开挖条件但又需要保护的地质环境。实际情况是,通常只有在开采矿体后形成的采空区才可能导致严重的地压灾害。因此,本书集中讨论采空区的狭义概念,即开采矿体后形成的空间,这也是采空区的一个重要特点。

在金属矿山的环境下,"采空区"和"地压"通常被密切地关联在一起。因此,在开采过程中要特别注意对其进行有效控制和管理,以保证矿山生产安全、高效地进行。所谓的"地压"是指在回采工作面上的矿体、围岩和矿柱所承受的应力,以及这些应力与采场内的支护系统之间的相互作用产生的应力场的统称。"采空区"是指地表以下一定深度范围内的岩层或岩体。"地压"这个词,如果从字面上解释,就是"地层中的压力",它持续存在于岩体内。由于开采深度不断加深,导致岩体强度降低而引起的岩层移动或变形称为"地裂缝"。在对采场进行尾砂胶结填充和接顶处理后,如果能够消除采矿后的空间,有效地控制地压灾害,那么该采场将不再被视为一个采空区;反之,若继续留设开采时,就会形成新的危险区域,导致生产安全问题出现。如果顶板的接顶效果并不理想,且充填体无法有效地支撑顶板,那么采空区仍然存在。当采空区形成之后,将引起地面塌陷和地表移动等一系列问题。处理采空区主要是为了有效地管理地压并避免灾害的发生。由于采空区属于一种特殊地质结构，其本身就具备一定的稳定性和特殊性，同时在开采过程中受到多种因素影响，极易引发安全事故。因此，在采空区内，常常存在引发灾害的倾向，这也构成了采空区的一个关键特性。

矿山的开采周期通常很长，当采空区形成后，它并不是完全平衡的，而是持续受到周边爆破活动的影响，这是一种相对的平衡状态。随着时间的推移，由于应力集中效应以及采矿扰动等因素的综合影响，采空区会产生变形或塌陷。在持续的地压影响下，采空区的围岩常常会出现蠕变现象，有时甚至会形成冒落片帮，导致其体积和形态持续发生变化。

总的来说，矿山的采空区通常展现出以下几个显著特征：

① 随着矿山的开采活动，地下空间形成，这是在开采完矿体之后所产生的；

② 它与地压是紧密相连的，并显示出矿山地质灾害的触发趋势；

③ 它始终保持在一个相对稳定的状态，并会随采矿深度的增加而持续变化。

为了有效地进行采空区的稳定性管理和灾害应对，准确地理解采空区的定义和特性至关重要。

1.1.2 采空区分类

1.1.2.1 按采矿方法分类

采矿方法涉及时间和空间上对采准和切割的顺序，以及它与回采活动之间的有序合理的协同工作。采空区不仅会影响矿区生产安全与资源回收利用，还会造成严重地质灾害，威胁人民群众生命财产安全。基于不同的采矿技术，可将采空区分类为三种：采用空场法的采空区、采用充填法的采空区以及使用崩落法的采空区。

① 空场法采空区　该方法在回采过程中都可能发生大面积垮冒事故。空场法的采空区通常涵盖以下几类：采用房柱法（全面法）的采空区、阶段性矿房法的采空区、采用浅孔留矿法的采空区。空场法采空是一种新方法，其原理就是在回采工作面后方形成一定宽度的封闭空间来保护上方矿

体，并利用充填体进行加固，以防止上覆岩层垮落或地表塌陷。必须严格控制顶板的暴露面积、体积、暴露时间与空区崩落的时间和深度之间的关系，合理规划空区的处理时间和措施，以避免因突然大规模冒落造成的潜在危害。使用空场法进行开采的采空区通常具备如下特性：围岩强度较高、稳定性良好、顶板暴露面积较大、形状细长、暴露时间较长、具有很强的贯通性以及空区形态容易观察。

② 充填法采空区　充填采矿法是一种在回采过程中使用充填料来填补实采空区的采矿技术，它主要包括以下几种方法：垂直分条充填采矿法、分层充填采矿法、削壁充填采矿法、分段空场嗣后充填采矿法、进路充填采矿法、浅孔留矿嗣后充填采矿法和阶段空场嗣后充填采矿法。充填采空区和充填采矿法之间存在明显的差异。前一种方法是在采矿后进行一次充填，其充填效率相对较高；而充填采矿法则是在采矿的同时进行充填，每开采一层后进行一层充填，因此在工艺和充填质量方面存在差异，导致一次充填后的采空区质量不佳。在采用充填法进行矿山开采的过程中，矿房开挖阶段会形成独立的小型采空区，并通过使用充填料成功地消除了这些采空区。如果充填材料的接顶处理不佳，采空区仍然会有部分残留，特别是在使用干式充填的矿山中，可能会留下较大的采空区。

③ 崩落法采空区　在采场设计时，应考虑崩落体与地表之间的空间关系，使之成为一个整体，避免因局部破坏而导致整个岩体结构失稳。崩落采矿法利用崩落的围岩来达到地压管理的目的，它是一种消除采空区的策略。为了确保安全生产，必须及时监测出超前工作面采场范围内采空区的空间形态和尺寸大小。在崩落法的采矿活动中，围岩的滞后崩落导致了采空区的形成，而这些滞后崩落的空区的体积变化是难以准确观察的。因此，在采场回采前必须对顶板进行预加固。当采空区的顶板面积扩大到某一特定规模时，由于顶板的滞后冒落，可能会出现大面积的突然冒落，并伴随着气浪的冲击，须合理地调整垫层的厚度。崩落采矿法展现出如下几个显著特性：a. 崩落法不再将矿块分为矿房和矿柱，而是将整个矿块视为一个回采单元，按照特定的回采顺序，连续进行单步回采；b. 在进行回采的时候，周围的岩石可能会自行或被迫坍塌；c. 崩落法的开采方式是在一个特定的阶段从上至下进行的，这与空场采矿法有所不同。综合考虑，空场法被认为是形成采空区的核心技术，而充填采矿法和崩落采矿法都被认为是消除采空区的有效采矿方式。

1.1.2.2 按含水状态分类

① 充水采空区　被废弃的采空区在失去排水功能后,被后续的地下水或地表水填满,从而形成了一个充满水的采空区。因此,必须采取必要的防治措施对充水采空区进行治理。假如未来的地下挖掘项目触及这种充满水的采空区的界限,那么采空区内的积水可能会突然涌入井下,导致一些意外的水灾事故。另外,在长时间地下水浸泡的影响下,充水采空区的围压强度逐渐降低,从而增加了坍塌的可能性。

② 不充水采空区　位于地下水位线之上的采空区具有良好的排水功能,不会出现积水或仅有极少量的积水现象,为不充水采空区。

1.1.2.3 按采空区形态分类

① 房状采空区　空场法回采缓倾斜矿体所形成的采空区具有独特的结构特征,即采空区的上下分别是顶部和底部,而空区的四周则被一系列连续的条带矿柱所环绕,使整个空区呈现出房状的形态。在采用空场法回采急倾斜矿体之后,形成了一个特殊的采空区。这个采空区的结构特征是上下都是顶底柱,而四周则是间柱以及上下的盘状结构。在初期的开采阶段,房状采空区的形态相对规整,存在矿柱的分隔,其顶部和底部都具有很好的稳定性。然而,在后续的回采过程中,矿柱的连续性受到了损害,导致房柱式的大面积空区相互连通,这常常引发大规模的地压灾害。

② 矿体原形状空区　经过小规模矿体的回采,大部分形成的空区都是原始的,但当矿柱回采结束后,这些空区的形态与矿体的形态几乎是一致的。通常情况下,充填采矿主要呈现为"V"字或"L"形,但根据矿床的具体条件,也可以选择其他的充填采矿方式。在小断面的矿山中,矿石的采出量相当大,并且很大程度上受到自然条件的影响;中到大型的矿井因其地质结构的复杂性和煤层的高位置赋存,容易出现冒落的情况。

1.1.2.4 按采空区形成时间分类

这一关于采空区时间划分的方法,主要是由地质勘查和城市规划部门提出的,他们特别关注由采空区引起的地面下沉对建筑结构的潜在影响。大规模矿体回采后空区则呈不规则状和长方体形。在矿山的生产活动中,也使用了不同开采水平的地表移动界限和结束移动界限来确定不同阶段的采空区对地表的影响范围。由于这些研究工作都是针对单个采空区而言的，所以不能反映出整个矿区采空区的情况。事实上，在矿山采空区的管理过程中，对采空区形成时的重视，主要集中在采空区与当前生产系统的联系程度以及对采空区信息的掌握水平上。

① 老采空区　所谓的老采空区，是指那些在完成回采计划后还未得到适当处理的采空区，而煤矿也被称作"老窿"或"老窑"。这些老采空区分布在地面以下一定范围内，并有可能继续存在下去，形成新的采空区和空区群。那些历史上的采矿遗迹、被遗弃的民间开采和非法开采的矿井，以及那些已经无法查证的开采空区和已经关闭的矿井，都被归类为老旧的开采空区。在没有开采前已形成了新的结构体系，并对其本身产生巨大影响，如塌陷、变形、冒落等。老采空区最显著的特征是与目前的生产系统之间的联系非常微弱。在勘查阶段，对这些老采空区要采取必要的处理措施，以保证安全回采。大部分矿山在治理老采空区灾害时都面临着资料稀缺、形态模糊、情况不明确和边界难以确定等问题，这些都是治理过程中最具挑战性的难题。在工程地质调查无法确定老采空区特性的情况下，建议进行物理探测和钻探活动。老采空区的积水可能会变成附近开发项目的潜在风险，对井下的生产造成威胁，这种情况通常被称作"老窿水"或"老窑水"。

② 现采空区　在我国煤矿中广泛分布着现采空区和遗留采空区。所谓的现采空区，是指那些地下正在被开采或正在进行后续处理的未开采区域。在矿山生产中，地压管理的核心是对现有的采空区进行管理，这包括选择合适的矿房和矿柱尺寸，以及严格监控采空区的暴露面积和暴露时间。从另一个角度来看，我们需要对采空区进行及时的处理，以确保回采活动能够无障碍地进行。

③ 未来采空区　所谓未来采空区，是指那些目前还未被开采，但在后续的采矿活动中逐步形成的未被开采的区域。由于矿山开采过程中采空区不断产生并扩展，因此需要研究其在今后一段时间内的发展变化情况。在考虑未来的采空区时，人们最为关心的是开采可能带来的影响。从一方面看，岩层的移动对当前的采矿项目产生了影响，因此需要合理地规划和回收保安矿柱。从另一方面看，我们需要关注地表建筑物的安全边界问题，并通过计算来预测地表的移动和变形特性，从而提前为可能受到影响的建筑物制定相应的措施。

1.1.2.5 按地表连通形式分类

① 明采空区 明采空区是由于顶板岩层的塌陷或在采空区顶板上人为设置的"天窗",导致地面与采空区之间形成了连通。

② 盲采空区 那些不与地面连接的开采空区被称为盲采空区。当大范围的盲采空区域突然坠落,它会产生强烈的空气冲击波,造成巨大的破坏。

1.2 研究背景及意义

我国中西部地区煤炭资源丰富,大规模、高强度地下开采,在为我国经济建设发挥重要作用的同时,也存在大量采空区及引起日益突出的地表沉陷和环境灾害问题。

近年来,随着我国经济建设的稳步推进,特别是中西部地区公路、铁路等基础设施建设加速发展,受总体线形限制,公路隧道不可避免地会遇到从穿越采空区不良地质段穿越修建的问题,在附加车辆荷载、隧道爆破荷载、围岩蠕变等因素的作用下,趋于稳定的采空区围岩会出现不同程度的"活化"现象,造成采空区以上岩体及隧道围岩出现较大的残余形变,对隧道结构及围岩稳定性产生不利影响,极易使隧道在运营期间出现过大的变形和结构应力,对公路安全运营造成威胁。

国道307、207线阳泉市绕城改线工程位于山西省阳泉市所辖平定县及郊区境内,是山西省"十三五"公路网规划中的重要项目。项目建成后与本区域内相关的国家高速公路、省级干线公路构成完善的公路网络,对提高区域乃至山西省的综合经济实力有重要作用,同时对促进阳泉市城镇化建设、沿线区域经济健康发展、产业结构转型升级、煤炭及旅游资源开发有深远影响。

阳泉市煤炭资源优质且丰富,伴随着地下煤炭资源的大量开采,大大小小的采空区不计其数,在该地区建设公路不可避免会经过采空区。本书依托国道307、207线阳泉市绕城改线项目下伏采空区隧道工程,下伏三层采动煤层,属于下伏多层采空区隧道。煤矿地下开采形成的采空塌陷区具有以下特点:a. 地下开采引起的岩层与地表变形影响范围一般较大;b. 地下煤炭开采形成的采空区域会导致上覆岩层原有应力平衡被打破,出现岩体发生过大的拉伸、剪切、压缩以及弯曲形变，继而诱发岩体的破碎裂隙、垮落等破坏，形成冒落带、裂隙带与弯曲带；c. 岩层与地表变形量大；d. 变形持续时间长，岩层变形移动持续时间为数年甚至数十年。当隧道穿越煤矿采空塌陷区时，一方面，冒落带、裂隙带劣化岩体的长期变形将引起隧道围岩与支护体系发生变形破坏；另一方面，隧道施工及运营期车辆动荷载将会不同程度地扰动塌陷区劣化岩体，使其重新发生变形移动，进而再次引起隧道围岩变形。采空区的这些特征对隧道的设计、施工、运营都提出了更高的要求，因此如何对穿越煤矿采空塌陷区的隧道进行设计，确保施工和运营的安全成了目前迫切需要研究的问题。

一般认为，采空区埋深越深，残余变形效应越明显，采空区在停采一定时间后残余变形量、延续时间、残余变形对隧道的长期稳定运行造成的影响程度、隧道的支护结构设计及施工指导等技术难题急需从科学及工程角度进行研究。然而，目前对多层采空区的稳定性评价尚属起步阶段，研究成果尚不多见。规范中对隧道下伏采空区的稳定性评价标准也只是采用了部分单一指标进行描述，并没有形成一个多参数指标的采空区场地稳定性评价体系；采空区处置方法也是根据采空区影响范围进行全注浆，很难评判处置方法的高效性和可靠性。因此，开展下伏多层采空区隧道围岩稳定性规律、形变机理以及工程治理方法的深入研究，对我国同类型隧道工程的设计、施工、监测、运营管理均具有重要的指导意义。本书内容可为多层采空区影响范围内公路隧道的设计、施工建设及安全稳定运营提供理论支撑，能够大幅节约采空区治理费用及后期公路工程安全运营的维护费用，研究成果的生态效益、经济效益、社会效益显著，具有广泛的应用推广前景。

1.3 采空区稳定性研究现状

1.3.1 理论研究现状

1.3.1.1 地表稳定机理

所谓采空区地面移动，是指随着采空区影响范围逐渐扩大，上覆岩层发生变形并向地面延伸扩展，最终导致地表发生沉降。由于受煤矿生产环境条件复杂、工作面推进距离长以及采煤工艺等因素的影响，在采矿活动中会产生许多与地表有关的因素和现象，这些都将直接或间接地对地面造成扰动。当采矿活动对地表产生影响后，受到采矿活动影响的地表会从其原始高度逐步降低，导致采空区上方的地面形成一个比采空区更大面积的沉陷区域。这种沉陷区域被称作地表移动盆地，具体可参见图1-1。

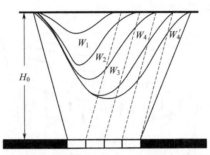

图1-1　地表移动盆地演变发展示意图

当工作面与切眼的距离在开采深度的1/4～1/2范围内时，煤层的采掘可能会对地面产生影响，导致地面沉降。接下来，随着采矿区域的逐渐扩张，采空区的上层地表将会出现一个广泛的下沉盆地。由于该沉陷盆地在时间上与煤炭开采有关，因此，研究其分布规律具有重要意义。经过对煤矿开采对地表移动影响的深入分析，将地表下沉盆地划分为三个不同的类别：①非充分采动下沉盆地；②充分采动下沉盆地；③超充分采动下沉盆地。

由采空区构成的移动盆地展现出以下几个显著特点：①与下方的采空区相比，其最终形成的盆地面积通常更大；②在采空区的移动盆地中，沿着主剖面的盆地尺寸是最大的，同时地表的移动和变形也是最大的；③移动盆地的位置和采空区的位置与矿层的倾斜角度有着紧密的联系，而采空区移动盆地的变形和稳定性则与开采后的沉降时间有很大的关联。通常情况下，沉降的时间越长，其移动和变形就越趋于稳定。然而，由于地下水水位的波动和附加荷载的增加，采空区的冒落带、裂隙带和弯曲带的岩石力学特性都会发生变化，这可能进一步触发老采空区的"活化"现象。

根据覆岩移动的力学机理，采空区的覆岩移动破坏形式包括：弯曲、冒落、沿层面滑移等覆岩移动形式。

(1) 弯曲

弯曲是采空区岩层发生移动的表现形式。冒落带破碎岩体中存在大量裂缝及空洞，上覆岩层在其自重作用下沿采空顶板起始岩层面的法向，依次向采空区侧产生弯曲。克拉茨建立了采空区上覆岩层的弯曲理论模型，见图1-2，在煤层开采后，上覆岩层①变形为弹性状态，沉降时不产生裂隙，并位于裂隙带之上。

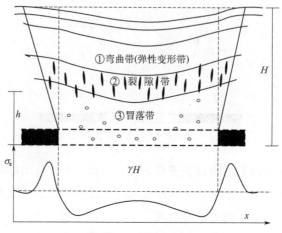

图1-2 弯曲带示意图

(2) 冒落

在煤层被开采后的一段时间里，部分直接顶的岩层会发生弯曲，导致拉伸变形和强度下降。随着时间的推移，这些拉伸变形的岩体会出现开裂和断裂，直接顶与其上的岩层也会分离，直接顶会破碎成岩块并填充到采空区内，从而使岩层的原始结构消失。因此，对采场围岩稳定性和地表沉陷具有较大影响。冒落是一种剧烈的移动方式，通常仅在采空区的直接顶板岩层中发生。当地表出现下沉时，由于受水平应力作用，其沿走向方向形成一个向深部发展的塑性带，并逐渐扩展到整个工作面范围。这一移动变形的破坏模式是不连续的，并展现出明显的运动学与动力学属性。

(3) 沿层面滑移

对于具有一定倾角的煤层，在覆岩自重的作用之下，岩层一方面会沿着岩层的法线方向发生弯曲，另一方面也会沿着平行层面方向发生蠕变，从而产生滑移运动。煤层的倾角越大，覆岩自重在平行层面方向上的分力越大，垂直层面方向上的分力越小。因此，随岩层倾角增大，岩层在采空区中更易发生滑移，进而导致采空区上山方向岩层受到强力拉伸作用，而采空区下山方向的岩层受到挤压作用。总体上，采空区的滑移通常伴有地表塌陷或长条状的较大裂缝。

1.3.1.2 地表变形预测

在采空区地面稳定性相关研究中，研究者们提出了诸多地面移动变形及变形预测方法，包括概率积分法、积分网格法、皮尔逊函数法、负指数函数法、样条函数法、韦布尔分布法、双曲函数法、条带开采预测法和三维层状介质理论预测法等，并在工程实践中得到了广泛应用，其中概率积分法是应用最广泛和最成熟的方法。20世纪中期，波兰学者认为采空区地面沉降的影响函数呈现正态分布，该理论被称为KNothe-Budryk理论。20世纪60年代以来，我国学者对采空区地面移动越来越重视，刘宝琛等首次将概率积分法全面引入我国矿区地表移动沉陷预计中。何国清建立了地表塌陷的韦布尔分布模型，并给出了韦布尔分布法预计岩层和地表移动变形公式的实用形式。段瑜首次在硬岩矿山采空区评价中引入综合模糊评价理论，建立了采空区灾害危险度多因子评价模型。于辉基于采场薄板矿压理论，将下煤层工作面基本顶断裂力学模型分为基本顶初次断裂前的四边固支板结构、断裂后的三边固支一边简支板结构，以及接续工作面基本顶初次断裂前的三边固支一边简支板结构、断裂后两相邻边固支两相邻边简支板结构。何尚森通过引入损伤力学计算了上煤层底边的极限损伤深度和损伤量，并结合"砌体梁理论"分析了层间岩体滑落和回转失稳的临界条件。甄智鑫将多煤层开采煤层关键层结构分为两类五种，并提出了针对不同关键层结构下工作面支架工作阻力的确定方法。邹友峰认为下沉系数与覆岩岩性有关，岩体越坚硬，其值越小，同时推导出地表下沉系数的表达式，并结合我国的观测实例，给出地表下沉系数的具体计算方法。成枢依据随机介质模型，解决了固体矿物开采和地下水疏降共同作用下的地面沉降变形的线性叠加计算问题。Singh对Kamptee煤矿的老采空区进行残余沉降情况调查时发现：老采空区残余变形的时间和大小跟上覆岩体的软硬程度以及重复采动的叠加作用有关。郭广礼等应用概率积分法，建立了深部长壁采空区上方地表残余变形预测模型。余学义等根据经验采用加大充分下沉系数的方法来计算残余变形。高延法根据蠕变特性，通过力学中的开尔文模型建立了残余移动变形的延续时间函数，并确定预计公式中的时间影响参数。刘新杰分析了岩层变形—离层—断裂破坏—结构变化的运动过程，探讨了上覆岩层多种的移动变形形式。

此外，灰色关联度法、模糊综合评价方法、模糊测度理论也被应用到采空区稳定性评价中。研究人员建立了相应的采空区稳定性分析数学模型，计算采空区灾害危险度以及采空区稳定性系数与稳定性级别间的对应关系。赵奎在应用模糊数学理论建立了矿柱稳定性模糊推理系统，但由于缺乏足够的矿柱破坏不同阶段的侧向波速现场实测值，所以尚难建立隶属度与波速及矿柱完整性之间精确的定量关系。对于含贯通性结构面等明显各向异性的矿柱，必须根据结构面方位与测线关系，对推理结果作适当调整，这也是该推理系统尚不完善、有待改进之处。

总体来说，理论分析和推导出的解析解或者经验公式都是进行了假定与问题简化，与实际情况还存在一定差异。当围岩受到外力作用时，会导致围岩失稳或断裂形成冒落区。从理论角度出发，对顶板和上覆围岩的变形、断裂过程以及其背后的作用机制进行理论解析是一个巨大的挑战。

1.3.2 实验分析研究现状

采空区相似模拟实验是由苏联学者库兹涅佐夫提出，并在全苏矿山测量和煤炭研究院等采用，后来在意大利、美国、波兰、瑞典等国家得到广泛应用，针对大坝坝体与坝基的岩体稳定、大型矿井顶板围岩稳定、大型洞室围岩稳定与支护、大型露天山体边坡的安全与稳定等工程问题展开了系统研究。

自20世纪60年代起，相似模拟实验在我国的水利、采矿、地质、铁路和岩土工程等多个领域得到了广泛应用，并取得了显著的技术和经济效益。例如，著名的"砌体梁"理论，地下开采导致的上覆岩层"三带"形成规律，以及地压显现与岩层断裂的规律等，已经成为国内进行重大岩体工程可行性研究必不可少的方法之一。相似模拟实验基于物理原型，采用物理相似的理论来构建相似的物理模型，能够精确地模拟岩体在动态开挖过程中的力学性能的变化，并提供直观的实验观察结果。在开采过程中，当局部出现大范围顶板垮落且未达到极限支承压力之前，可能存在一个小范围盲采空区。叶义成根据缓倾斜多层矿床的特性，构建了物理相似材料模型，并采用相似模拟实验方法，研究了前进式和后退式回采顺序开采矿床的围岩应变变化、巷道围岩应变变化和地表沉降及其演变规律；付宝杰通过进行物理模拟实验，成功地再现了在底板隔水层重复采动的影响下，裂缝的生成、扩张和连通等多个破坏和失稳过程；来兴平利用平面组合加载实验平台，建立了急倾斜坚硬岩柱动态破裂的"声-热"演化特征模型实验，揭示了开采扰动下岩柱破裂过程中的声发射和温度演变规律；程志恒以沙曲煤矿的近距离煤层群开采为研究背景，运用相似模拟实验探究了保护层和被保护层双重采动对围岩应力-裂隙分布和演变特性的影响。

1.3.2.1 相似模拟材料选择

模型的物理力学特性在很大程度上受到相似材料的选择、配比和制造过程的影响，这些因素也对模拟结果的准确性起着决定性的作用。因此，选择合适的相似材料和配比对于物理模拟实验是至关重要的。以某铜矿为工程背景，开展了急倾斜多层矿体采矿条件下不同工作面推进方式对矿山生产安全及地表沉陷变形的影响研究工作。在国内，部分学者已经对相似材料进行了深入的研究，并获得了一系列的研究成果。韩伯鲤提出了使用铁粉和石英砂作为骨料，松香酒精溶液作为胶凝材料的相似材料，而李勇等人则在此基础上加入了重晶石粉；张宁和他的团队研制了一种由砂、水泥、橡胶粉、减水剂、早强防冻剂以及防水剂构成的类似材料；张强勇和他的团队成功开发了一种由铁矿粉、重晶石粉、石英砂、石膏粉以及松香酒精混合制成的类似材料，董金玉等人也在这一基础上进行了进一步的实验性研究；李宝富和他的团队利用砂子、碳酸钙和石膏成功制备了适用于煤岩体的低强度相似材料；苏伟和他的团队对中粗河砂、水泥等类似材料进行了实验性的研究；彭海明和左保成等人使用砂子作为骨料，并采用石膏与水泥作为胶凝材料，对岩层进行了仿真模拟。这些相似材料在实际工程中得到应用。随着相似材料模型实验技术的不断进步，用于制备相似材料的原料数量也在逐渐增加。其中，以石英砂、石膏、重晶石粉为主的普通相似材料已得到广泛应用。张强勇、马芳平、韩伯鲤等人成功地进行了新型相似材料的研究，并成功地解决了众多的实验难题。传统的材料，如采用水泥和石膏作为胶结剂，以及采用石英砂和重晶石粉作为骨料，在实验中仍然得到了广泛的应用，并且其相关的理论研究依然在进行中。目前国内外还没有一种完全适合于各种岩石类型的相似材料，因此需要寻找新的相似材料。

1.3.2.2 相似模拟实验加载方法

从技术实验的角度来看，国外的大部分实验都是使用小千斤顶或小千斤顶群进行加载，只有少数实验选择了使用千斤顶加分配块的系统加载方式。在模型的平面变形控制方面，多数研究并没有提出严格的标准，只有美国的 R. E. Heuer 等学者达到了相对理想的平面应变条件。在我国，目前使用较多的是以小千斤顶作为主要加载设备进行室内实验和现场施工监测。在许多模型里，施工工艺并没有被严格地模拟出来，有些模型甚至忽视了施工工艺本身的影响，而有些则仅仅进行了非常近似的模拟。对于大型复杂结构，由于施工过程非常复杂，很难精确地进行计算分析，所以在模型实验研究方面还不够深入。在国内的模型实验中，大部分的加载方式都是使用油压千斤顶系统，并通过分配块或分配梁来传递荷载。另外，也存在使用小千斤顶群或液压囊进行加载的方法，以及使用橡胶气压袋进行加载的方式。在进行地质力学模型实验时往往会出现多种问题，主要是因为实验过程比较烦琐，而且很难达到精确的结果。对于模型的平面应变条件，控制通常不是特别严格，一些方法是结合侧限梁和侧限钢板，而另一些则是采用对穿螺杆的方式。目前我国对于隧道工程研究较多，而针对地下洞室围岩稳定性的实验研究则相对较少，因此进行这方面的室内模型实验显得尤为重要。尽管人们已经广泛地意识到地质力学模型实验中使用平面应变条件和"先加载，后开挖"策略的关键性，但目前还没有找到最佳的实施方法。在地质力学模型加载技术的研究中，无论是国内还是国外，除了使用模型边界加载方法来模拟地应力外，还引入了底面摩擦实验装置来模拟模型的自重，这种方法的核心思想是利用模型底面与皮带机等物体之间产生的摩擦力来替代岩石的重力，从而展示隧洞在重力场中的变形和破坏状况。此外，还有一种方法是利用离心机在高速运转时产生的惯性力来模拟重力，从而进行静力结构模型的实验。

1.3.2.3 模拟实验测试方法

物理模型实验中，通常需要测量的内容包括位移、应力与应变的关系，形变、裂缝的滑动和开裂等现象。国内多采用这种方式进行大型桥梁模型实验。在实际的岩体工程应用中，由于各种应力应变位移量测仪器的传感器体积过大，使得它们难以适用于模型实验。因此，在进行模拟实验时，必须采用特殊的测量方法和设备。

在位移测量方面，通常使用悬臂式测位仪，该仪器不仅可以用于测定洞室附近的位移，还能用于测定节理间的相对滑移和张开度。目前，在国内外广泛使用各种不同型式的测位计对岩体中裂隙及其相互关系进行量测。在执行多点测量任务时，可以选择使用多点位移计、多测点巡回检测仪或光学全站仪等工具，而其他常见的测位计包括百分表、千分表和差动变压器式位移传感器等。这些仪器都具有结构简单、读数方便且精度高的特点。此外，采用激光散斑和白光散斑法来测量位移和变形的方法也被广大领域所采纳。应力的测定方法可以分为直接和间接两种。受限于这些设备的本身结构，它不能对试件进行直接测量。在模型实验中，直接测定应力是相当具有挑战性的，所使用的工具包括压力盒、扁千斤顶等，这些工具经常被用于加载系统或模型的边缘进行初始应力的测定。常见的测力计等工具通过转换其他物理参数来间接测定压力和应力。Hobbs 和 Rabcewicz 等学者曾经采用这种测力计来测定作用在洞室衬砌上的压力。应变的测量可以直接在模型中完成。近些年，随着光纤量测技术的进步，光纤传感器在应变量测量中的应用越来越广泛。为了监测模型内部的变形和破坏，通常会使用超声波监测仪、钻孔内窥仪以及围岩松动圈测试仪等多种检测设备。

1.3.3 数值分析研究现状

由于矿山开采过程中地质条件（地层岩性、岩体节理、裂隙发育、断层分布、地下水位、风化破碎程度等）的不确定性、工程影响因素（开采时间、开采施工方法、多层开采等）的复杂多变，岩层移动的力学模型难以包括各种影响因子，导致理论预测地表沉降较难与实际情况吻合。采空区现场监测虽然具有真实、可靠度大的优点，但需要历时较长的监测周期，工作任务艰巨且费用大。相比之下，理论模型更易操作，但受到计算限制，需要将很多复杂影响因素进行简化，导致求出的理论解与工程实际变形值存在较大误差，且无法解析采空区动态形变过程，也无法对主要因素开展机理分析。数值仿真分析能快速、定量评价采空区岩体稳定性能，研究投入低，改变方案和有关参数方便、灵活，能够处理复杂的材料本构关系，能够开展多因素下的采空区围岩稳定性及力学响应规律分析和破坏机理研究，在工程实践和科研工作中被广泛采用。

目前采空区数值模拟主要使用有限单元法、离散单元法及有限差分法等。国内外相应分析软件有有限元分析软件 ABAQUS、MIDAS-GTS 等，有限差分法软件有 FLAC、FLAC3D，离散单元法软件 PFC3D、UDEC、GDEM、3DEC、MATDEM 等。孙国权通过 FLAC3D 程序对某金矿的采空区稳定性进行了数值模拟分析，得出了应力应变的分布规律。王生俊采用有限元软件 FLAC3D 研究了采空区剩余沉降量的时空演化，研究中得出了采空区空间位置沉降量的变化规律，其在计算上不受开采沉陷学的影响，确定了剩余空间对高速公路路基的潜在危害性。张晓君运用岩石破裂过程分析 RFPA 2D 系统，对采空区顶板大面积冒落过程进行了数值模拟研究，并对不同的顶板、底板和矿柱岩性对采空区的破坏过程进行了数值模拟研究，模拟结果再现了采空区从变形到破坏的全过程，并从应力分布角度分析了整个采空区的破坏规律。张广伟等对新建高速公路下伏采空区问题进行了研究，依据采空区对路基稳定性影响，把采空区开采引起的公路地基承载力的传递深度和导水裂隙带发育高度等因素结合起来，评价了高速公路路基稳定性。付建新等以典型铁矿山为工程背景，采用相似模拟和数值计算联合的方法，对单层采空区群形成过程中围岩的应力应变演化规律进行了研究。张向阳结合潘一东矿深部煤层开采的具体工程地质条件，运用相似模拟、数值模拟相结合的方法，分析了深部煤层上行开采过程中，岩层破坏断裂、裂隙演化及下沉变形特征。张志沛以常家山隧道作为工程依托，采用有限元数值模拟，分析了隧道穿越煤矿采空区时，隧道周围岩体的变形和应力特征。刘长友根据大同矿区多采空区坚硬厚层破断顶板群的赋存条件，采用理论分析、相似模拟实验和现场实测分析相结合的研究方法，对多采空区破断顶板群结构的失稳规律及其对工作面来压的影响进行了探讨。钟刚、唐有德采用三维弹塑性有限元数值分析软件 3D-SIGMA 软件对具体矿山进行了模拟。李一帆等利用基于离散单元法的数值软件 UDEC 对实际工程采空区稳定性做了模拟研究。徐文彬等采用相似模型、数值分析及现场监测手段，研究了阶段嗣后充填采场分层开采扰动下围岩的变形特征、破坏模式、巷道表面变形规律。卢宏建采用数值计算软件分析了硬岩矿床多次开挖卸荷扰动下的矿柱应力演化特征和声发射能量表征的累计损伤规律。

1.4 本书内容与意义

1.4.1 本书内容

本书采用室内实验、数值计算与理论分析相结合的方法，以国道307线、207线阳泉市绕城改线项目下伏采空区隧道为研究对象，研究采空区残余变形对公路隧道围岩稳定性的影响，主要内容如下：

（1）多层采空区残余变形机理

考虑岩性、开采宽深比、时变函数等因素，对概率积分法模型进行修正。分别采用理论预测模型及数值计算模型探究采空区残余变形时空演化规律。

（2）采空区层位对隧道围岩稳定性的影响

通过数值计算方法，分析在不同竖向位置、交叉形式、不同水平位置工况下采空区隧道围岩塑性区分布特征及沿隧道走向围岩正应力及剪应力变化机理。

（3）采空区注浆减沉优化技术

构建数值计算模型，分析不同埋深条件下采空区注浆减沉变化规律，分析埋深条件对注浆减沉效果的影响机制。研究不同注浆时机对上覆岩层残余沉降的长期减沉效果影响机制，提出不同埋深条件下采空区最佳注浆减沉优化技术方案。

（4）残余变形对隧道围岩稳定性影响及评价

构建数值计算模型，运用克里金插值方法，分析残余变形作用对隧道围岩稳定性的影响机制，评价隧道衬砌结构及围岩长期应力及变形的时空演化规律。

（5）采空区隧道治理与支护技术

总结目前我国采空区治理主要方法，结合工程治理经验提出采空区注浆技术要点，结合前述章节研究成果，提出残余变形作用下多层采空区隧道结构设计、施工组织、监控量测及超前地质预报、瓦斯防治的综合设计方法与支护技术。

1.4.2 意义

① 揭示下伏多层采空区隧道围岩残余变形演化机理，提出多层采空区残余变形理论预测模型。

② 探究不同相对空间位置采空区对隧道围岩长期稳定性的影响机制及围岩应力演化规律。

③ 探究不同注浆时机对围岩残余沉降的长期减沉影响机制，不同埋深条件下采空区最佳注浆减沉优化技术方案。

④ 分析多层采空区残余变形作用对隧道及围岩稳定性的影响机制，提出残余变形对隧道衬砌结构及围岩稳定性评价方法。

⑤ 提出适应采空区长期变形的隧道结构、施工组织、监控量测及超前地质预报、瓦斯防治综合设计方法与支护技术。

2 工程地质条件

2.1 自然地理条件
2.2 工程地质条件
2.3 基于沉降监测的残余变形规律
2.4 煤层及采空区
2.5 地质构造
2.6 地震
2.7 水文地质

2.1 自然地理条件

2.1.1 地理位置

桑掌隧道位于山西省东部，行政区划隶属阳泉市平坦镇桑掌村，南接桑掌沟，北临洮河，是国道 307、207 线阳泉市绕城改线工程的控制工程之一，其地理坐标为：东经 113°28′13″，北纬 37°51′19″，研究区域交通条件良好，青银高速、国道 G307 岐银线、太旧铁路穿越研究区域，交通十分便利。

2.1.2 气象特征此图次数

隧址区为内陆高原，属于暖温带季风气候带的大陆性气候，四季分明，春旱少雨、冬寒少雪、夏短冬长、干燥多风。气候比西面的太原温暖，较东面的石家庄凉爽。冬季盛行西北风，寒冷干燥。夏季盛行东南风，高温多雨的大陆性季风气候是本区气候的主要特征。

(1) 气温

据阳泉市 30 年的气温资料：1 月份平均气温 −4.7℃，7 月份平均气温 24.9℃，年平均气温为 10.8℃。极端最高气温出现在 1955 年 7 月 24 日，为 40.2℃；极端最低气温出现在 1954 年 12 月 29 日，为 −19.1℃。这些数字表明，本区冬季温差较大，季节变化明显，气候具有大陆性特征。

春季：3~5 月，一般情况是 3 月底解冻，气温上升速度较快，初春期间每日平均气温升高 1℃ 以上。3、4、5 月最高气温分别为 12.2℃、29.3℃、33.3℃，最低气温分别为 −9.4℃、−1.4℃、3.4℃。

夏季：一般在 6 月上旬至 8 月中旬，气温较高，一般最高气温分别为 35.9℃、36℃、37.2℃。极端最高气温达 40.2℃。

秋季：9 月份以后，天气多为晴天，气温冷暖适中，秋高气爽，但持续时间较短。随着北方冷空气势力的不断加强，降温剧烈，大部分地区在 10 月中旬出现霜冻，10 月底以后，偏西风已占优势，冬季环流基本形成。

冬季：一般在 10 月下旬至 4 月初，西部山地西坡平缓，东坡陡峻，对冬季风不仅起不了阻挡作用，反而容易引导冬季风在越过不高的缓坡后，很快顺着陡坡冲下来，因而冬季常有寒潮侵袭，冷空气过境时，伴有大风，气温大幅度降低，使冬季较长而寒冷。气温一般在-10～5℃，极端最低气温为-19.1℃。

（2）光照

日照时间以地域分布，在本区变化不太明显，年日照2696.3h。一年中，5月份日照时数最长，12月份日照时数最短。7～8月处于雨季，云雾多于其他月份，日照百分率最低；4～5月处于旱季，晴天多，日照百分率最高；3～10月正是植物的生长季节，每月的日照时数均在220h以上。全年在气温高于0℃期间的照时数为2339.6h，占年日照时数的83.7%；高于10℃期间的照时数为1627h，占年日照时数的58.2%。

（3）降水

多年平均降水量为572mm。最大年降水量为发生于1963年的1134.8mm，为其均值的2.2倍，最小年降水量为发生于1972年的227.8mm，降水量多年变化详见图2-1项目区1995—2007年降水量直方图。

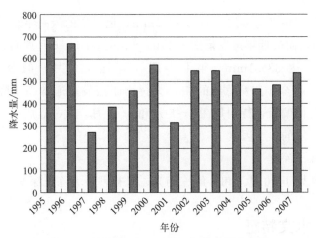

图2-1 项目区1995—2007年降水量直方图

春季：因冬季风占优势，冷空气活动频繁，天气乍暖还寒，风速加大，干旱严重，平均降水量65mm，仅占年平均降水量的12.2%。

夏天始于6月，此时季风环流发生显著变化。7月，区域天气主要受夏季风影响，东南风频繁，最多雨量集中在7月和8月，达到340mm，占全年降水量的66.4%。秋天通常从8月中旬持续到10中旬，标志着夏季风向冬季风的过渡，降水量逐步减少，约占全年降水量的18.7%。冬季期间，该区域以偏西风为主，气温较低，天气干燥并且晴朗。冬季降水量仅为年平均降水量的2.7%，平均降水天数为3.8d。详见项目区年降水量统计图2-2。

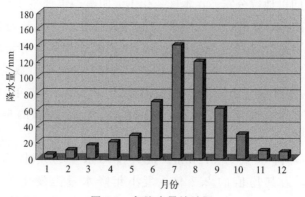

图2-2 年降水量统计图

(4) 蒸发量

该地区的年平均蒸发量为1362.5mm，记录中的最高年蒸发量达到了1513.4mm，而最低年蒸发量则为1108.8mm。在5~6月期间，蒸发量最为显著，高达386.1mm。年上半期（即前6个月）的蒸发总量达861.4mm，占全年蒸发总量的68.5%。由于蒸发量通常高于降水量，因此区域内气候偏干，特别是在3~5月和8~9月，这一点成了春季干旱和秋季干旱频发的主要因素。

(5) 冻土深度

冻结期始于10月下旬，解冻期为4月初，最大冻土深度0.68m。

2.1.3 水文特征

项目区属海河流域子牙河水系滹沱河支流，与项目有关的较大河流为桃河，该河流位于桑掌隧道场地北部，发源于寿阳县东南部桃源沟，水色赤如桃花，故名桃河。由寿阳穿入阳泉市境后，至乱流村西入平定县境内，纳南川河水，向北经龙庄村，遇锦山受阻，折向东北，经移穰、岩会、盘石、武庄、程家、塔堰、城西，到磨河滩与温河合流入绵河。在平定县境内的河道长 44km，流域均宽 4.48km，面积 198.2km^2。年总径流量（不含娘子关泉水）$7.525 \times 10^7 \text{m}^3$。洪峰期水位最高达 15m。因落差较小，水流较为平稳。

2.1.4 土壤植被特征

项目区内各类土壤的分布受生物、气候、地貌、水文及地质条件的影响，总体来说，低中山以山地淋溶褐土、山地褐土、碳酸盐褐土，黄土梁峁和洪积台地区为主，冲洪积平原和山间河谷区以浅色草甸土为主。

植被的种类与分布是气候、土壤、地貌等因素的综合反映，而人类的活动也起到一定的作用。项目区低中山区以木本、草灌植物群落为主，主要由草灌、稀树和好气性细菌植物组成，覆盖率一般为 40%；黄土梁峁和洪积台地区以草灌植物群落为主，主要由草灌和好气性细菌植物组成，覆盖率一般在 30%～40%；冲洪积平原和山间河谷区以草甸植物群落为主，主要由喜湿润植物和嫌气性细菌类低等植物组成，代表植物有芦草、问荆、狗尾、薄荷和地棉等，覆盖率较低。

2.2 工程地质条件

2.2.1 地形地貌

隧道区域的地形可以分为两种主要类型：构造剥蚀地形和河流侵蚀堆积地形。后者特征为相对平坦的地形，主要的微地貌包括河床、河漫滩以及一、二级阶地，这些地貌结构相对简单。相比之下，构造剥蚀地形由于长期的地质构造作用和剥蚀作用，形成了错综复杂的地形，特点是山峦连绵、峰谷交错。

（1）侵蚀河谷堆积地貌

研究区域内的部分地表受桃河冲击侵蚀，导致形成了河流侵蚀积累地貌。河谷中的水流一直存在，但水量在不同季节之间有显著的差异。谷底地势宽阔平缓，一般宽度在 100～500m，横断面呈现出"U"字形，微地貌主要是由河床、漫滩、Ⅰ～Ⅱ级阶地组成。河床大部分被薄薄的第四纪冲洪积层覆盖，河漫滩和Ⅰ级阶地发育良好，呈现出断续分布的条带状，宽度为20～300m，部分地区还有Ⅱ级阶地，宽度在50～100m之间。地表主要是梯状耕地。地层岩性主要为第四系全新统冲洪积（Q_4^{al+pl}）粉土、砂砾、卵石；第四系上更新统冲洪积（Q_3^{al+pl}）湿陷性黄土夹卵、砾石；二叠系上统上石盒子组（P_2s）、下统下石盒子组（P_1x）砂岩、页岩、泥质砂岩、砂质泥岩及泥岩；石炭系上统山西组（C_3s）、太原组（C_3t）、中统本溪组（C_2b）砂岩、灰岩、页岩及泥岩；奥陶系中统上、下马家沟组（O_2s、O_2x）石灰岩、白云质灰岩、泥灰岩、白云岩等。区内地表植被稀少，植被类型以农作物、灌木、杂草为主。

(2) 构造剥蚀地貌

该研究区域特征以构造和侵蚀地形为主，形成于强烈的侵蚀和切割过程。主要微地貌包括山脊、斜坡、陡坎和冲沟等。这一区域地势因构造运动而上升，形成错综复杂的山峦和沟壑，地形起伏显著。沟谷多为"V"形，基岩经常裸露。该山区基岩露出，地势较高，山顶圆润，山脊狭长。山坡斜度通常在15°～30°，突显了构造剥蚀的特点，如图2-3所示。地层主要包括二叠系的上石盒子组（P_2s）和下石盒子组（P_1x），以及砂岩、页岩、泥质砂岩、砂质泥岩和泥岩。山西组（C_3s）、太原组（C_3t）和本溪组（C_2b）的石炭系上统包含砂岩、灰岩、页岩、泥岩以及煤层等地层。这一地区的植被丰富，杂草生长旺盛，且遍布荆棘和灌木丛，如图2-4所示。

图2-3 侵蚀河谷堆积地貌

图 2-4 构造剥蚀地貌

由于长期的构造剥蚀作用,山顶浑圆,山梁相对较平缓,山坡以陡坡为主,坡度介于20°~45°,局部为陡坎,坡度达60°之上,山体总体呈东西走向,山势南高北低,南北两侧山坡基岩冲沟发育,且沟谷深切,沟岸陡峻,多呈"V"字形。拟建隧道横穿基岩山梁,隧址区基岩裸露,微地貌表现为基岩山梁、山脊、斜坡、陡坎、冲沟等。右线地表最低海拔高程809.173m,最高海拔高程942m,相对高差132.827m;左线地表最低海拔高程810.279m,最高海拔高程942m,相对高差131.721m。小里程端洞口位于桑掌河东岸斜坡上,河谷较宽阔,呈"U"字形,沟岸为陡坡,坡向180°左右,坡角在30°~36°之间;大里程端洞口位于桃河南岸冲沟斜坡坡脚处,沟谷狭窄,呈"V"字形,沟岸陡峻,坡向20°左右,坡角在22°~30°之间。

2.2.2 地层岩性

依据勘察成果,结合《山西省区域地质志》和《华北地区区域地层表》,项目区地层由老至新主要有下古生界奥陶系(O),上古生界石炭系(C)、二叠系(P),新生界第四系(Q)等,现将各地层单元特征由老至新分述如下。

2.2.2.1 下古生界奥陶系(O)

奥陶系中统上马家沟组(O_2s)与下伏奥陶系中统下马家沟组(O_2x)

地层呈整合接触，根据地层岩性、岩相组合分为下（O_2s^1）、上（O_2s^2）二段，现分述如下。

下段（O_2s^1）地层主要由灰黄色的薄层泥灰岩和泥晶结构泥灰岩组成，这些岩石中时常夹杂着角砾结构和局部石膏层。中到上层则由深灰色的厚层豹皮纹灰岩、厚层灰岩构成，其中包括夹有白云石成分的隐晶质和微晶结构灰岩。顶层主要是青灰色和浅灰色的中到厚层微晶结构灰岩及白云质灰岩。在地表，泥灰岩由于具有较弱的抗风化能力，多呈强风化状态，且工程性质较差。相比之下，豹皮纹灰岩、微晶结构灰岩、白云质灰岩和隐晶质白云岩的抗风化能力较强，表现出中等风化状态，具有较好的工程性质。该地区的岩层厚度在 $231\sim248m$ 之间。就地貌特征而言，顶部和中上部主要是陡坡或陡坎，而底部则以中缓坡和缓坡为主。

上段（O_2s^2）地层岩性主要由灰黄色的薄层泥灰岩和泥晶结构泥灰岩组成，其中还夹杂着角砾状泥灰岩和微晶结构的青灰色灰岩，这些灰岩层中有时会出现石膏层。在地层的上部，主要是厚层的微晶结构灰岩。从抗风化能力来看，泥灰岩较为脆弱，通常在地表呈现强风化状态，对工程造成不利影响；而灰岩的抗风化能力则相对较强，在地表多为中度风化状态，对工程更为有利。这一区域的岩层厚度在 $155\sim194m$ 之间。就地貌特征而言，上部地区以陡坡或陡坎为主，而中下部地区则以中缓坡和缓坡为主。

2.2.2.2 上古生界石炭系（C）

（1）石炭系中统本溪组（C_2b）

与下伏奥陶系中统上马家沟组上段（O_2s^2）地层呈平行不整合接触。地层岩性下部以灰色铝土质页岩、泥岩为主，呈鲕状、豆状、块状构造，含结核状、星散浸染状、团块状褐铁矿，底部常见大小不一的褐铁矿透镜体；中、上部岩性为灰褐色、灰色、灰黑色铝土质页岩，砂质页岩夹煤线及 $1\sim3$ 不稳定石灰岩等。抗风化能力较弱，地表多呈强—中风化状，工程性质较差。区域厚度为 $15\sim55m$。地貌特征以中缓坡为主，局部为陡坡和陡坎。

（2）石炭系上统太原组（C_3t）

与下伏石炭系中统本溪组（C_2b）地层呈整合接触。地层岩性下部从 K_1 砂岩底起至 K_2 灰岩底，厚度约 $34m$，主要由泥岩、砂质泥岩、砂岩、煤组成，含14、15号煤层，其中15号煤层为稳定可采煤层，14号煤层为煤线，不可采，底部 K_1 细砂岩厚 $1\sim9$；中部为灰岩段，从 K_2 灰岩底至 K_4

灰岩顶，厚度约46m，主要由灰色泥岩、砂岩、煤组成，其中K_2灰岩（俗称四节石）厚4.40～6.10m，平均5.20m；K_3灰岩（俗称钱石灰岩）厚3.82～6.78m，平均5.30m；K_4灰岩（俗称猴石灰岩）厚1.89～4.03m，平均3.10m，含11、12、13号煤层，12号煤为可采煤层，11、13为不可采煤层；上部从K_4灰岩顶至K_7砂岩底，厚度约42m，主要由砂质泥岩、泥岩、砂岩、煤组成，含8、9、$9_下$号煤，均为不可采煤层。页岩、铝土质页岩及碳质页岩抗风化能力弱，地表多呈强风化状，工程性质差；砂岩、灰岩抗风化能力较强，地表多呈中风化状，工程性质较好。区域厚度为55～97m。地貌特征以中缓坡为主，局部为陡坡和陡坎。

(3) 石炭系上统山西组（C_3s）

与下伏石炭系上统太原组（C_3t）地层呈整合接触。地层岩性底部为灰白色中粗粒石英砂岩（K7），下部灰色砂质页岩、灰黑色碳质页岩；中部为黄绿色页岩、灰色页岩夹灰白色厚层状中粒砂岩和煤线；上部为黄绿色、灰色页岩。含1、2、3、6号煤层，其中3、6号煤层因剥蚀局部赋存，在赋存区内3号煤层大部可采，6号煤层稳定可采，其他煤层均不可采。页岩、砂质页岩、碳质页岩抗风化能力弱，地表多呈强风化状，工程性质差；砂岩抗风化能力较强，地表多呈中风化状，工程性质较好。区域厚度为108～142m。地貌特征以中缓坡为主，局部为陡坡和陡坎。

2.2.2.3 上古生界二叠系（P）

(1) 二叠系下统下石盒子组（P_1x）

与下伏石炭系上统山西组（C_3s）地层呈整合接触，地层岩性下部为灰白色、黄绿色厚层状中粒石英砂岩、黄绿色砂质页岩及灰色页岩夹煤线；中部为黄绿色砂质页岩及细粒砂岩；上部为具紫红色斑团黄绿色砂质页岩，具铁质鲕粒杂色铝土质页岩及1～2层锰铁矿层。页岩、砂质页岩抗风化能力弱，地表多呈强风化状，工程性质差；砂岩抗风化能力较强，地表多呈中风化状，工程性质较好。区域厚度为148～231m。地貌特征以中缓坡为主，局部为陡坡和陡坎。

(2) 二叠系上统上石盒子组（P_2s）

与下伏下统下石盒子组（P_1x）地层呈整合接触，根据地层岩性，岩相组合分为下（P_2s^1）、中（P_2s^2）、上（P_2s^3）三段，现分别介绍。

下段（P_2s^1）地层岩性为具紫红色斑团黄绿色砂质页岩夹灰黑、紫红色页岩和黄绿色中细粒砂岩，下部和上部夹锰铁矿，底部为黄绿色厚层状含砾中粗粒砂岩。页岩、砂质页岩抗风化能力弱，地表多呈强风化状，工程性质差；砂岩抗风化能力较强，地表多呈中风化状，工程性质较好。区域厚度为6～55m。地貌特征以中缓坡为主，局部为陡坡和陡坎。

中段（P_2s^2）地层岩性为黄绿、紫红、灰紫色砂质页岩夹多层黄绿色厚层含砾中粒砂岩和少量灰色页岩。下部夹锰铁矿层，底部为黄绿色中厚层状含砾中粒砂岩。页岩、砂质页岩抗风化能力弱，地表多呈强风化状，工程性质差；砂岩抗风化能力较强，地表多呈中风化状，工程性质较好。区域厚度为95～131m。地貌特征以中缓坡为主，局部为陡坡和陡坎。

上段（P_2s^3）地层岩性底部为黄绿色厚层状含砾中粗粒砂岩，中部为黄绿、紫红、灰紫、杏黄、紫色砂质页岩夹黄绿、灰白色中细粒砂岩，顶部为不稳定的黄绿色厚层状中细粒砂岩和少量暗紫色页岩互层，页岩中含燧石条带。页岩、砂质页岩抗风化能力弱，地表多呈强风化状，工程性质差；砂岩抗风化能力较强，地表多呈中风化状，工程性质较好。区域厚度为185～197m。地貌特征以中缓坡为主，局部为陡坡和陡坎。

2.2.2.4　新生界第四系（Q）

(1) 第四系中更新统冲洪积物（Q_2^{al+pl}）

地层岩性主要为棕黄色粉质黏土、圆砾和卵石，部分夹有棕红古土壤。土体构造较密实，针状孔隙发育，有直立的或柱状节理，土质比较均匀，当地钙质结核的含量也比较丰富，大多呈硬塑或坚硬状态，往往发育陡立黄土冲沟沟壁，属于Ⅱ级普通土，工程性质恶劣；圆砾、卵石多为杂色，中致密—致密、部分为半胶结，属于Ⅱ级普通土，工程性质良，层厚6～23m。

(2) 第四系上更新统冲洪积物（Q_3^{al+pl}）

地层岩性以黄土、卵石土为主，黄土构造较为松散，具有较大孔隙构造，垂直节理发育，土质均一，含有零星钙质结核，侵蚀性小洞发育，多为硬塑状态，具有湿陷性，为Ⅱ类普通土，工程性质差；卵石层多为杂色，中致密—致密，属Ⅱ级普土，工程性质良，层厚2～6m。

(3) 第四系全新统冲洪积层（Q_4^{al+pl}）

岩性以粉质黏土、粉土、砂土、圆砾和卵石为主，松散至稍有密集的构造，岩性横向变化较大，组成凌乱，多分布在冲沟沟底、河床、河漫滩和河流Ⅰ级阶地中，层厚3～16m。属于Ⅱ级普通土且工程性质差。图2-5所

2 工程地质条件

示为项目区地层柱状图。

界	系	统	组	段	符号	柱状图	层底深度/m	岩性描述
新生界	第四系	全新统			Q_4^{al+pl}	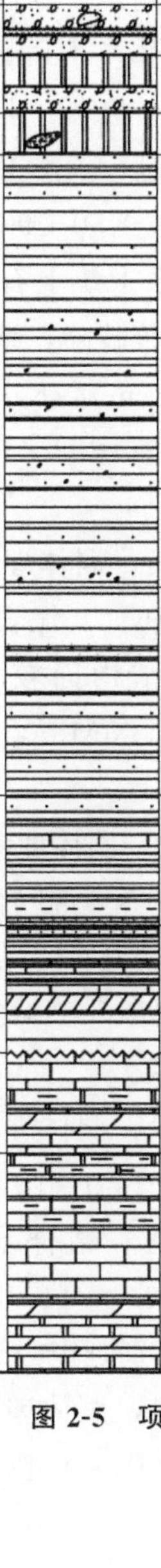	2~15	粉质黏土、粉土、砂土、圆砾、卵石等
		上更新统			Q_3^{al+pl}		3~8	灰黄色黄土(粉质黏土)和卵石为主
		中更新统			Q_2^{al+pl}		5~20	棕黄~浅棕红色黄土(粉质黏土)圆砾、卵石为主,局部夹棕红色古土壤
上古生界	二叠系	上统	上石盒子组	上段	P_2s^3		185~197	顶部:不稳定的黄绿色厚层状中细粒砂岩和少量暗紫色页岩互层,页岩中含燧石条带。中部:黄绿、紫红、灰紫、杏黄、兰紫色砂质页岩夹黄绿、灰白色中细粒砂岩。底部:黄绿色厚层状含砾中粗粒砂岩
				中段	P_2s^2		95~131	黄绿、紫红、灰紫色砂质页岩夹多层黄绿色厚层含砾中粒砂岩和少量灰色页岩。下部夹锰铁矿层。底部:黄绿色中厚层状含砾中粒砂岩
				下段	P_2s^1		6~55	紫红色斑团黄绿色砂质页岩夹灰黑、紫红色页岩和黄绿色中细粒砂岩,下部和上部夹锰铁矿。底部:黄绿色厚层状含砾中粗粒砂岩
		下统	下石盒子组		P_1x		148~231	上部:紫红色斑团黄绿色砂质页岩,具铁质鲕粒杂色铝土质页岩及1~2层锰铁矿层。中部:黄绿色砂质页岩及细粒砂岩。下部:灰白色、黄绿色厚层状中粒石英砂岩、黄绿色砂质页岩及灰色页岩夹煤线
	石炭系	上统	山西组		C_3s		108~142	上部:黄绿色、灰色页岩,含1、2、3、6号煤层。中部:黄绿色页岩、灰色页岩夹灰白色厚层状中粒砂岩和煤线。下部:灰色砂质页岩、灰黑色碳质页岩。底部:灰白色中粗粒石英砂岩(K7)
			太原组		C_3t		55~97	上部:砂质泥岩、泥岩、砂岩、煤组成,含8、9、9号煤。中部:灰岩、灰色泥岩、砂岩、11、12、13号煤组成。下部:泥岩、砂质泥岩、砂岩、煤组成,含14、15号煤层。底部:细砂岩
		中统	本溪组		C_2b		15~55	中、上部:灰褐色、灰色、灰黑色铝土质页岩、砂质页岩夹煤线及1~3层不稳定石灰岩层。下部:灰色铝土质页岩、泥岩为主,呈鲕状、豆状、块状构造,星散浸染状、团块状褐铁矿。底部常见大小不一的褐铁矿透镜体
下古生界	奥陶系	中统	上马家沟组	中段	O_2s^2		155~194	上部:厚层状微晶结构灰岩。中下部:灰黄色薄层状泥岩或泥晶结构泥灰岩和角砾状泥灰岩夹青灰色中厚层~厚层状微晶结构灰岩,局部含石膏层
				下段	O_2s^1		231~248	顶部:青灰色、浅灰色中厚层状微晶结构灰岩、白云质灰岩。中上部:深灰色厚层豹皮状灰岩、厚层状灰岩,夹厚层隐晶质结构白云岩及微晶结构灰岩。下部:灰黄色薄层状泥质或泥晶结构泥灰岩及角砾状泥灰岩,局部含石膏层

图 2-5 项目区地层柱状图

2.2.3 围岩分级

根据《公路隧道设计规范 第一册 土建工程》（JTG 3370.1—2018）和《公路隧道设计细则》（JTG/T D70—2010）中公路隧道岩质围岩分级方法的相关规定，通过工程地质测绘、物探、钻探及室内实验等多种手段和方法，取得围岩定性特征和岩体基本质量指标（BQ），进行了围岩基本质量分级，根据隧道围岩受地下水状态、主要软弱结构面产状等因素的影响，对围岩基本质量指标（BQ）进行了修正，确定了隧道围岩分级。

① 进口自然斜坡基本稳定，隧道在 K50+937～K50+990 段，洞体埋深为 0.0～31.8m，洞体围岩由二叠系上统上石盒子组下段（P_2s^1）砂岩组成。砂岩属较坚硬岩，岩体破碎—较破碎，结构面发育—较发育，结合差，碎裂状结构，$Jv=16～29$ 条/m^3，$Kv=0.32～0.42$，$Rc=30.8$MPa，$BQ=262.4～287.4$，$[BQ]=222.4～247.4$，围岩级别判定为Ⅴ1级。

② 隧道在 K50+990～K51+165 段，洞体埋深为 31.8～82.1m，洞体围岩由二叠系上统上石盒子组下段（P_2s^1）泥岩夹砂岩组成。泥岩属软岩，中风化，岩体较破碎—较完整，结构面较发育，呈厚层状结构，$Jv=7～14$ 条/m^3，$Kv=0.64$，$Rc=14.45$MPa，$BQ=293.5$，$[BQ]=253.5$，围岩级别判定为Ⅳ3级。

③ 隧道在 K51+165～K51+461 段，洞体埋深为 82.1～120.4m，洞体围岩由二叠系上统上石盒子组下段（P_2s^1）砂岩夹泥岩组成。砂岩属较坚硬岩，岩体较破碎—较破碎，结构面较发育，结合差，呈镶嵌碎裂状结构，$Jv=8～17$ 条/m^3，$Kv=0.53$，$Rc=36.24$MPa，$BQ=331.22$，$[BQ]=291.22$，围岩级别判定为Ⅳ2级。

④ 隧道在 K51+461～K51+507 段，洞体埋深为 59.7～85.6m，洞体围岩由二叠系上统上石盒子组下段（P_2s^1）砂岩、泥岩组成。泥岩属软岩，岩体较破碎，结构面发育—较发育，结合差，碎裂状结构，$Jv=15～19$ 条/m^3，$Kv=0.35～0.40$，$Rc=14.75$MPa，$BQ=221.7～234.2$，$[BQ]=181.7～194.2$，围岩级别判定为Ⅳ3级。

⑤ 隧道在 K51+507～K51+547 段，洞体埋深为 59.3～76.2m，洞体围岩由二叠系上统上石盒子组下段（P_2s^1）砂岩组成。砂岩属较坚硬

岩，岩体破碎—较破碎，结构面发育—较发育，结合差，碎裂状结构，$Jv=17\sim29$ 条/m³，$Kv=0.35\sim0.38$，$Rc=36.2$MPa，$BQ=286.1\sim293.6$，$[BQ]=246.1\sim253.6$，围岩级别判定为Ⅴ1级。

⑥ 隧道在 K51+547～K51+702 段，洞体埋深为 56.0～90.2m，洞体围岩由二叠系上统上石盒子组下段（P_2s^1）砂岩组成。砂岩属较坚硬岩，岩体较破碎，结构面较发育，结合差，呈镶嵌碎裂状结构，$Jv=8\sim17$ 条/m³，$Kv=0.54$，$Rc=56.0$MPa，$BQ=393.0$，$[BQ]=353.0$，围岩级别判定为Ⅲ2级。

⑦ 隧道在 K51+702～K51+781 段，洞体埋深为 37.7～57.1m，洞体围岩由二叠系上统上石盒子组下段（P_2s^1）砂岩、泥岩组成。泥岩属软岩，岩体较破碎，结构面发育—较发育，结合差，碎裂状结构，$Jv=15\sim19$ 条/m³，$Kv=0.50\sim0.55$，$Rc=14.75$MPa，$BQ=259.2\sim271.7$，$[BQ]=219.2\sim231.7$；砂岩属较坚硬岩，岩体较破碎，结构面发育较发育，结合差，镶嵌碎裂状结构，$Jv=16\sim20$ 条/m³，$Kv=0.42\sim0.45$，$Rc=34.22\sim34.71$MPa，$BQ=297.66\sim306.63$，$[BQ]=257.66\sim266.63$，围岩级别判定为Ⅳ3级。

⑧ 隧道在 K51+781～K51+848 段，洞体埋深为 14.7～37.7m，洞体围岩由二叠系上统上石盒子组下段（P_2s^1）砂岩夹泥岩组成。砂岩属较坚硬岩，岩体较破碎—较破碎，结构面较发育，结合差，呈镶嵌碎裂状结构，$Jv=8\sim17$ 条/m³，$Kv=0.53$，$Rc=36.24$MPa，$BQ=331.22$，$[BQ]=291.22$，围岩级别判定为Ⅳ2级。

⑨ 出口自然斜坡基本稳定，隧道在 K51+848～K51+902 段，洞体埋深为 0.0～14.7m，洞体围岩由二叠系上统上石盒子组下段（p_2s^1）泥岩、砂岩组成。砂岩属较坚硬岩，岩体破碎—较破碎，结构面发育—较发育，结合差，碎裂状结构，$Jv=17\sim29$ 条/m³，$Kv=0.33\sim0.38$，$Rc=32.63\sim34.0$MPa，$BQ=270.9\sim287.0$，$[BQ]=240.9\sim247.0$，围岩级别判定为Ⅴ1级。

2.2.4 进出口场地稳定性

小里程端洞口位于南川河北源河谷西南岸斜坡地带，谷较宽阔，呈"U"字形，沟岸为陡坡，坡向126°左右，坡角在20°～30°之间，左右线洞口位置所在斜坡在自然条件下均处于基本稳定状态。根据隧道洞口地形条件，左右线洞口仰坡高 6~10m，洞口仰坡、边坡及洞口段围岩均由二叠系上统上石盒子组上段（P_2s^3）泥岩组成，强至中风化，节理裂隙很发育至发育，多呈碎裂状结构，稳定性较差。

大里程端洞口位于龙门河东岸斜坡上，河谷狭窄，呈"V"字形，沟岸陡峻，坡向 259°左右，坡角在 30°~40°之间，左右线洞口位置所在斜坡在自然条件下均处于基本稳定状态。根据隧道洞口地形条件，左右线洞口仰坡高 8~10m，洞口仰坡、边坡及洞口段围岩均由二叠系上统上石盒子组上段（P_2s^3）砂岩、泥岩组成，强至中风化，岩体破碎，节理裂隙很发育至发育，多呈碎裂状结构，稳定性较差。

2.3 基于沉降监测的残余变形规律

2.3.1 SBAS-InSAR 技术

我国地大物博，矿产资源丰富，特别是煤炭资源在中西部地区广泛分布且以地下埋藏形式存在居多，这些矿产资源的开发为我国经济的快速增长提供了坚实的物质支撑。矿山开采过程中，由于受到各种条件的影响和制约，不可避免地对生态环境、地下岩层造成影响，在矿区被开采后，原有区域空间形成采空区，将会触发不可预见的地质次生灾害，对人民的生命和财产、建筑物的安全，以及自然生态环境构成严重威胁。为了对矿区可能发生的地质灾害进行预测或预报，人们需要对矿区进行大范围并且长时间的地表形变监测。传统的人工水准测量、GPS 测量等手段虽然精度高、易操作，但要做到长时间、大范围的地表变形监控策略，需要消耗大量的人力、物力、财力以及时间。人们需要一种能兼顾精度、监测范围、低消耗的技术方法。

合成孔径雷达干涉技术（InSAR），是一种应用于测绘和遥感的雷达技术。它是利用合成孔径雷达对同一地区观测的两幅复数值影像（既有幅值又有相位的影像）数据进行相干处理，以获取地表高程信息的技术，具有精度高、监测范围广、成本低等众多优点，在地表形变监测领域被广泛使用。

在众多 InSAR 技术手段中，通过小基线集（SBAS）技术所获得的形变监测结果覆盖的时间跨度长，精度相对 DInSAR 要高。2002 年，Berardino 首次提出一种名为小基线集干涉测量技术（SBAS-InSAR），它遵循了集合内干涉对基线较短，集合间基线较长的原则。这项技术采用了奇异值分解技术，并在数据处理阶段结合多个短基线干涉来进行最小范数的求解。这种方法为我们解锁了地表形变的新奥秘，显著提高了监测地点的时间分辨率，并解决了由于基线过长在不同 SAR 数据集间造成的地失相干问题。此外，由于存在多余的观测数据，它能够区分地形残差相位和大气噪声相位，从而使得形变监测更为精确和可靠。

SBAS-InSAR 技术对于数据量的需求相对较低，通常需要 5 景或更多，绝大多数的 SAR 传感器都具备充足的数据容量。同时该方法可以提供大范围高精度实时影像和高分辨率图像，并能获得地面变形信息等重要成果，是目前最先进的遥感技术之一。因此，SBAS-InSAR 技术在长时期、大范围的微小地表形变监测中得到了广泛的应用。由于其具有较高的时间分辨率和空间分辨力，可以实现高精度的动态观测和高分辨率成像。本书采用的技术正是 SBAS-InSAR 方法。利用不同波段和极化方式获取多组高分辨率遥感影像作为实验数据进行对比分析，验证了该算法在小区域微地形变化情况下具有良好的应用效果。所采用的地面卫星图像是基于 Sentinel-1（哨兵 1 号）的 SLC 影像资料。

使用小基线集（SBAS）方法时，必须确定特定的时间和空间基线阈值。同时该方法可以提供大范围高精度实时影像和高分辨率图像，并能获得地面变形信息等重要成果，是目前最先进的遥感技术之一。在预定的阈值区间内，我们选择了多个主要的影像进行自由组合的干涉对，并基于影像中的高相干点来反演研究区的时间序列变形信息。通过分析不同时刻和同一时刻不同位置处卫星运动状态与各像元之间的相关性，提出了一种新的多时相遥感数据提取时空变化特征的方法。采用这种方法可以显著地减少时间和空间的失相关效应。

设定在一个时间序列范围内（t_0，t_1，…，t_{N-1}），当卫星多次飞越某一特定区域时，雷达传感器会捕捉到这一时间段内覆盖该区域的 N 幅 SAR 影像。在预定的时间和空间基线阈值范围内，对符合条件的影像进行处理，生成 M 个干涉对，从而满足以下条件：

$$\frac{N}{2} \leqslant M \leqslant \frac{N(N-1)}{2} \tag{2-1}$$

结合外部 DEM 数据反演的参考相位和高程相位，对 M 个干涉对逐个进行差分处理，则可得到 M 幅差分干涉图，每幅差分干涉图对应一个形变相位，即 M 个形变相位。假设以 t_0 时刻为参考时间，此时该地区的形变为零，在第 j 幅干涉图中的某个像素相对于解缠起始点的相位可表示为：

$$\Delta\varphi_j = \varphi(t_2^s) - \varphi(t_2^n) = \frac{4\pi}{\lambda}[d(t_2^s) - d(t_2^n)] + \Delta\varphi_{top} + \Delta\varphi_{atm} + \Delta\varphi_{noi} \quad (2\text{-}2)$$

式中，t_1、t_2 为组成第 i 个干涉对中雷达获取主、从影像的时间；$d(t_2^s)$、$d(t_2^n)$ 为该像元相对于集中时刻在雷达视线下的累积变形值；λ 为雷达中心波长。

采用向量数组表征该像素 M 个干涉相位作为观测数组，公式如下：

$$\Delta\boldsymbol{\varphi}_{M\times1} = [\Delta\varphi_1, \Delta\varphi_2, \cdots, \Delta\varphi_M]^T \quad (2\text{-}3)$$

采用向量数组表征该像元在每景 SAR 影像中的相位，公式如下：

$$\Delta\boldsymbol{\varphi}_{(N-1)\times1} = [\Delta\varphi(t_1), \Delta\varphi(t_2), \cdots, \Delta\varphi(t_{N-1})]^T \quad (2\text{-}4)$$

可用矩阵表征 M 个方程构成方程组，公式如下：

$$\Delta\boldsymbol{\varphi}_{M\times1} = \boldsymbol{A}_{M\times(N-1)\times(N-1)\times1} \quad (2\text{-}5)$$

上式中，A 系数矩阵每一行表示与一个干涉对相对应，矩阵中主影像元素对应值为 $+1$，辅影像元素对应值为 -1，其他元素对应值为 0，公式如下：

$$\boldsymbol{A}_{M\times(N-1)} = \begin{bmatrix} 0 & -1 & 0 & +1 & \cdots \\ 0 & 0 & +1 & 0 & \cdots \\ \cdots & \cdots & \cdots & \cdots & \\ \cdots & \cdots & \cdots & \cdots & \end{bmatrix} \quad (2\text{-}6)$$

针对上述求解相位不连续的问题，可将求解相位问题转化为求解相位速度问题，则可以实现连续解，其中相位速度采用向量形式，可表示为：

$$\boldsymbol{v}_{phase((N-1)\times1)}^T = \left[v_1 = \frac{\varphi_1 - \varphi_0}{t_1 - t_2}, v_2 = \frac{\varphi_2 - \varphi_1}{t_2 - t_1}, \cdots, v_{N-1} = \frac{\varphi_{N-1} - \varphi_{N-2}}{t_{N-1} - t_{N-2}}\right]$$

$$(2\text{-}7)$$

可将式(2-5)进行如下转化：

$$\begin{bmatrix} \Delta\varphi_{12} \\ \Delta\varphi_{13} \\ \Delta\varphi_{23} \\ \cdots \\ \Delta\varphi_{ni} \end{bmatrix} = \begin{bmatrix} t_2-t_1 & 0 & 0 & \cdots & 0 \\ t_2-t_1 & t_2-t_1 & 0 & \cdots & 0 \\ 0 & t_2-t_1 & 0 & \cdots & 0 \\ \cdots & \cdots & \cdots & \cdots & \cdots \\ 0 & 0 & 0 & t_2-t_1 & \end{bmatrix} \begin{bmatrix} v_1 \\ v_2 \\ v_3 \\ \cdots \\ v_{N-1} \end{bmatrix} \quad (2\text{-}8)$$

用向量数组表征如下：

$$\Delta\boldsymbol{\varphi}=\boldsymbol{C}\boldsymbol{v}_{phase}^{\mathrm{T}} \tag{2-9}$$

式(2-9)中有 M 个方程，N 个未知数。如果自由组合的干涉对整体构成一个短基线集，则矩阵 $\boldsymbol{C}$ 为满秩，秩为 $M-1$，采用最小二乘法可求解该方程，解可表示为：

$$\boldsymbol{C}\boldsymbol{v}_{phase}^{\mathrm{T}}=(\boldsymbol{C}^{\mathrm{T}}\boldsymbol{C})^{-1}\boldsymbol{C}^{\mathrm{T}}\Delta\boldsymbol{\varphi} \tag{2-10}$$

为了保证每幅干涉图的高相干性，在 SBAS 方法处理过程中，SAR 影像组成干涉对时需要考虑空间基线距和时间基线距，所以干涉对的选择方式是相关的，各观测方程之间有可能也是相关的，此时式(2-9)中系数矩阵 $\boldsymbol{C}$ 为相关矩阵，其秩有就会小于 N。当矩阵 $\boldsymbol{A}$ 的秩小于 N 时，相应的方程系数矩阵 $\boldsymbol{C}^{\mathrm{T}}\boldsymbol{C}$ 秩亏，利用最小二乘法求得方程的解不唯一。假设所有自由组合的干涉对构成 $L(L>1)$ 个短基线集，$\boldsymbol{C}$ 矩阵的秩为 $N-L$，此时采用解算病态测量平差模型稳定性好的奇异值分解（SVD）算法 $\boldsymbol{C}$ 矩阵进行分解，可得到唯一稳定的解，解可表示为：

$$\boldsymbol{C}=\boldsymbol{V}\begin{bmatrix}\Sigma & 0\\0 & 0\end{bmatrix}\boldsymbol{Q}^{\mathrm{T}} \tag{2-11}$$

式中，$\boldsymbol{V}$ 是正交阵，$\boldsymbol{Q}$ 为 $n\times n$ 正交阵，$\Sigma=\mathrm{diag}(\sigma_1,\sigma_2,\cdots,\sigma_{N-L})$，$\sigma_1,\sigma_2,\cdots,\sigma_{N-L}$ 是矩阵 $\boldsymbol{C}$ 的不为 0 的奇异值。对 $\boldsymbol{C}$ 求广义逆，此时式(2-9)的解为：

$$\boldsymbol{v}_{phase}^{\mathrm{T}}=\boldsymbol{C}^{+}\Delta\boldsymbol{\varphi}=\boldsymbol{Q}\begin{bmatrix}\Sigma^{-1} & 0\\0 & 0\end{bmatrix}\boldsymbol{V}^{\mathrm{T}}\Delta\boldsymbol{\varphi} \tag{2-12}$$

式中，$\Sigma^{-1}=\mathrm{diag}(\sigma_1^{-1},\sigma_2^{-1},\cdots,\sigma_{N-L}^{-1},0,\cdots,0)$。

利用上述技术，可以计算出像元在连续时间段内的平均相位速度 v_{phase}，通过对这些平均相位速度在相应时间段的时间积分，可以得到相应时间段的形变相位，当这种形变相位与相位到形变的转化系数 [$\lambda/(4\pi)$] 相乘时，可以将形变相位转换为像元在雷达视线相（LOS）中的时序形变。通过使用相同的计算方法，能够得出每个像元的时间序列形变，从而最终确定整个研究区域的时序形变情况。

SBAS-InSAR 方法进行数据处理步序见图 2-6。

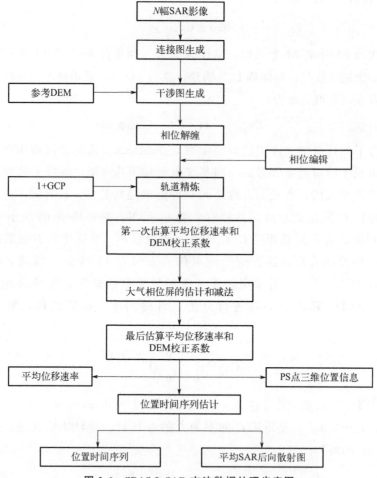

图 2-6　SBAS-InSAR 方法数据处理步序图

哨兵 1 号卫星（Sentinel-1）是欧洲航天局哥白尼计划（GMES）中的地球观测卫星，该卫星是双星系统，由 Sentinel-1A 与 Sentinel-1B 组成，载有 C 波段合成孔径雷达，旨在提供全球绝大部分陆地全天候连续图像，作为已经退役的欧空局 Envisat 卫星的接替和升级。

该卫星具有四种数据采集模式：分 SM 条带模式（strip map）、IW 宽干涉模式（interferometric wide swath）、EW 极宽模式（extra-wide swath）和 WV 波模式（wave mode）。这四种模式成像方式如图 2-7 所示，其详细参数指标如表 2-1 所示。

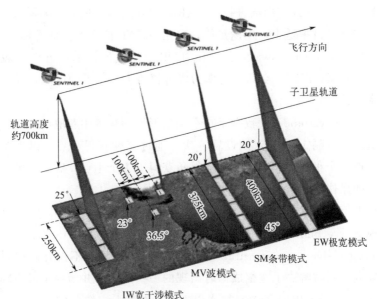

图 2-7 哨兵 1 号卫星成像模式

表 2-1 哨兵 1 号卫星性能参数

性能	参数
轨道	太阳同步近极轨道（轨道高度 693km）
重访周期	12d(Sentinel-1A)
入射角	20°～45°
载波波段	C 波段
成像模式	条带模式(SM)，宽干涉模式(IW)，极宽模式(EW)，波模式(WV)
极化模式	双极化 HH/VV+VH/HH+HV
宽幅与分辨率	SM：幅宽 80km，分辨率 5m×5m IW：幅宽 240km，分辨率 5m×20m EW：幅宽 400km，分辨率 20m×40m WV：幅宽 20km×20km，分辨率 20m×5m

SM（strip map）：一种标准的 SAR 条形图成像模式，其中地面区域被连续的脉冲序列照亮，而天线波束指向一个固定的方位角和仰角。80km 的扫描宽度提供 5m×5m 的几何分辨率，空间分辨率最高，难以获取。

IW（interferometric wide swath）模式是陆地上的主要采集模式，满足了大部分业务需求。它以 5m×20m 的空间分辨率（单视）获取 250km

长的数据。IW 模式使用渐进扫描 SAR（TOPSAR）地形观测捕获三个子区域。空间分辨率适中，用途最广，也是 InSAR 的主要数据源模式。

EW（extra-wide swath）：使用 TOPSAR 成像技术在五个区域获取数据。EW 模式以牺牲空间分辨率为代价提供了非常大的区域覆盖，空间分辨率较低。

WV（wave mode）：数据是在小型条形地图场景中获取的，这些场景在轨道沿线每隔 100km 定期设置一次。通过交替获得小点，以近距离入射角获得一个小点，而以远距离入射角获得下一个小点。WV 是哨兵 1 号在海上的操作模式。

在大范围的影像干涉处理过程中，IW 成像模式是使用最多的模式，在该模式下，Sentinel-1 卫星采用了最新的 TOPS（terrain observation with progressive scans in azimuth）成像技术。该技术不仅有效扩展了成像的幅宽，同时解决了宽幅成像时出现的一些问题，并增强了成像辐射性能。IW 成像模式中的 TOPS 技术以 burst 为最小成像单位，组成 3 条条带（swath），形成整幅影像。

2.3.2 数据处理

本次处理过程选取 30 景 Sentinel-1 影像用于阳泉地区桑掌隧道地表形变监测。这些影像均是在宽幅（IW）扫描 TOPS 成像模式下获得，获取时间为 2017 年 9 月到 2020 年 6 月。由于 Sentinel-1 卫星具有独特的轨道定轨技术来保证精确的地面轨道重复性，所以这些 SAR 影像间的空间基线均可保持在 150m 之内。

（1）生成连接对

在数据处理阶段，当输入 N 幅 SAR 单视复数图像时，如果不考虑任何约束，理论上有可能生成 $N\times(N-1)/2$ 个干涉相对。由于其可以根据需要任意组合不同数量的相位干涉仪和相位差，因此能够获得很高的测量精度。然而，在实际操作过程中，如果某一干涉对的时间或空间基线过大，那么这将对干涉的整体质量产生显著的负面效应。因此，在处理数据的过程中，需要根据研究区域的地表和季节性变化特性来综合给出合理的时间和空间基线阈值，以排除质量不佳的干涉对，确保剩余的干涉对中的主辅影像具有良好的相干性。

本次卫星图像处理总共生成了 77 个良好的连接对，如图 2-8 所示。

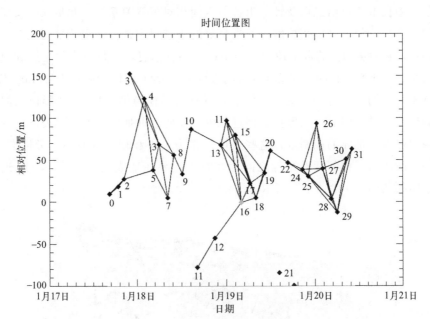

图 2-8　哨兵 1 号卫星连接对

(2) 干涉处理

干涉工作流程主要涉及对生成连接图后的干涉对进行处理，产生干涉条纹；在干涉条纹中提取相位信息以及计算出各节点间相对位置关系等；对干涉图进行去平处理，以消除平地效应带来的不良影响；对原数据进行平滑等过程；采用自适应滤波技术并产生相干性图像；对多径信号去除相干噪声等内容；相位的解缠过程。在 SBAS-InSAR 的处理过程中，干涉工作流起到了关键的作用。完成干涉工作流后，所有的数据都会被准确地配准到超级主影像上，这为接下来的轨道优化、重去平和地表形变信息的反演提供了必要的准备。在处理干涉工作流的过程中，可以根据不同雷达的成像几何来设定多视处理参数，并根据研究区域的数据特性来选择最适合的滤波方法。通过调整处理过程中的相关参数，可以减少斑点噪声导致的误差，并减少时间和空间失相干的影响，从而有效地提高干涉对的相干性和干涉质量。

(3) GCP 点选取，去平地效应处理

为确保后续的反演能够获取到高度精确的地表形变数据，有必要进一步估算并消除由地形导致的恒定相位和平地效应导致的相位斜坡，在干涉条纹中提取相位信息以及计算出各节点间相对位置关系等。此步骤涉及在相干性平均值较高或相位解缠效果良好的干涉对中选择一定数量的地面控制点，然后从相应的数字地面模型中提取高程信息，进行轨道的精炼和重去平。本研究以我国东部某地区为例进行了分析与验证。利用 SBAS-InSAR 技术得到的地表时序形变数据显示，每一景影像与第一景 SAR 影像之间的形变量是不同的。在数据处理过程中，需要选取那些未发生地表形变的稳定点作为地面的控制点，这些点可以作为去平和相位解缠的参考标准。为了防止由于相邻两景影像之间存在较大差异而造成处理失败，GCP 选取结果如图 2-9 中"+"所示。

图 2-9　GCP 选取结果

（4）地表信息反演

地表形变信息反演可分为两个阶段：首先是对地表形变速率和剩余地形进行初步估计，接着利用二次解缠技术对干涉图进行进一步的优化处理；第二个步骤为使用大气滤波技术来估计和消除大气的相位，进而估算目标区域在时间序列中的位置变化。

（5）地理编码

在 SAR 系统中，可以观察到雷达脉冲的强度和相位信息，这些信息是电磁波进入地球表面后产生的反射（也称为后向散射）。这些信息被录入到雷达的坐标系统（斜距坐标系）中。由于不同地区的地理环境存在差异，接收信号会发生偏移，导致成像效果不理想。在实际操作中，通常可使用地理坐标系统。为了更直观地展示处理后的结果，在呈现最终结果的过程中，有必要将 SAR 数据从斜距坐标系转化为地理坐标系。通过对目标进行定位后,再把方位向和距离向上的观测值转换成地理坐标系下的位置与速度,然后根据这些参数来实现数据处理,这一流程被命名为 SAR 数据的地理编码。

2.3.3 处理结果

(1) 采空区地表沉降分析

如图 2-10~图 2-13 所示,从 2017 年 9 月到 2020 年 6 月。隧址区地表区域的区域沉降变形峰值在逐渐变大,且发展区域在不断扩大,表明采空区造成地表移动盆地区域面积及沉降峰值都在持续增加,多层采空区开采造成的岩体塌落、破碎程度及对地表沉降的影响在不断发展演化。

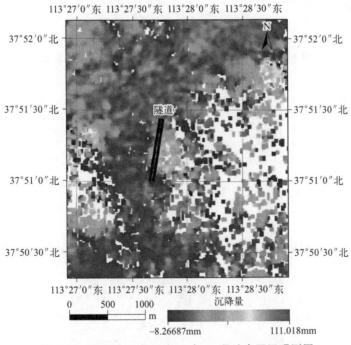

图 2-10　2017 年 9 月至 2017 年 12 月地表下沉观测图

(2) 监测点沉降曲线拟合

进行形变量的数据提取。在隧道中部位置选取 SBAS-InSAR 监测结果较好的两处观测点,如图 2-14 所示。

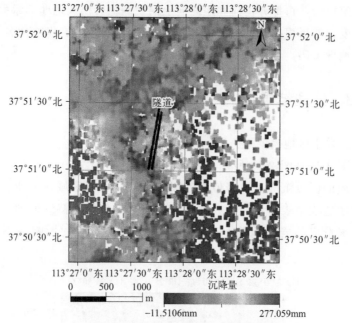

图 2-11　2017 年 9 月至 2018 年 12 月地表下沉观测图

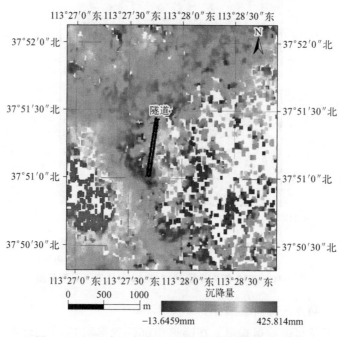

图 2-12　2017 年 9 月至 2019 年 12 月地表下沉观测图

2 工程地质条件

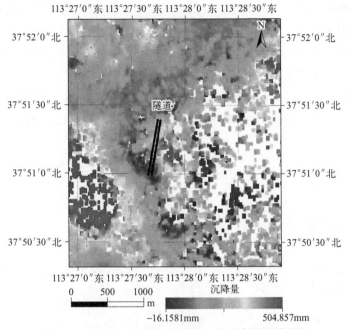

图 2-13 2017 年 9 月至 2020 年 6 月地表下沉观测图

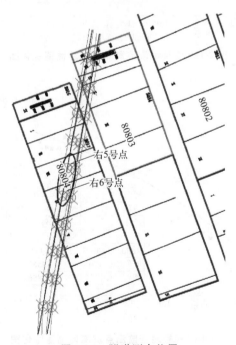

图 2-14 隧道测点位置

将两处监测点在 2017 年 9 月至 2020 年 6 月间的沉降数据提取进行分析，采用地表沉降时序公式 $W(t) = W_0(1-e^{-\lambda t})$ 进行拟合及对比，得到如图 2-15 和图 2-16 隧道监测点的沉降时序曲线图。从图中可以看出：2018 年 5 号监测点地表沉降 24.51mm、6 号点沉降 24.23mm，2019 年 5 号点地表沉降 15.33mm、6 号点地表监测沉降 15.12mm。连续两年内年地表沉降值均小于 60mm，按照规范判定隧道区域的场地状态为稳定状态。

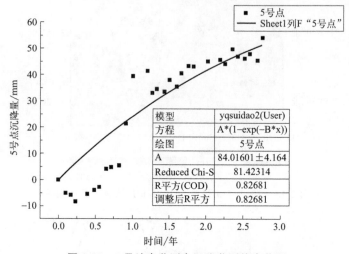

图 2-15　5 号地表监测点沉降监测值变化图

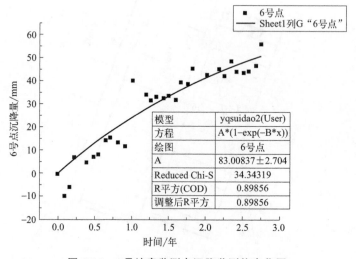

图 2-16　6 号地表监测点沉降监测值变化图

2.4 煤层及采空区

隧道下伏煤层属阳泉煤业有限责任公司。该矿于1951年建设，是阳煤集团的重要矿井。井田位于沁水煤田的东北方向，占地面积为60.06平方公里。其地质构造相对简单，煤层分布稳定，储量丰富，已探明的储量为9.83亿吨。截至2016年8月，该矿区的工业储量为6.91亿吨，还有3.42亿吨的可采储量，预计剩余的使用年限将超过30年。该煤矿属国家大型二类企业。该项目的设计产能为435万吨/年，而其核准的生产能力为810万吨/年。矿区地层以第四系松散岩类为主，岩性较复杂。开采的深度范围是463.3～713.5m，其中3、8和15号煤层是主要的可开采煤层，其平均厚度分别为1.96m、2.26m和6.42m。该煤矿的开采方法包括综合机械化放顶煤开采和综合机械化开采，属于走向长壁后退式采煤法，顶板管理采用全部垮落法，3#煤层工作面的回采率为98.6%，而15号煤层工作面的回采率为88.5%。该矿区范围内因采空形成的地裂缝见图2-17 阳煤二矿采空区地裂缝。

图 2-17 阳煤二矿采空区地裂缝

对收集到的资料，本研究进行了综合分析，对其与本研究有价值的资料予以充分利用，主要成果如下。

(1) 可采煤层

收集到的各矿区地质报告等资料显示，项目区主要含煤地层为石炭系上统山西组（C_3s）和太原组（C_3t）。

太原组（C_3t）为本井田的主要含煤地层之一，总厚121.39m，含煤9层，编号为8、9、11、12、13、14、15号煤层，煤层总厚8.86m，含煤系数为7.30%。其中15号煤层属全井田稳定可采煤层；8、9号煤层属不稳定零星可采煤层；其余煤层均属不稳定不可采煤层。

山西组（C_3s）为本井田的主要含煤地层之一，含煤 4~6 层，含煤地层厚度为 54~82m，平均厚 60.23m。编号为 1、2、3、6 号，煤层总厚 2.41m，含煤系数 4.29%。1、2 号煤层均未达到可采厚度，3 号煤层属较稳定大部可采煤层，6 号煤层属稳定大部可采煤层，含煤性明显少于太原组。

(2) 采空区调查成果

根据所收集资料和采空区调查成果，研究区域下伏煤层已形成采空区，所采煤层分别为山西组（C_3s）地层中的 3 号煤和太原组（C_3t）地层中的 8、15 号煤。受地形地貌、局部构造等因素影响，煤层埋深在研究区域内变化不大，煤层发育近似水平。

研究区域内各已采动煤层信息如表 2-2 所示。

表 2-2　隧址区域内下伏采动煤层数据

煤层	形态	煤层平均采厚/m	平均埋深/m
3 号	接近水平	2.1	345
8 号	接近水平	2.4	380
15 号	近似水平	6.0	475

各煤层工作面空间位置见图 2-18 至图 2-21。

 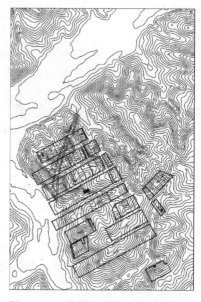

图 2-18　各煤层与隧道竖向空间位置示意　　图 2-19　3 号煤层采区工作面位置图

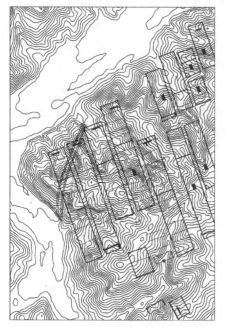
图 2-20　8 号煤层采区工作面位置图

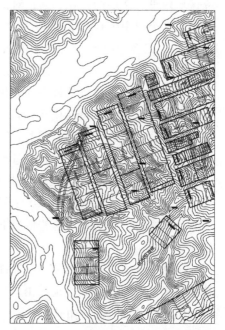
图 2-21　15 号煤层采区工作面位置图

2.5　地质构造

　　山西省坐落在秦岭构造带与阴山构造带这两个巨大构造带的中间地带，它是华北地区的核心部分；区域内断裂发育，褶皱变形强烈。主体构造线的方向是北北东向，而南北两端则是北东向，因此其总体构造呈现出一个拉长的"S"形；中生代时期形成了构造格架，而从新生代开始，中部地区因构造活动导致一个贯穿全省的断陷带的形成；主体区域的隆起特点非常突出，尤其是与华北平原的东侧和陕北高原的西侧相比。山西主要由吕梁-太行断块组成，其东北部存在燕山断块，北部有内蒙古断块，西部有鄂尔多斯断块，而南部则有豫皖断块。这些区域都具有不同程度的走滑运动性质。在各个断块之间以及断块内部的次级断块之间，通常以枢纽逆冲断裂作为分界线。

　　该研究区域位于沾尚-武乡-阳城北北东方向的褶皱带上，并且在该研究区域内没有断层的存在。通过对该地区构造特征及沉积背景分析，认为该区是一个以中生代陆相断陷为主，兼有海相沉积和火山活动的复合盆地。沾尚-武乡-阳城北北东方向的褶皱带主要是由多个不同层次的褶皱构成的复合向斜。这些向斜在北东部逐渐收敛，而在西南部则像扫帚一样散开，向西南方向倾斜，其核心部分相当宽广，从而形成了盂县-寿阳盆地。该地区构造复杂，断裂纵横交错，岩浆活动强烈。在向斜核部的地层中，整体上呈现出向西南的倾斜趋势，其倾斜角度在 $8°\sim15°$ 之间。背冲断裂以北西—南东走向为主，并有少量近东西向展布的逆冲断裂带。在地理特征上，这里主要是黄土覆盖的中山区和黄土丘陵地带。区内地质构造复杂，断裂发育，岩浆活动强烈。主要露出的地层按照从东到西的顺序是石炭系、二叠系、奥陶系，这些地层下的采空区广泛分布，多数是不稳定的路段。

研究区域位于该褶皱带 S4 向斜。该向斜总体走向为北西—南东向，核部较窄，宽 $20\sim30m$，地层由二叠系上统上石盒子组中段（P_2s^2）、下段（P_2s^1）泥岩、砂岩组成，岩体较破碎；两翼较对称，岩层产状较平缓，西南翼岩层产状为 $52°\angle11°$，东北翼岩层产状为 $220°\angle9°$，两翼地层均由二叠系上统上石盒子组中段（P_2s^2）、下段（P_2s^1）泥岩、砂岩组成，岩体较完整。

2.6 地震

山西是我国地震灾害严重的省份之一，历史上地震活动的主要场所是各个新生代断陷盆地，其发震断裂与盆地的边界主干断裂关系密切，有台网记录以来的地震活动，主要集中在盆地地区，山区则相对较少，可以看出盆地是新构造活动的强烈地区，山区为相对稳定区。

据史料记载，民国以前，项目区附近有文字记载的地震共 12 次。元至正二年（1342）夏地震，裂地尺余。至正十一年（1351）夏，冀宁路属县多地震，声如雷，圮房屋，压死甚众，半月乃止。明永乐九年（1411）春地震，秋再震，声如雷。成化九年（1473）春地震，秋地震。嘉靖十五年（1536）十二月初二地震；三十四年（1555）十二月初二地震。万历二十二年（1594）地震。天启六年（1626）雨雹地震。道光十年（1830）地震,月余乃止。咸丰七年(1857)八月初七地震,彗星见。

民国无地震记载。新中国成立后,1956年8月19日与9月3日,本县企明村附近两侧地震,震级约为4.5级,塌房窑345间,有危险的房窑1652间,压死3人,伤7人。1966年3月8日与3月22日,受河北省邢台地区地震波及,本县倒塌房屋1983间,窑洞2286眼;有轻重裂缝房屋13885间,窑洞12621眼;土坎、陡崖崩裂。1976年7月28日受唐山地震波及,浮山娲皇庙东学校教室震裂,石门口土崖滑坡。

从上述地震在时间和空间的分布规律看,项目区未发生5级以上地震,地震活动相对较弱、破坏较轻微。项目区内地层岩性以基岩、坚硬土及中硬土为主。

根据《中国地震动参数区划图》(GB 18306—2015)的有关规定,结合《山西省地震动峰值加速度区划图》及《山西省地震动反应谱特征周期区划图》,项目区地震动峰值加速度为0.10g,对应的地震基本烈度为Ⅶ度,地震动反应谱特征周期为0.45s。

2.7 水文地质

项目区依据含水层岩性、地下水赋存条件、水动力特征与地形地貌等水文地质条件,地下水类型可划分为松散岩类孔隙水、碎屑岩类裂隙水和碳酸盐岩类裂隙岩溶水三类。现依据不同的含水岩性、补给方式、赋存条件及排泄方式,结合地表径流及收集到的井、泉资料分述如下。

(1)松散岩类孔隙水

全新统孔隙水,该类地下水主要分布于山间河谷区及各冲沟内,含水介质主要为第四系冲洪积砂土、圆砾及卵石,厚度一般0~20m,主要接受地表水、大气降水及两侧基岩裂隙水补给,排泄以人工开采、向河流下流径流及蒸发为主,属潜水类型。由于沿河流自上而下含水层特征变化大,水量及水位亦随含水层特征不同而差异较大,受降雨影响明显,水井单位涌水量一般为11.4L/(s·m),富水区主要分布在河谷地带,含水层埋藏浅,地下水径流条件良好,降雨入渗系数大于0.1,水位埋藏浅,一般为1~3m;除河谷区外,松散岩类孔隙潜水富水程度较弱,地下水的补给以垂向补给为主,降水入渗系数小于0.1,水位埋藏较深,一般5~

10m。该类地下水水质良好，属 HCO_3-Ca 型水，矿化度 0.3g/L，为低矿化淡水。该类地下水主要对桥梁的桥墩有一定影响，对路基、挖方、填方均无较大影响。

中、上更新统的孔隙水主要集中在黄土覆盖的低山区域。这些地下水的主要含水介质包括黄土中的钙质结核、砂土和碎石土。这些含水岩组的水分含量较低，具有很强的季节性，并主要依赖大气降水进行补给。由于土壤孔隙大、垂直节理发育，地形较高以及地形严重切割，它们并没有很好的赋水条件。因此，这些地下水通常会垂直渗透到不同的地层中，只有少数会以泉水的方式在沟谷中溢出。在某些区域，由于粉质黏土和黏土的阻隔作用，尽管其富水性相对较弱，会形成上层的滞水现象。该类型地下含水层埋深较大，水位变化快，水化学特征复杂，受降雨和蒸发作用明显，易发生岩溶塌陷等地质灾害。这种类型的地下水通常位于较深的地下，对即将建设的公路项目的影响相对较小。

(2) 碎屑岩类裂隙水

这种类型的地下水主要集中在黄土覆盖的低山区域和受到构造剥蚀影响的低至中等山区。它们与地表水一起组成了该区浅层地下水位系统。含水层的主要介质包括石炭系和二叠系的砂岩以及石炭系灰岩。这些含水层中的节理裂隙为地下水的储存和流动提供了必要的空间和通道。而泥岩和页岩则是相对的隔水层。由于含水层和隔水层经常是交错分布的，这导致了它们之间的水力联系不佳。这些含水层的富水性主要受到补给条件、厚度和裂隙发育程度的影响，因此，不同的含水层在富水程度上存在很大差异。从空间分布的角度来看，裂隙的形成程度主要受到埋藏环境和地质构造的影响。通常，在埋藏较浅的区域，风化裂隙更为丰富，经常形成厚度在 30～50m 之间的风化壳，这些风化壳更容易受到大气降水的渗透和补给，且水分含量较高；反之，埋深较大处，则易遭受地表水的直接淋滤，从而使富水性增强。其次，与地质构造的成熟度密切相关，在断层破碎带及其周边地区，由于地质构造的影响，裂缝和岩石都会形成并破碎，这使得该区域具有较高的富水性，而在其他一般区域，其富水性则相对较弱。这个含水岩组主要依赖大气降水进行渗透补给，同时在沟谷中也受到河水的渗透补给，其径流受到构造、岩层产状和节理裂隙发育的影响和控制。由于受到内部和外部地质动力的作用，该区域的表层岩石经历了强烈的风化过程，形成了多种节理和裂隙，使得风化壳裂隙形成潜水变得容易。当地表水体进入后，部分岩石沿着节理裂隙和断层破碎带垂直下流，为深层地下水提供了补给。另外还有部分由河流和湖泊携带下来的松散物质通过基岩裂隙水通道流入地下。还有一部分被透水性相对较差的地层阻隔，导致沿层面的径流在构造条件适宜的区域汇集。或者在沟谷发育的区域，由于含水层受到侵蚀和切割，在沟坡或谷底等不同的标高位置流出地表，形成泉水排泄，泉水流量的季节性变化很大，通常小于 0.5L/s。

该类地下水无连续稳定的水位，对路基、桥梁工程影响较小，但对隧道、深挖方开挖有一定影响，尤其在断裂构造的贯通下有可能通过构造破碎带引起较大水量的涌水或突水。

（3）碳酸盐岩类裂隙岩溶水

项目区主要位于受喀斯特侵蚀和侵蚀影响的低山区域，其含水岩组主要由奥陶系的灰岩和白云岩组成。这些岩层中的层理、节理裂隙和岩溶构成了地下水的储存和流动空间。这些含水层具有较大的厚度和稳定的层位，埋藏相对较浅，地下水的补给和径流条件也相当良好。隔水层主要由下层的泥灰岩和白云质泥灰岩组成，地下水主要是潜水类型，局部区域具有承压性。富水性主要由岩溶裂隙和构造裂隙的发育特性决定，通常表现良好。主要接收来自大气的降水和地表水的垂直渗透，以及上层含水岩组的越流补给。水流主要是垂直方向的径流，当遇到相对的隔水层时，会转变为水平方向的径流。由于地下水具有独特的水文地质特性，它主要以层间水的方式存在。这些含水层之间的水力联系通常较弱，水位深埋，没有稳定的连续区域水位。其主要的排泄方式是向下流动和渗漏补给，而在某些局部区域，则通过泉水和人工开采来进行排泄。区内有一定数量的地下暗河，但无明显的地表河流汇入或直接流入地下水库，因此不会引起严重的环境地质问题。这种类型的地下水对即将建设的公路影响相对较轻。

3
多层采空区残余变形机理

3.1 基于概率积分法的残余变形理论模型
3.2 残余变形机理
3.3 本章小结

3.1 基于概率积分法的残余变形理论模型

3.1.1 修正的概率积分法模型

本研究在传统概率积分法模型的基础上进行了如下的修正：①综合考虑不同上覆岩层岩性及开采宽深比的玻兹曼函数，对工作面采取边界处的残余可活化厚度计算公式进行了修正。②引入 KNothe 时间函数建立残余沉降的时变函数，解决了因停采时间不同的工作面采区在某一时刻的残余变形量求解问题。

煤层开采后形成空洞，采空区域上覆岩体原始应力平衡状态被打破，发生移动变形破坏，顶板出现破裂、垮落，相邻上部岩层则以岩梁弯曲形式沿层面法线方向移动、弯曲，引起上部岩层的继发断裂、离层，继而诱发地表产生移动变形，形成相对稳定的采动覆岩"三带"结构：垮落带、断裂带和弯曲下沉带，如图 3-1 所示。在垮落带内，岩体呈破碎、离散状态，在边界处，由于岩梁发挥支撑作用，边界区域顶板未发生完全垮落，在边界部位形成了不密实的空洞区域，自采空区边界至采空区中部形成空洞、未充分压实区以及较充分压实区。

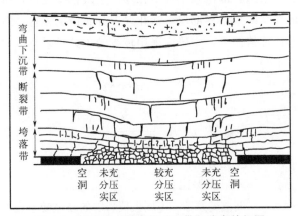

图 3-1 采空区上覆岩体"三带"分布特征图

对于上述覆岩形态区中的空洞和未充分压实区，在受到外力、岩石流变、岩体强度衰减等因素的耦合作用下，岩体次生稳定结构平衡状态再次被打破，出现空隙持续闭合、压实，引起采空区上覆岩体及地表产生新的移动变形——残余沉降，即老采空区的"活化"，采用修正的概率积分法模型进行残余沉降计算：

$$W_0(x) = \int_{AC} m'W_e(x-s)\mathrm{d}s + \int_{CD} m_1 W_e(x-s)\mathrm{d}s + \int_{DB} m'W_e(x-s)\mathrm{d}s \tag{3-1}$$

$$m_1 = m(1-q) \tag{3-2}$$

$$W_e(x) = \frac{1}{r}\mathrm{e}^{-\pi\frac{x^2}{r^2}} \tag{3-3}$$

式中　　x——地表任意一点的横向坐标；

　　　　s——煤层开采微单元的横向坐标；

AC、CD、DB——煤层开采积分范围；

　　　　m——煤层开采厚度；

　　　　m'——采空区边部残余可活化厚度；

　　　　m_1——采空区中部残余可活化厚度；

　　　　q——残余变形刚发生时对应的地表下沉系数；

　　　　r——主要影响半径；

　　　$W_0(x)$——地表任意一点的最大残余沉降值；

　　　$W_e(x)$——煤层开采微单元形成的地表任意一点的下沉值。

由于煤层开采边界部位残余可活化厚度呈线性变化，常按照等厚米值进行计算，但与实际采边界部位可活化厚度分布情况不符，造成开采边界部位残余变形计算值偏大，本研究采用玻兹曼函数对采空区边部残余可活化厚度进行修正：

$$m' = m[1 - q\rho_W(k_L)] \tag{3-4}$$

其中：

$$\rho_W(k_L) = A_2 + \frac{A_1 - A_2}{1 + \mathrm{e}^{(k_L - A_3)/A_4}} \tag{3-5}$$

式中　$\rho_W(k_L)$——非充分沉陷率；

　　　k_L——开采宽深比；

$A_1 \sim A_4$——玻兹曼系数，不同上覆岩层的玻兹曼系数取值：$A_1 = 0$，$A_2 = 0.98$，$A_3 = 0.615$（坚硬）、0.388（中硬）、0.278（软岩），$A_4 = 0.095$（坚硬）、0.061（中硬）、0.042（软岩）。

3.1.2 地表残余变形时序预测模型

采用上一小节所述方法，虽可获得开采后地表残余变形的最大值，但是残余变形随时间变化的中间过程并不清楚。图 3-2 所示为修正的概率积分法模型示意图。1952 年，波兰学者 KNothe 基于实验，提出开采后地表残余变形的时间函数，可表达开采后地表残余变形的动态变化过程和时变特性，表征地表残余变形与时间的函数关系：

$$W(x,t)=W_0(x)(1-e^{-\lambda t}) \tag{3-6}$$

式中　λ——与上覆岩层力学性质相关的时间因素影响系数。

将式(3-1)～式(3-5)代入式(3-6)中，可以得到基于时序的残余变形预测模型：

$$W(x,t)=\left\{\int_{AC} m[1-q\rho_W(k_L)]\frac{1}{r}e^{-\pi\frac{(x-s)^2}{r^2}}ds+\int_{CD} m(1-q)\frac{1}{r}e^{-\pi\frac{(x-s)^2}{r^2}}ds+\int_{DB} m[1-q\rho_W(k_L)]W_e\frac{1}{r}e^{-\pi\frac{(x-s)^2}{r^2}}ds\right\}(1-e^{-\lambda t})$$

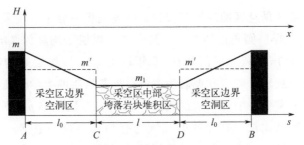

图 3-2　修正的概率积分法模型示意图

3.1.3 计算参数选定

当无长期实测资料时，采用概率积分法进行地表残余变形预测时，计算参数可综合考虑采空区上覆岩层与岩性、地质条件、采空条件等因素，按照《煤矿采空区岩土工程勘察规范》，计算参数可以根据采空区覆岩的岩性进行选取，如表 3-1 所示。

表 3-1　地表移动计算参数表

覆岩类型	主要岩性	单轴抗压强度/MPa	下沉系数	水平移动系数	主要影响角正切	拐点偏移距/m	开采影响传播角/(°)
坚硬	大部分以中生代地层硬砂岩、硬石灰岩为主，其他为砂质页岩、页岩、辉绿岩	>60	0.27~0.54	0.2~0.3	1.20~1.91	(0.31~0.43)H	90°−(0.7~0.8)α
中硬	大部分以中生代地层中硬砂岩、石灰岩、砂质页岩为主，其他为软砾岩、致密泥灰岩、铁矿石	30~60	0.55~0.84	0.2~0.3	1.92~2.40	(0.08~0.30)H	90°−(0.6~0.7)α
软弱	大部分为新生代地层砂质页岩、页岩、泥灰岩及黏土、砂质黏土等松散层	<30	0.85~1.00	0.2~0.3	2.41~3.54	(0~0.07)H	90°−(0.5~0.6)α

注：表中 H 为采空区顶板埋深。

根据隧址区采空区地质勘察报告，隧道底板下分布多层采空区，平均回采率95%，煤层倾角近似水平。其中 3 号煤层平均埋深345m，8 号煤层平均埋深380m，停采时间均在 15 年以上。15 号煤层平均埋深475m，上覆岩层以石灰岩、砂岩和泥岩为主，根据各岩层的力学性能指标及岩性成分判定覆岩类型为中硬，依据式(3-5)，非充分沉陷率 $\rho_W(k_L)=0.79$。

采用工程类比法，选用研究区域已有的长期观测数据，下沉系数取 0.82，考虑下伏三层采空区且开采年代均不同，可视为重复采动，修正下沉系数为：$q=0.82+0.1\pm0.05$，本次计算下沉系数取 $q=0.91$，其余计算参数如表3-2所示。

表 3-2　计算参数表

参数名称	参数值	参数名称	参数值
煤层平均厚度/m	6.5	煤层走向倾角/(°)	1
煤层平均埋深/m	475	时间影响参数	0.33
主要影响角正切	2.2	水平移动系数	0.28

3 多层采空区残余变形机理

续表

参数名称	参数值	参数名称	参数值
下沉系数	0.91	影响半径 r/m	216
最终下沉系数	0.98	拐点偏移距/m	48
工作面①长度/m	610	工作面②长度/m	730
工作面③长度/m	840	工作面④/m	980

通过对时间函数的分析可知，参数 λ 的值越大，时间函数会在越短的时间内趋于一个定值。因采区中部压实区完成残余变形的时间早于采区边部空洞区，所以压实区 λ 取较大值。结合研究区域已有的参数资料，采区中部压实区 λ 取 0.5，采区边界空洞区 λ 取 0.28。

3.1.4 地表残余变形预测

首先建立采空区隧道研究区域的计算模型，将各采空区块进行计算单元划分，后将表 3-2 中确定的各项计算参数代入残余变形模型公式，经积分求和，计算各采区停采后引起的地表最大残余沉降量及残余水平移动变形量。其中，各采区工作面沿开采方向的最大残余变形值如图 3-3 所示，各采区工作面沿垂直开采方向的最大残余变形值如图 3-4 所示。各工作面停采后引起的地表最大残余沉降预测值为 583m，最大残余水平移动预测值为 228mm。

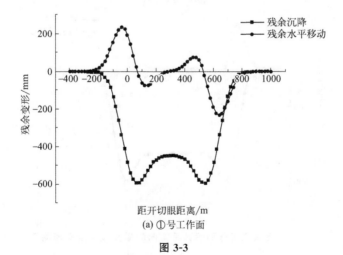

(a) ①号工作面

图 3-3

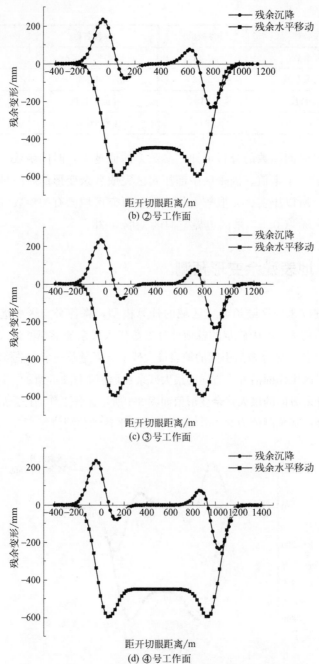

图 3-3 各采区工作面沿开采方向的最大残余变形预测值

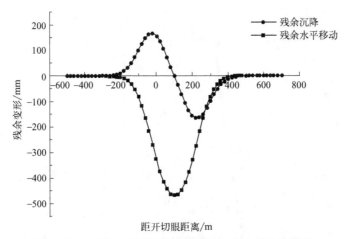

图 3-4　各采区工作面沿垂直开采方向最大残余预测值

隧道进口距离 15 号煤层的第②、③、④采区较远,主要受到第①采区的影响。洞身段岩层与②、③、④采区的距离较近,受其影响较大。隧道开挖施工时间距离①、②、③、④采区各工作面停采时间间隔分别为 1 年、3 年、5 年和 8 年,跨度周期较大,对隧道上覆岩层残余变形的影响不尽相同,在进行隧道轴线所在平面的地表最大残余沉降预测计算时,需综合考虑采区停采时间与隧道施工开挖间隔时间以及采区工作面与隧址区相对空间位置关系等诸多影响因素,通过引入残余沉降时变特征的时间函数,并通过各采区工作面积分叠加求和,得出隧道沿轴线剖面上的残余沉降等值线,如图 3-5 所示。隧道沿轴线剖面上的地表最大残余沉降预测值,如图 3-6 所示。隧道地表最大残余水平位移预测值,如图 3-7 所示。

3.1.5　采空区残余变形规律及对隧道围岩稳定性影响机制分析

对比分析各采区工作面最大残余变形分布图,可以发现,沿开采方向,各工作面残余沉降整体呈"W"分布形态,残余水平移动呈"波形"分布形态,两者峰值均出现在工作面的开切眼及停采线边界空洞区,且开切眼边界空洞区的变形峰值要大于停采线边界空洞区的峰值,而工作面中

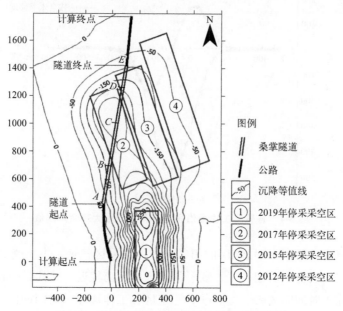

图 3-5 沿隧道轴线剖面的残余沉降等值线图

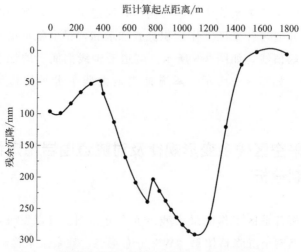

图 3-6 沿隧道轴线剖面的地表最大残余沉降预测值

3 多层采空区残余变形机理

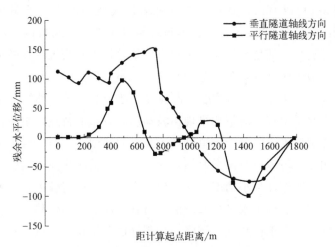

图 3-7 隧道地表最大残余水平位移预测值

部为较充分压实区，残余变形值相对较小。这是由于煤层开采时，在开切眼与停采线边界部位由于岩梁支撑作用，未发生整体断裂塌落并形成空洞区，在外力因素作用下致使其发生再次的沉降，压实空间较工作面中部压实区要大。在垂直开采方向，工作面残余沉降呈"V"分布形态，峰值位于采区工作面中心部位，工作面残余水平移动亦呈"正弦波"分布形态，峰值出现在开切眼边界侧位置，这是由于工作面在垂直开采方向的尺寸较小，岩梁支撑作用不明确且存在各开采工作面的叠加影响，残余沉降集中发生在工作面中部密实区域，而残余水平集中出现在开采边界侧位置，且垂直开采方向残余沉降峰值以及残余水平峰值均比开采方向峰值要小。

由图 3-5 可知，②、③、④采区工作面沿开采方向整体呈平行分布，工作面残余沉降较为集中地出现在②号工作面地表。②、③、④号工作面开采时间较早，沉降时间长，沉降较为充分，所以各工作面采区地表残余沉降预测值比①号工作面要小。由于①号工作面停采时间与隧道开挖时间间隔仅一年，围岩变形还不充分，主沉降还未完成，其沿工作面轴向的地表残余沉降预测值为 583mm。由于②、③、④采区工作面相邻，相互存在叠加影响效应，故区域内残余沉降等值线分布形态及疏密程度与①号工作面存在明显区别。从图 3-5 可以看出，①号工作面残余沉降呈现边部大而中部小的分布形态。

从图 3-5 可以看出，隧道轴线向地表最大残余沉降位于洞身中部位置，残余沉降量为 285mm，并整体呈现洞身中部大、洞口两边小的正态分布形态，洞身中部场地为欠稳定状态。地表最大残余沉降在隧道洞口处达到低值，地表残余沉降预测值均小于 50mm，为稳定状态。

从图 3-6 可以看出，不论沿隧道轴线还是沿垂直隧道轴线，采区工作面地表残余水平位移预测值均呈现出波动形态分布的特点，水平位移最大值位于隧道洞口附近。由于隧道轴线主要在洞身中部，与②号工采区作面呈小角度相交，与进口与停采时间较晚的①号工采区作面距离较近，出口段与③号工采区作面呈小角度相交，隧道侧向位移空间较大，沿垂直隧道轴线方向上的地表残余水平位移较沿隧道轴线向的水平位移值要大。残余水平位移峰值发生部位与残余沉降"局部峰值"位置基本重叠。通过对图 3-6 和图 3-7 进行分析，在地表残余沉降峰值部位对应的地表残余水平位移较小，这是由于该处的残余沉降受到②、③、④号工采区作面的共同叠加影响，而地表残余水平位移因小角度斜交引起各采区工作面的位移方向发生变化而产生互相抵消作用。

综上可知，②、③、④采区工作面虽然开采及停采时间早，由此产生的地表残余沉降量较小，但由于上述采区工作面相邻且距离隧道较近，存在对隧道上覆岩体的残余应力影响叠加作用，对隧道围岩变形稳定性影响较大，同时因隧道轴线与上述采取工作面呈小角度斜交，会造成隧道多个方向的变形及受力，叠加受力状态复杂，整体呈现以下复合形变特征：a. 在平行隧道轴线方向残余水平变形方面，进口 AB 段与洞身 CD 段整体呈现向北的水平移动趋势，而洞身 BC 段和出口 DE 段整体呈现向南的水平移动趋势，造成在洞身 B、D 部位受到集中的挤压作用，而在洞身 C 处受到较大的拉伸作用。b. 在残余沉降方面，隧道整体呈现"抛物线"形竖向变形趋势，最大沉降位于洞身中部位置，洞口位置的沉降变形最小。沿 AC 方向隧道的潜在沉降量依次增大，沿 CE 方向则依次减小，最大沉降将出现在 C 点附近。c. 因隧道轴线与②、③、④采区工作面小角度斜交，导致地表残余沉降位置并不在隧道轴线处，且隧道横断面上的沉降量均有不对称性，导致隧道洞身整体沿隧道轴线产生不同程度的扭转变形。d. 虽然①号采区工作面应停采时间最晚，产生的残余沉降量最大，但因其距隧道较远且开采方向与隧道基本平行，对隧道上覆岩体的影响范围及程度均有限。

3.2 残余变形机理

开采地下煤层后，会形成空洞，这导致采空区上方的岩体原始应力平衡状态发生变化，受到重力和地应力的影响，会发生弯曲变形、开裂破碎，从而引发顶板范围内的岩层垮落和地表沉陷。本书通过对不同条件下覆岩破坏规律进行分析，提出基于"两线三区"理论建立的采空区冒顶区宽度计算方法。在采空区的顶部，特定区域内的围岩可能会彻底坍塌并填充到采空区，这部分坍塌的围岩被命名为垮落带。垮落带由松散的砂岩与泥岩构成，由于受岩性差异和构造裂隙发育程度的制约，其力学特性有较大的区别。垮落带的岩石往往展现出不规则、碎裂膨胀和低密度特性。受采动裂隙发育情况以及地下水压力影响，垮落带上方覆岩将产生不同程度的移动与位移，最终使整个区域处于不稳定或基本保持稳定的状态。当冒落带的破碎岩体受到外部力量且地下水位的变动时，其上方的岩体结构会互相挤压，导致离层封闭，从而使空隙逐步被压缩。由于裂隙不断发展贯通形成新的孔隙，原有孔隙体积增大，最终会引起地表塌陷。这种情况使得在工作面开采结束后，采空区的上层岩层可能会不断地遭受变形和损坏。由于采动引起地表沉陷是一种自然现象，因此可以利用地面建筑物基础下沉值作为判断其是否处于稳定状态的标准。根据现有的《采空区公路设计与施工技术细则》（JTG/T D31-03—2011）的规定，长壁式塌落法采空区在软弱覆岩条件下的停采时间超过2年、中硬覆岩条件下的停采时间超过3年认为场地是稳定的。因此，在采场回采结束后，若未及时采取适当措施消除残留变形或降低地表沉陷程度，将会对地表重要构筑物产生安全隐患。实际上，评估采空区的稳定性不能仅依赖单一的评价标准，即便在软弱覆岩环境下停采时间超过2～3年，剩余的沉降量仍有可能相当大，这可能意味着该区域是不稳定的。因此在实际工程中必须综合考虑多种因素来分析确定其安全裕度。对于那些已经完工的工程项目，由于残余变形的影响，可能会出现不均匀沉降、水平位移、倾斜、扭转、应力集中甚至是破坏，这对工程的安全性构成了巨大的挑战。

为了评估隧道在运营过程中的安全状况，制定针对采空区和隧道变形的控制策略，提出在残余变形影响下的隧道抗变形技术，研究多层采空区覆岩的残余变形规律是不可或缺的。由于目前还没有一套系统完善的监测手段和方法来获取地表沉降值并对其进行有效分析预测，因此本书主要通过室内实验来探讨围岩稳定性及分层情况下覆岩残余变形变化规律。关于多层采空区的覆岩残留变形模式，我们进行了以下的研究工作。

① 开展垮落带破碎岩体相似模型的压实实验以及数值模拟，研究垮落带破碎岩体的长期稳定机制与变形随时间的变化规律。使用理论公式计算、参数回归求解等方法，确定垮落带破碎岩体的双屈服模型参数及蠕变模型参数，并对计算参数与压应力的相关数据进行了拟合，给出了相应的拟合关系式，从颗粒级配、颗粒粒径、压力等级等因素分析了垮落带破碎岩体压实变形机理及变化特征。

② 基于垮落带破碎岩体的压实变形机理研究成果，建立了项目区复杂地质数值计算模型，对区域内工作面开采、垮落带破碎及压实的全过程开展数值模拟计算，分析隧道区域地层在长期变形作用下的残余沉降、水平残余移动、倾斜残余变形、曲率残余变形的时空分布特性，评价了隧道在不同开采年代的多层采空区变形作用对隧道围岩稳定性的影响机理，分析隧道周边围岩残余变形的时序变化特征，并对隧道场地的长期稳定性进行了评判。

3.2.1 岩石单轴压缩实验

垮落带岩层通常具有碎胀性、形状不规则性和压实性。碎胀特征是指采空区顶板岩层冒落后，体积较原岩层增大的现象，这种碎胀特征使采空区碎石易产生残余沉降。研究区有多层煤层开采，因开采顺序及开采年度不同，造成上覆岩体发生多次失稳、垮落并填充采空区，上覆岩层在自重作用下持续被压实。这反映了跨落带的压实特征，与岩块的体积、裂隙发育程度、岩层性质等因素有着密切的关联性，因此，为确定破碎岩体模型实验中破碎岩体的相似材料参数及配比方案，对研究区隧道岩层进行钻孔取样，取样深度 390.5 m，并对各组岩样进行岩石单轴压缩实验，得到各组岩样的峰值应力、应变等性能参数，取各参数的平均值，表 3-3 为样品物理参数。

表 3-4 岩样单轴压缩力学性能参数、图 3-8 至图 3-14 为岩样的应力-

应变曲线、图 3-15 至图 3-18 为各组岩样峰值强度、应变、割线模量、切线模量。

表 3-3 样品物理参数

岩样编号	地层岩性	取样深度/m	平均直径/mm	平均高/mm	质量/g	体积/cm³	平均密度/(g/cm³)
1-1	P_2s^2	1.7	24.4	50.6	60.9	23.6	2.6
1-2			24.1	50.5	58.9	23.0	2.6
1-3			24.4	50.7	59.4	23.6	2.5
2-1	P_2s^1	27.9	24.1	50.6	60.7	23.1	2.6
2-2			24.2	50.5	60.6	23.2	2.6
2-3			24.2	50.5	60.9	23.2	2.6
3-1	P_1x	142.6	24.0	50.0	60.6	22.6	2.7
3-3			24.2	50.4	61.4	23.1	2.7
3-4			24.1	50.3	60.8	23.0	2.6
4-2	C_3s	265.3	24.2	49.9	58.0	23.0	2.5
4-3			24.4	50.6	63.0	23.6	2.7
5-1	C_3s	324.8	24.0	50.4	56.2	22.8	2.5
5-2			24.0	50.4	55.6	22.9	2.4
5-3			24.0	50.4	56.5	22.9	2.5
6-1-1	C_3t	390.5	24.3	50.4	62.4	23.3	2.7
6-1-2			24.3	50.4	62.6	23.3	2.7
6-1-3			24.3	50.4	62.5	23.4	2.7
6-2-1			24.2	50.3	59.9	23.1	2.6
6-2-3			24.0	50.4	59.0	22.8	2.6
6-2-4			24.1	50.6	61.1	23.0	2.7

表 3-4 岩样单轴压缩力学性能参数

样品编号	峰值应力/MPa	平均值	峰值应变	平均值	割线模量 Es/GPa	平均值	切线模量 Et/GPa	平均值
1-1	68.4	42.5	0.012	0.012	3.8	2.4	10.5	6.7
1-2	41.4		0.01		2.7		8.2	
1-3	17.7		0.014		0.8		1.5	

续表

样品编号	峰值应力/MPa	平均值	峰值应变	平均值	割线模量 E_s/GPa	平均值	切线模量 E_t/GPa	平均值
2-1	78.5		0.02		2.3		13.1	
2-2	42	55.8	0.012	0.014	2.2	2.7	9	11.3
2-3	46.9		0.009		3.7		11.7	
3-1	53.2		0.01		3.5		11.6	
3-3	61.7	57.9	0.009	0.01	4.5	3.9	17.3	13.8
3-4	58.9		0.011		3.7		12.6	
4-2	201.6	204.3	0.009	0.01	14.5	13.8	56	46.2
4-3	207.1		0.011		13		36.3	
5-1	39.6		0.007		4		9.9	
5-2	35.3	35.7	0.007	0.008	3.8	3.2	9.1	9.3
5-3	32.1		0.011		1.8		8.9	
6-1-1	147		0.01		9.5		31.4	
6-1-2	236.6	180.3	0.012	0.011	13.6	10.6	43.8	35.5
6-1-3	157.3		0.012		8.6		31.4	
6-2-1	112.1		0.013		5.7		17.1	
6-2-3	95.1	97.2	0.011	0.013	5.6	5.1	19.2	16.2
6-2-4	84.5		0.014		3.9		12.2	

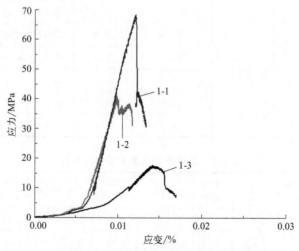

图 3-8 岩样 1 的应力-应变曲线

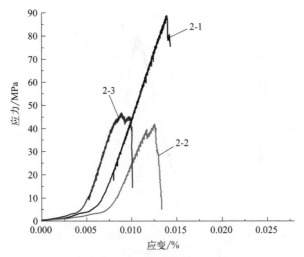

图 3-9 岩样 2 的应力-应变曲线

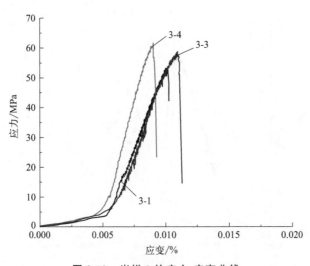

图 3-10 岩样 3 的应力-应变曲线

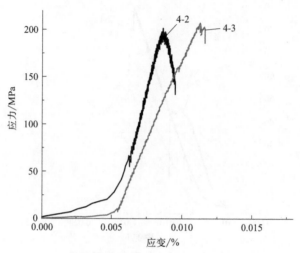

图 3-11 岩样 4 的应力-应变曲线

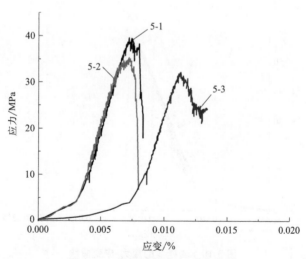

图 3-12 岩样 5 的应力-应变曲线

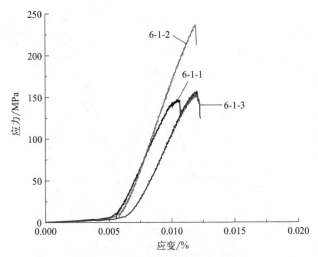

图 3-13 岩样 6 的应力-应变曲线

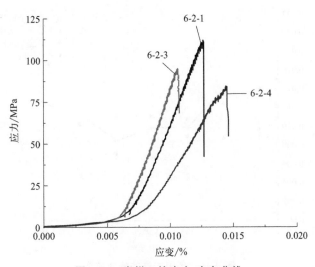

图 3-14 岩样 7 的应力-应变曲线

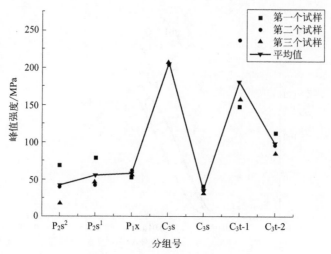

图 3-15　各组岩样的峰值强度

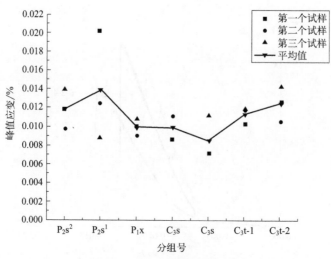

图 3-16　各组岩样的峰值应变

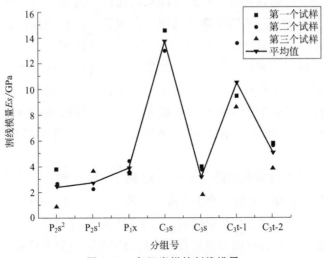

图 3-17　各组岩样的割线模量

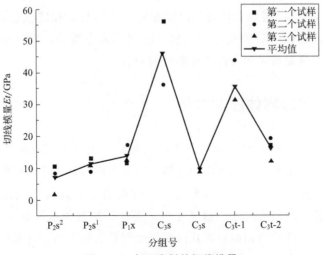

图 3-18　各组岩样的切线模量

实验结果分析：

① 第 1、2、3 组岩石样本的应力-应变曲线展示了以下几个特点：压缩变形、弹性变形、塑性变形以及破坏进展阶段。随着围压的不断增加，试件内部发生了显著的卸荷松弛现象。在进行单轴压缩的过程中，岩石样本首先进入到裂隙压缩阶段，此时岩石所承受的压力相对较低，

原有的微裂隙会迅速闭合，形成上凹状的曲线。随着应力的增加，曲线的斜率也会增大，这表明微裂隙的闭合速度正在逐渐减缓。随后，进入了弹性变形阶段，其中应变会随着应力的增长按比例上升，这种变形在很大程度上表现为弹性变形。当达到屈服极限时，岩样开始发生剪切破坏，其破裂面基本与轴向一致，表现为一条直线，当围压大于某一临界值时，试样出现破裂面并发生剪切破坏，此时岩样已失去承载能力，其极限抗压强度与初始加载值相比明显降低。这三组的峰值强度都约为 52MPa。

② 第 5 组岩样的峰值强度平均值为 36.2MPa，相对于其他组岩样明显偏小，其中岩样 5-3 的裂隙压密阶段要长于岩样 5-1、岩样 5-2，说明含有较多裂隙。进入弹性变形阶段后，三个岩样的弹性模量较为接近，弹性段比较相似。三个岩样的裂隙发育阶段较为明显，达到峰值强度后岩石强度迅速降低，岩石内部结构完全破坏。

③ 第 6、7 组岩样的峰值强度较高，其中第 4 组岩样峰值强度平均值可达 205.1MPa。各组岩样的裂隙发育阶段均较长，在应变达到 0.005% 时进入弹性阶段，裂隙发育不明显，达到峰值强度后，岩石结构快速破坏，分析为裂隙较多而岩性比较坚硬的岩石。

3.2.2　破碎岩体压实实验

在进行煤矿开采岩层的室内物理实验时，由于所研究的工程范围较大，并且室内实验空间及费用均有限，通常室内模型的几何相似尺寸比例都会大于 100。但冒落带破碎岩石层若按照通常的几何相似比尺进行选用，其实验室的样本尺寸会明显变小，实验操作及数据采集会相当困难。因此，本书合理确定相似材料几何相似比例及实验方案，并采用工程类别法合理选用与本项目地层及冒落带岩性相似的实验数据，对相关研究成果进行归纳，对具有不同级配特性的破碎岩石压实实验数据开展分析，探究破碎岩石的应力与应变关系及其内在规律。

3.2.2.1　实验方案

3.2.2.1.1　破碎岩石粒径及级配特征

煤层开采会造成采空区顶板上覆岩层的应力平衡状态被打破，随着围岩应力释放，岩体发生断裂、破碎、垮塌，发生冒落现象并充填至采空区空间内，形成冒落带。在采空区的顶板冒落带内，破碎的岩石往往形成不规则堆积体，存在的空隙较大，这些空隙在上层岩石的重力作用下具有一定压实特性，并决定上覆岩层及地表形变的稳定时间。因此，研究冒落带破碎岩层在压实过程中的应变变化规律，对于预测上覆岩层的移动模式和残余沉降变化趋势具有非常重要的意义。

因破碎碎石垮落危险性较大，开采完成后，采空区又很难进入进行实测，碎石岩性特征和碎块大小不一，埋藏深度大，从地表进行钻探取样也较为困难，因此对采空区破碎岩石粒径和级配的确定主要依靠图片摄影测量方法，然后对照片进行处理，并结合分形理论进行分析研判。

（1）冒落岩块堆体图像获取及图像处理

工作面周期来压之后，可使用数码相机捕捉架背后的泥岩冒落和破碎的岩块堆积，从而得到始的图像。根据图像分析结果确定出岩石颗粒在冒落过程中的受力状况和运动规律。为了更精确地进行测试，在拍摄过程中使用了多盏矿灯来照亮冒落堆体的表面，确保整张照片的亮度大体一致，并且镜头的光轴与冒落堆体表面保持垂直。相对于露天破碎块石堆体，煤矿井下冒落矸石堆体由于受采场条件的限制，影像失真相对严重。在生成冒落堆体图像时，经常会出现多块岩石彼此重叠而表现为一块岩石的现象，这是造成井下原始图片失真的主要原因，因此必须对图像进行二值切割处理，尽可能地复原为实际状态。

（2）破碎岩石颗粒粒径特征

相关学者对现场冒落区图片进行二值切割处理，结果表明，破碎岩石颗粒粒径特征与原岩强岩性密切相关，通常岩石较坚硬，碎块直径越大，其碎胀系数越小。约68%以上的破碎岩石粒径分布在0.4~1.2m之间，粒径大于1.2m的岩石占比不大，如表3-5所示。

表3-5 冒落区破碎岩石粒径分布特征

碎岩粒径/m	0~0.05	0.05~0.1	0.1~0.4	0.4~0.6	0.6~0.8	0.8~1.2	>1.2
质量占比/%	3.16	4.47	7.48	35.55	16.26	16.26	15.81

本书根据项目区围岩实际资料，采用1.2m、0.9m、0.6m、0.3m四

种岩块粒径、几何相似比为30，对照实验室岩样粒径分别为4cm、3cm、2cm、1cm。

(3) 破碎岩石级配特征

按照几何分形理论，破碎岩石的级配模型可表示为：

$$\frac{M_d}{M_t}=\frac{d^{3-D}-d_m^{3-D}}{d_M^{3-D}-d_m^{3-D}} \tag{3-7}$$

式中　M_d——粒径小于d的颗粒质量，g；

　　　M_t——试样总质量，g；

　　　d——破碎岩石的粒径，m；

　　　d_m——岩粒最小粒径，m；

　　　d_M——岩粒最大粒径，m；

　　　D——岩粒粒度分布分形维数。

当岩粒最小粒径$d_m=0$时，式(3-7)可简化为：

$$\frac{M_d}{M_t}=\left(\frac{d}{d_M}\right)^{3-D} \tag{3-8}$$

设Tabol指数$n=3-D$，根据冒落区实验研究，D取值范围为[2.0, 2.7268]，故n的取值范围为[0.3, 1.0]。按照1cm、2cm、3cm、4cm均匀粒径以及$n=0.2, 0.4, 0.6, 0.8, 1.0$级配粒径，共13级配方案开展单轴压实实验。

3.2.2.1.2　实验设备

本研究岩石压实实验装置采用电液伺服万能实验机进行，实验机的峰值压力为30kN，测量精度为10N。轴压加载速率为2kN/s，用50mm行程传感器测量压实变形量，测量精度为0.01mm，动态数据记录系统可实时采集并记录数据。模具主要由钢筒、压头和底盘组成。冒落带高度受上覆岩层岩性、煤层采厚、岩层强度、开采速率等因素影响，根据隧道采空区情况，设煤层开采厚度为3m，顶板单轴抗压强度为35.7MPa，根据《煤矿采空区岩土工程勘察规范》(2014)经验公式计算出冒落带高度约为12m，设几何相似比为30，实验钢筒高度为40cm，直径为20cm，壁厚为20mm。压实实验施加轴向加载，侧向筒体约束，实验机及实验装置系统见图3-19。表3-6为冒落带高度计算公式。

3 多层采空区残余变形机理

图 3-19 实验加载及记录装置

表 3-6 冒落带高度计算公式

饱和单轴抗压强度(fr/MPa)及主要岩石名称	H/m
$40 \leqslant fr < 80$,石英砂岩、石灰岩、砂质页岩、砾岩	$H_k = \dfrac{100\sum M}{2.1\sum M+16} \pm 2.5$
$20 \leqslant fr < 40$,砂岩、泥质灰岩、砂质页岩、页岩	$H_k = \dfrac{100\sum M}{4.7\sum M+19} \pm 2.2$
$10 \leqslant fr < 20$,泥岩、泥质砂岩	$H_k = \dfrac{100\sum M}{6.2\sum M+32} \pm 1.5$
$fr < 10$,铝土岩、风化泥岩、黏性土、含砂质黏性土	$H_k = \dfrac{100\sum M}{7.0\sum M+63} \pm 1.2$

3.2.2.1.3 材料相似参数

根据研究项目实际岩层情况以及实验加载要求,取几何相似比 $C_L=30$,重力加速度相似常数 $C_g=1$,密度相似比 $C_\rho=1.6$,根据相似理论可确定材料的相似参数,如下:

$$C_\sigma = C_\rho \times C_g \times C_L = 30 \times 1.6 = 48 \quad (3\text{-}9)$$

$$C_c = C_E = C_\sigma = 48 \quad (3\text{-}10)$$

$$C_\varepsilon = C_\mu = C_\varphi = 1 \quad (3\text{-}11)$$

3.2.2.2 实验材料配比

根据研究区域地质勘察成果资料,顶板单轴抗压强度平均值为 28~36.5MPa,属中硬岩。采空区上覆顶板岩层力学参数可根据相似比例、工程类比等因素确定实验中试样材料参数,见表 3-7。

表 3-7　顶板岩石力学参数值

力学参数	容重/(kN/m³)	抗压强度/MPa	弹性模量/GPa	黏聚力 C/MPa	内摩擦角 ϕ/(°)
顶板岩石	29	28～36.5	1.5～7.5	0.4～1.2	25～37
相似比	1.6	48	48	48	1
相似材料	18.1	0.58～0.76	0.031～0.156	$8.3e^{-3}$～$25e^{-3}$	25～37

室内实验相似材料选取石英砂、石灰、石膏、水,其中骨料为石英砂,胶凝材料为石膏、石灰,其质量比为2∶1,将混合料加入干料总质量的8%的水进行搅拌,制作不同配比的胶凝试样,详见表3-8。

表 3-8　试样配比设计

试样序号	$m_{石英砂}:m_{石膏}:m_{石灰}:m_{水}$
1	100∶10∶5∶9
2	100∶20∶10∶10
3	100∶30∶15∶12
4	100∶40∶20∶13
5	100∶50∶25∶14
6	100∶60∶30∶15

按照上表质量配比,制取直径50mm、高100mm的圆柱体试样,同一配比制作3个试样,共制作18个试样。试样成型要求:将试样倒入涂有凡士林的模具,用夯实器击实,夯实完毕后1h拆模,在常温、自然通风干燥12h,测试质量、强度,结果见表3-9。

表 3-9　不同配比试样实验结果

试样组号	质量/g	平均质量/g	材料密度/(kg/m³)	压力峰值/kN	平均压力峰值/kN	平均抗压强度/MPa
1	277	277.6	1.80×10^3	1.37	1.33	0.68
	278			1.41		
	278			1.21		
2	284	283.6	1.82×10^3	3.53	3.18	1.62
	284			2.75		
	283			3.26		

续表

试样组号	质量/g	平均质量/g	材料密度/(kg/m³)	压力峰值/kN	平均压力峰值/kN	平均抗压强度/MPa
3	294	292.4	1.89×10³	4.76	4.28	2.18
	292			3.85		
	291			4.23		
4	297	295.2	1.91×10³	6.58	6.16	3.14
	293			5.94		
	296			5.96		
5	299	297.3	1.93×10³	7.11	7.28	3.71
	295			7.45		
	298			7.28		
6	304	302.7	1.96×10³	8.52	8.14	4.15
	301			8.21		
	303			7.69		

采用电液伺服万能实验机，采用位移控制方式加载，对破碎岩石进行单轴压实实验，加载速率为 0.15mm/s，直至试样破坏。

由图 3-20 可知，采用线性函数进行了拟合，试样单轴峰值强度均值与配比近似呈线性关系，单轴抗压强度随石膏、石灰胶凝材料配比增加而提高。

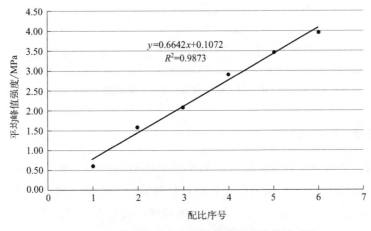

图 3-20 试样单轴峰值强度均值及拟合曲线关系图

综合材料配比实验数据结果以及顶板原岩单轴抗压强度平均值，本书选用的相似实验试样质量配比为：石英砂：石膏：石灰：水＝100：16.25：8.13：10。根据此配比，制作相应的圆柱试样，并进行单轴测试。表 3-10 为目标配比的模型材料物理力学性质测试结果。

表 3-10　目标配比的模型材料物理力学性质测试结果

编号	质量/g	质量均值/g	密度/(kg/m³)	峰值负荷/kN	平均峰值负荷/kN	平均峰值强度/MPa
1	286			1.45		
2	281	284.1	1.81×10³	1.28	1.41	0.72
3	285			1.49		

如图 3-21 试样所示，在选定的材料配比下，单轴试样应力-应变曲线形态具有"压实-弹性变形-塑性应变硬化-塑性应变软化"的发展规律。单轴抗压强度均值为 0.72MPa，弹性模量均值为 0.035GPa，与顶板原岩的物理力学性能指标具有相似一致性能。

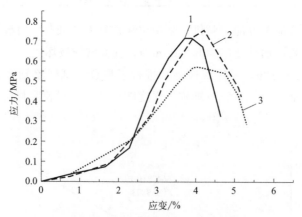

图 3-21　试样单轴应力-应变曲线

3.2.2.3　压实实验

根据之前选定的实验相似材料质量配比石英砂：石膏：石灰：水＝100：16.25：8.13：10 制作成相似材料样品，并采用切割破碎样品方式制作 1cm、2cm、3cm 和 4cm 粒径的颗粒样，按照本研究实验方案确定的 1cm、2cm、3cm、4cm 单一粒径以及 n＝0.2、0.4、0.6、0.8、1.0 级配粒径，共 13 级配方案进行单轴压实实验。

(1) 颗粒岩样变形特征分析

单轴压实实验结果图 3-22 所示，其中图 3-22(a) 为单一粒径的颗粒岩样应力-应变曲线，曲线形态主要为两个阶段：压密阶段和非线性应变硬化阶段。压密阶段呈直线变化，随着粒径的增大，曲线拐点对应的应变值越大。应变硬化阶段呈非线性变化特征，随着粒径的增大，曲线变得越陡且破坏应变值也在增大，这表明大颗粒岩样因孔隙较多，具有更大的压

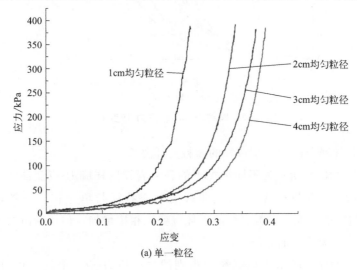

(a) 单一粒径

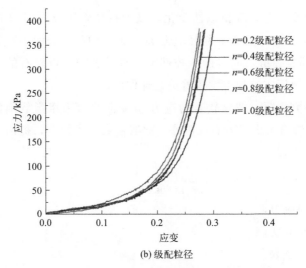

(b) 级配粒径

图 3-22

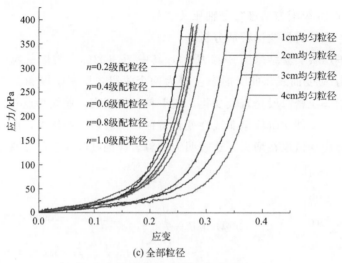

图 3-22 颗粒岩样单轴应力-应变曲线

实空间，压密阶段要比小粒径的颗粒岩样要长。

图 3-22(b) 所示为不同级配下的颗粒岩样的样应力-应变曲线，实验结果表明：级配粒径应力-应变曲线的形态特征与单一粒径一致；随着 Tabol 指数的变大，颗粒岩样的破坏应变也相应增加，但压密阶段的变化基本一致，无明显的差异。

图 3-23(c) 所示为全部粒径组别的岩样应力-应变曲线，可以看出，各组岩样压实曲线形态呈现相似性变化，级配粒径岩样应力-应变曲线均位于 1cm 单一粒径与 2cm 单一粒径应力-应变曲线中间，表明小粒径应力-应变曲线是全部粒径组别曲线的主控部分，直接影响顶板岩石的力学性能，在冒落带充填压实过程中发挥着关键性作用。

相关学者研究表明，破碎软岩的应力-应变曲线可采用指数函数进行拟合。Salamon 综合考虑了岩石孔隙率、碎胀系数因素影响，提出了破碎岩石的应力应变方程。

$$\sigma = \frac{a\varepsilon}{1-b\varepsilon} \tag{3-12}$$

式中 σ——轴向应力；

ε——轴向应变；

a、b——拟合系数。

Terzaghiren 认为破碎软岩的应力-应变曲线的切线模量与轴向应力存

在线性关系，推导出应力应变的微分方程。

$$\sigma = a(e^{b\varepsilon} - 1) \tag{3-13}$$

式中 σ——轴向应力；

ε——轴向应变；

a、b——拟合系数。

本研究采用上述两种理论模型对颗粒岩样的应力-应变关系曲线进行拟合，拟合结果如图 3-23、图 3-24 所示。

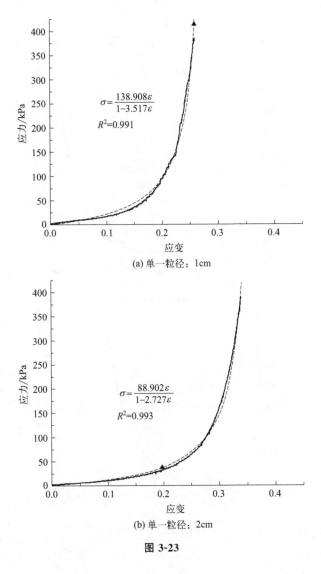

(a) 单一粒径：1cm

(b) 单一粒径：2cm

图 3-23

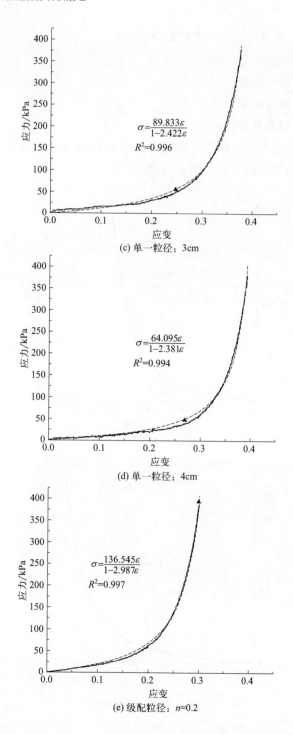

(c) 单一粒径：3cm

(d) 单一粒径：4cm

(e) 级配粒径：$n=0.2$

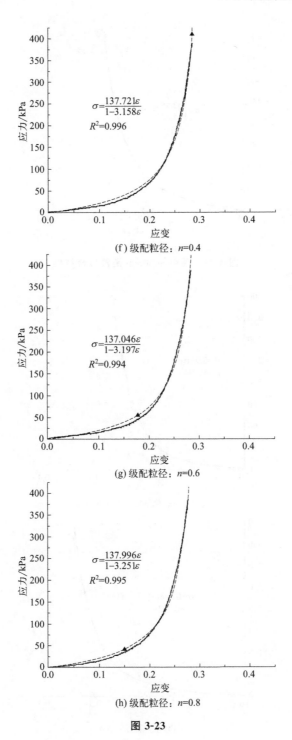

图 3-23

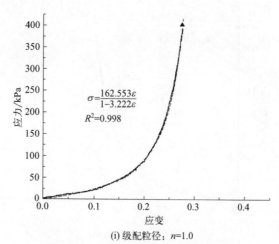

(i) 级配粒径：$n=1.0$

图 3-23　采用 Salamon 函数拟合结果

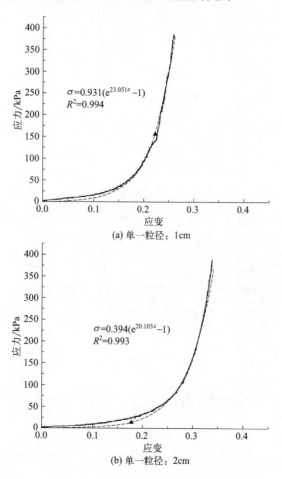

(a) 单一粒径：1cm

(b) 单一粒径：2cm

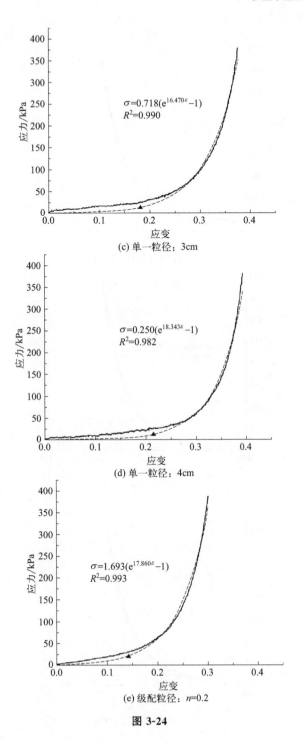

图 3-24

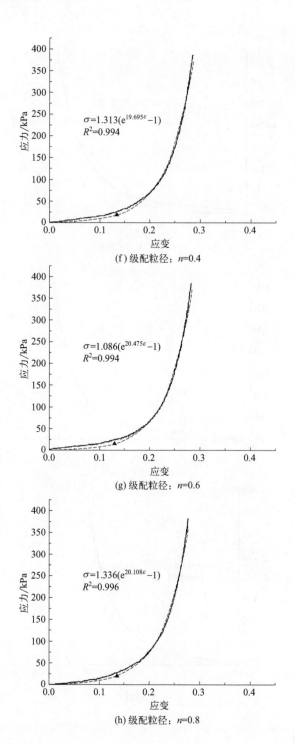

(f) 级配粒径：$n=0.4$

(g) 级配粒径：$n=0.6$

(h) 级配粒径：$n=0.8$

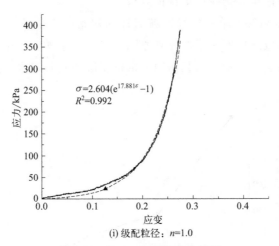

(i) 级配粒径：$n=1.0$

图 3-24　Terzaghi 函数拟合结果

两种理论模型拟合参数对比如表 3-11 所示。通过对比发现，两种理论模型拟合相关系数 R^2 均大于 0.99，均能较好的拟合实验结果。其中，Salamon 模型相较于 Terzaghi 模型，不论在压密阶段还是在非线性增长段，其拟合度均更优，总体来说，Salamon 模型的拟合度更好。

表 3-11　Salamon 模型与 Terzaghi 模型拟合参数对比

级配	$\sigma=\dfrac{a\varepsilon}{1-b\varepsilon}$			$\sigma=a(\mathrm{e}^{b\varepsilon}-1)$		
	a	b	R^2	a	b	R^2
单一粒径,1cm	138.91	3.52	0.992	0.93	23.05	0.993
单一粒径,2cm	88.90	2.73	0.991	0.39	20.10	0.994
单一粒径,3cm	89.83	2.42	0.995	0.73	16.47	0.991
单一粒径,4cm	64.10	2.38	0.993	0.25	18.34	0.983
级配粒径,$n=0.2$	136.55	2.99	0.996	1.69	17.86	0.992
级配粒径,$n=0.4$	137.72	3.16	0.997	1.31	19.69	0.993
级配粒径,$n=0.6$	137.05	3.20	0.993	1.09	20.48	0.993
级配粒径,$n=0.8$	138.00	3.25	0.994	1.34	20.11	0.995
级配粒径,$n=1.0$	162.55	3.22	0.997	2.60	17.88	0.991

(2) 切线模量、割线模量特征分析

从图 3-25 可知,单一粒径颗粒岩样的初始切线模量、初始割线模量均与粒径大小成反比例关系。究其原因,岩石粒径越小,其接触面积越大且接触也越密实,在轴向荷载作用下抵抗变形的能力就越大。

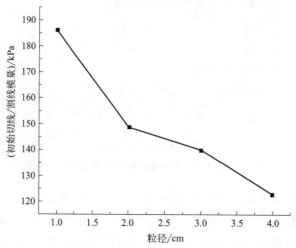

图 3-25 压实曲线初始切线模量、割线模量与单一粒径关系

从 3-26 可知,级配颗粒岩样的初始切线模量、初始割线模量均与 Talbol 指数成正比例关系,随着 n 值的变大而变大,$n=1.0$ 时对应的初

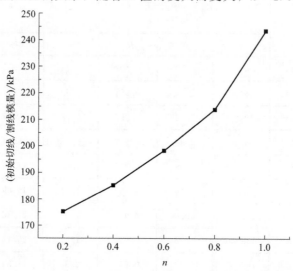

图 3-26 压实曲线初始切线模量、割线模量与 Talbol 指数关系

始切线模量、初始割线模量增长幅度最大。究其原因,级配 $n=1.0$ 时,颗粒之间骨料与细料的级配最佳,能形成较好的接触,且能发挥较好的强度作用,在轴向荷载作用下抵抗变形的能力较强。

(3) 切线模量特征分析

1) 切线模量与粒径、级配的关系

从图 3-27 可以分析出,单一粒径颗粒岩样的切线模量与粒径大小成反比例关系,随着粒径的增大,切线模量减小且减小的幅度越大。对于同一粒径,切线模量随着轴向荷载的增大而增大且增长幅度也越大,而 $d=4\text{cm}$ 时,切线模量增长的幅度最小。以上规律表明小粒径岩粒在相同轴向应力条件下压实度较大且粒径高,颗粒接触紧密,所以抵抗变形的能力越强,产生的变形的量较低。

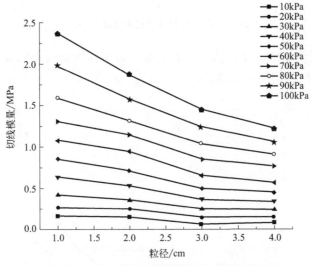

图 3-27 压实曲线切线模量与单一粒径关系

从图 3-28 可以分析出,颗粒岩样的切线模量与 Talbol 指数成正比例关系,随着 n 值的增大,切线模量增加且增加的幅度越大。对于同一 n 值,切线模量随着轴向荷载的增大而增大且增长幅度也越大,$n=1$ 时,切线模量增长的幅度最大。以上规律表明 n 越大,颗粒间的接触面积越大,级配越均匀。

2) 切线模量与应力的关系

从图 3-29 可以分析出,切线模量变化幅度整体不大,随着应力增大,

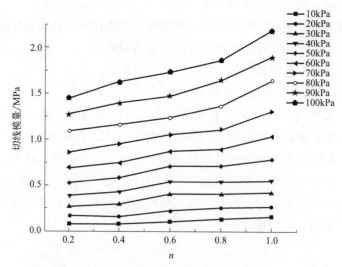

图 3-28 压实曲线切线模量与 Talbol 指数关系

切线模量随之增大，呈现指数增长关系，且切线模量增加幅度也在增大，$d=1\mathrm{cm}$ 岩样的切线模量增长幅度为最大。

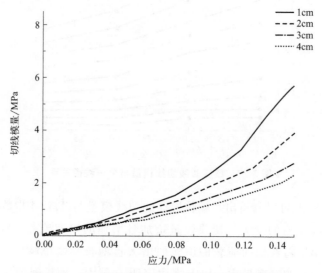

图 3-29 单一粒径压实曲线切线模量与应力的关系

从 3-30 可以分析出，切线模量变化幅度整体不大，随着应力增大，切线模量随之增大，呈现线性增长关系，但切线模量增加幅度较初始阶段并未增大。同一应力条件下,切线模量随着 Talbol 指数增加,切线模量也相应增长。

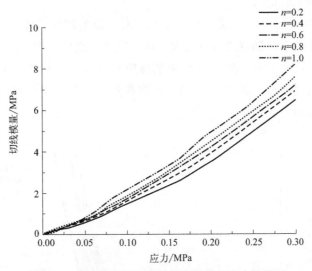

图 3-30 级配粒径压实曲线切线模量与应力的关系

3) 切线模量与应变的关系

从图 3-31 可知,当应变量小于 0.15 时,单一粒径颗粒岩样的切线模量与应变呈线性关系,随着应变的增大,切线模量也线性增大,但是增长

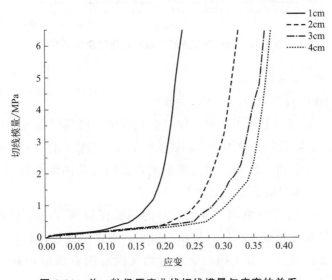

图 3-31 单一粒径压实曲线切线模量与应变的关系

幅度较小。应变量大于 0.15 后，切线模量与应变呈非线性指数关系，$d=1$cm 试样率先出现拐点，$d=4$cm 试样最后出现拐点。极限应变也随着粒径的增大而增大。

从图 3-32 可知，当应变量小于 0.1 时，级配颗粒岩样的切线模量与应变呈线性关系，随着应变的增大，切线模量也线性增大，但是增长幅度较小。应变量大于 0.1 后，切线模量与应变呈非线性指数关系，$n=0.2$ 试样率先出现拐点，$n=1$ 试样最后出现拐点。极限应变也随着 Talbol 指数的增大而增大。

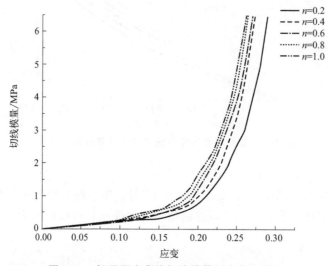

图 3-32 级配压实曲线切线模量与应变的关系

（4）割线模量特征分析

1）割线模量与粒径、级配的关系

从图 3-33 可以分析出，单一粒径颗粒岩样的割线模量与粒径大小成反比例关系，随着粒径的增大，割线模量呈减小趋势，在 $d=2$cm 时出现明显拐点。对于同一粒径，割线模量随着轴向荷载的增大而增大，$d=1$cm 时，割线模量增长的幅度最大。

从图 3-34 可以分析出，级配岩样的割线模量与 Talbol 指数呈正比例关系，随着 n 值的增大，切线模量增加，在轴向荷载较高时割线模量增加的幅度也越大。对于同一 n 值，切线模量随着轴向荷载的增大而增大。

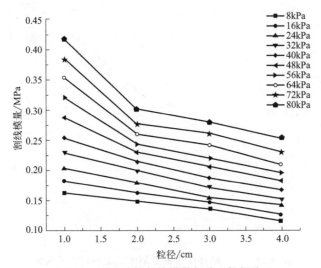

图 3-33 压实曲线割线模量与单一粒径关系

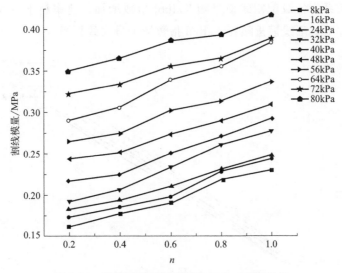

图 3-34 压实曲线割线模量与 Talbol 指数关系

2）割线模量与应力的关系

从图 3-35 可以分析出，随着应力增大，割线模量随之增大，呈现线性增长关系。$d=1cm$ 割线模量增长幅度较大，其余粒径割线模量变化幅度整体不大。

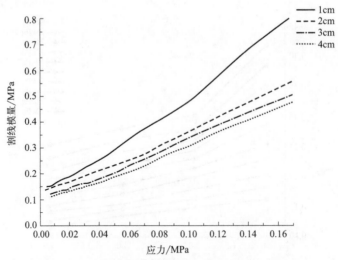

图 3-35 单一粒径压实曲线割线模量与应力的关系

从图 3-36 可以分析出，随着应力增大，割线模量随之增大，呈现线性增长关系，各级配割线模量随 Talbol 指数增加，速率趋于一致。同一应力条件下，割线模量随着 Talbol 指数增加量大致相当。

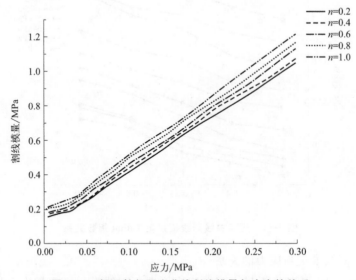

图 3-36 级配粒径压实曲线割线模量与应力的关系

3）割线模量与应变的关系

从图 3-37 可以分析出，单一粒径颗粒岩样的割线模量在低应变条件下，割线模量与应变呈正向线性关系，并在随着应变的增加出现拐点，切线模量与应变呈非线性指数关系。随着应变的增大，切线模量也线性增大，$d=1cm$ 试样率先出现拐点，$d=4cm$ 试样最后出现拐点。在低应变条件下，$d=1cm$ 试样的割线模量增长幅度最大，其余粒径增长幅度不明显。极限应变也随着粒径的增大而增大。

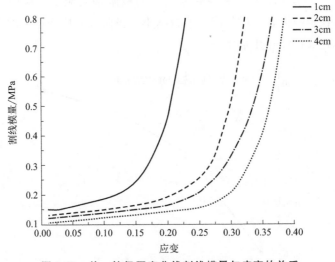

图 3-37　单一粒径压实曲线割线模量与应变的关系

从图 3-38 可以分析出，当应变量小于 0.15 时，级配颗粒岩样的割线

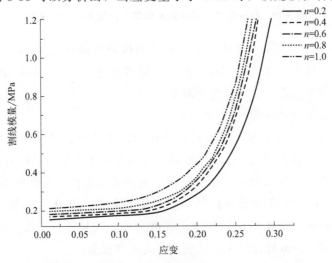

图 3-38　级配粒径压实曲线割线模量与应变的关系

模量与应变呈线性关系,随着应变的增大,切线模量也线性增大,但是增长幅度较小。应变量大于 0.15 后,割线模量与应变呈非线性指数关系,$n=0.2$ 试样率先出现拐点,$n=1$ 试样最后出现拐点。极限应变也随着 Talbol 指数的增大而增大。

(5) 极限轴向应变特征分析

如图 3-39 所示,单一粒径颗粒岩样的极限轴向应变与粒径大小呈正向关系,粒径越大,岩样的碎胀系数越小,极限轴向应变逐渐增大,但增大的速率在 $d=2$cm 开始变小。

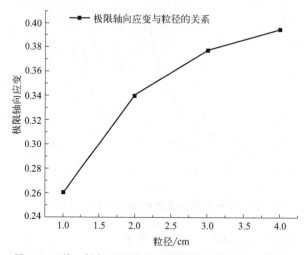

图 3-39 单一粒径压实曲线极限轴向应变与粒径的关系

如图 3-40 所示,级配粒径颗粒岩样的极限轴向应变与 Talbol 指数呈反向关系,随着 n 增大,大粒径颗粒质量占比越大,可变形的空间有限,碎胀系数变小,极限轴向应变在减小。

(6) 压实度特征分析

如图 3-41 所示,单一粒径颗粒岩样的压实度与粒径应力大小呈曲线增长关系,颗粒直径越大,压实度越大,这是由于大粒径岩样的整体完整性较好,碎胀系数较低,且孔隙较多,更容易被压密。在轴向加载初期,$d=1$cm 粒径压实度增长率比其他粒径低且各粒径压实度增加幅度也较小,随着轴向荷载增加,岩样密实程度变大,各粒径压实度增长率均变缓,其中 $d=1$cm 粒径的压实度变化率先出现拐点。

如图 3-42 所示,级配粒径颗粒岩样的压实度与应力大小呈曲线增长

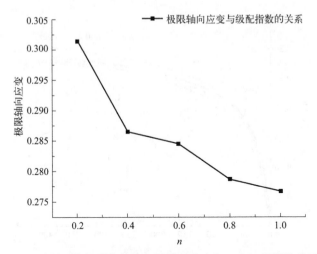

图 3-40　级配粒径压实曲线极限轴向应变与 Talbol 指数的关系

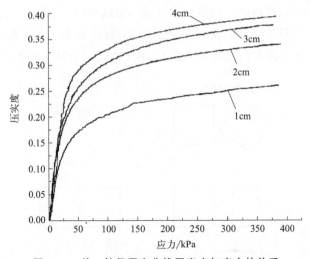

图 3-41　单一粒径压实曲线压实度与应力的关系

关系,同一应力水平下,Talbol 指数越大,压实度越大。在轴向荷载加载初期,各级配岩样的压实度增加幅度较小,随着轴向荷载增加,各级配岩样密实程度均变大,但因岩样逐渐被压实,压实度增长率均变缓,$n=1$ 级配的破碎岩样先出现拐点,n 越小对应出现拐点的时间越晚。

(7) 压实机理分析

对压实实验各种力学性能指标分布规律进行分析可知,在加载初期,

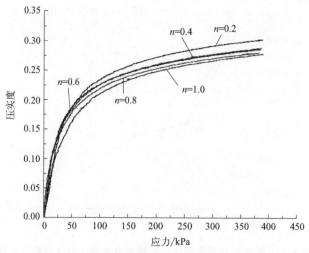

图 3-42　级配粒径压实曲线压实度与应力的关系

因荷载较小，岩样内部空间颗粒的运动形态以平移、旋转为主。颗粒间有效接触面积有限，接触形式以点-点式、点-面式为主。在荷载作用下，颗粒被逐渐压实，颗粒间接触形式向面-面式转变，如图 3-43 所示。

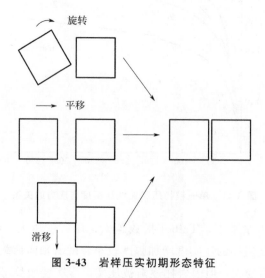

图 3-43　岩样压实初期形态特征

随着荷载增加，在外力作用下岩石颗粒发生挤压，颗粒尖角被磨平，接触面积增大，同时被磨掉的角部岩粒被填充到大颗粒的空隙内，如图 3-44 所示。

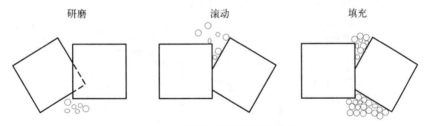

图 3-44 岩样压实后期形态特征

接触形式也变为面面接触为主,在增强有效接触面积的同时,提高了整体密实程度,抗变形的能力增强,弹性模量也得到了提高。

3.2.2.4 蠕变实验

开展垮落带破碎岩体的蠕变实验,对岩样采用分级加载,加载压力为 2~10kN,每级载荷增加 2kN,在加载过程中,应确保试样在上一级压力下轴向应变趋于稳定后再施加下一级压力,得出破碎岩体应变随时间变化的蠕变曲线,实验结果如图 3-45 所示。

从岩样加载应变-时间曲线图可以分析出垮落带破碎岩体的主要流变特征如下。

① 在加载初期,会出现一个相当大的瞬时形变,初始形变量可达到总变形量的 70% 以上,随后,这种形变将逐步以对数型变化并趋于稳定状态。

② 随着应力逐渐增大,瞬时变形量表现出下降的趋势,表明在压应力增加的情况下,破碎的岩石体的压实程度也会相应增加,压实变得更加困难。

③ 在轴向压力作用下,试样的流变行为以蠕变特征为主。表明在应力保持恒定的情况下,随着时间的流逝,试样的应变会逐渐增大。

④ 受到轴向压力的作用,初始阶段的曲线斜率呈现下降趋势,而蠕变速度则逐渐放缓。随着时间增长,试样的形状变化不大。随后,曲线的斜率维持在一个相对稳定的水平,同时试样的蠕变速度也没有发生改变,最终导致应变量逐渐趋于稳定。随着应力水平的提高,实验中的最大位移值逐渐降低,并且随时间增加缓慢增大,最后趋于一个定值。这意味着在所有的轴向压力条件下,试样都没有出现加速蠕变或破坏的情况,而是表现出了明显的初始蠕变阶段和等速蠕变阶段。

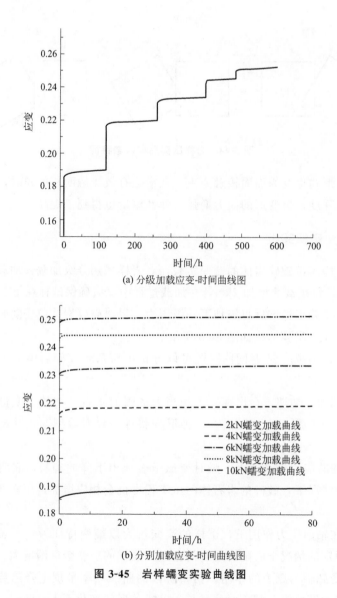

(a) 分级加载应变-时间曲线图

(b) 分别加载应变-时间曲线图

图 3-45 岩样蠕变实验曲线图

⑤ 随着轴向压力继续变大，试样在蠕变过程中产生的应变逐步降低，这表明当试样受到压实时，试样对长时间变形的抵抗能力更为出色。

目前，有较多表征岩体蠕变过程的本构模型，从本次实验结果可以看出，试样应力应变曲线具有显著的黏弹性特征，Burgers 蠕变模型以及 Kelvin 蠕变模型可以很好地表征岩体黏弹性体的蠕变特征。

在二维条件下,Kelvin 本构模型与 Burgers 本构模型的蠕变本构方程如下所示。

Kelvin 本构模型:

$$\varepsilon = \frac{\sigma_0}{E}(1-e^{-\frac{E}{\eta}t}) + c \tag{3-14}$$

Burgers 本构模型:

$$\varepsilon = \frac{\sigma_0}{E_1} + \frac{\sigma_0}{\eta_1}t + \frac{\sigma_0}{E_2}(1-e^{-\frac{E_2}{\eta_2}t}) \tag{3-15}$$

采用 Kelvin 蠕变模型对蠕变实验曲线进行拟合,拟合参数如表 3-12 所示,拟合结果如图 3-46 所示。

表 3-12　Kelvin 蠕变模型拟合结果

Kelvin 蠕变方程	$\varepsilon = \frac{\sigma_0}{E}(1-e^{-\frac{E}{\eta}t}) + c$			
拟合参数	E	η	c	R^2
$\sigma_0 = 2\text{kN}$	668	17548	0.19	0.98
$\sigma_0 = 4\text{kN}$	2119	75866	0.22	0.94
$\sigma_0 = 6\text{kN}$	2364	103727	0.24	0.98

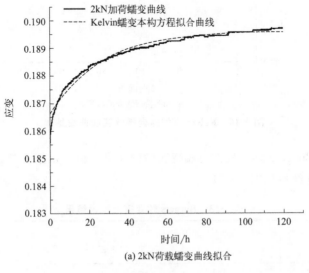

(a) 2kN 荷载蠕变曲线拟合

图 3-46

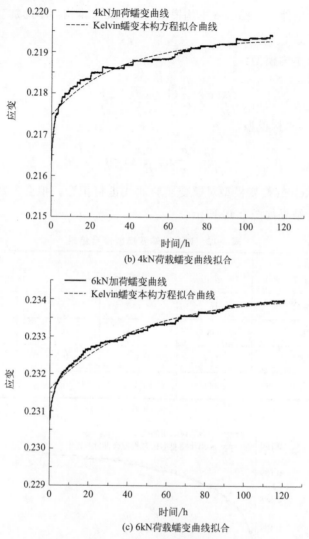

(b) 4kN荷载蠕变曲线拟合

(c) 6kN荷载蠕变曲线拟合

图 3-46 Kelvin 模型拟合蠕变实验曲线结果

采用 Burgers 蠕变模型对蠕变实验曲线进行拟合，拟合参数如表 3-13 所示，拟合结果如图 3-47 所示。

表 3-13 Burgers 蠕变模型拟合结果

Burgers 蠕变方程	$\varepsilon = \dfrac{\sigma_0}{E_1} + \dfrac{\sigma_0}{\eta_1} t + \dfrac{\sigma_0}{E_2}(1 - e^{-\frac{E_2}{\eta_2} t})$				
拟合参数	E_1	η_1	E_2	η_2	R^2

3 多层采空区残余变形机理

续表

拟合参数	E_1	η_1	E_2	η_2	R^2
$\sigma_0=2\text{kN}$	11	204254	832	10028	0.98
$\sigma_0=4\text{kN}$	19	377935	2635	14308	0.99
$\sigma_0=6\text{kN}$	26	468410	3936	36919	0.99
$\sigma_0=8\text{kN}$	33	868921	8055	3821	0.97
$\sigma_0=10\text{kN}$	41	672623	12411	46525	0.99

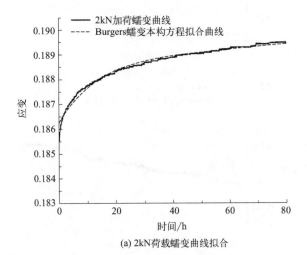

(a) 2kN荷载蠕变曲线拟合

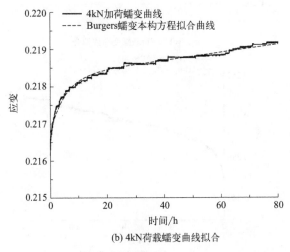

(b) 4kN荷载蠕变曲线拟合

图 3-47

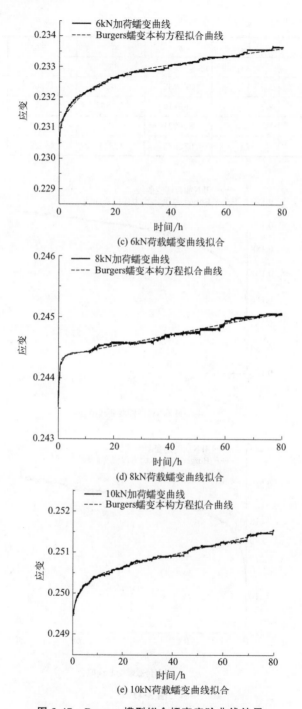

(c) 6kN荷载蠕变曲线拟合

(d) 8kN荷载蠕变曲线拟合

(e) 10kN荷载蠕变曲线拟合

图 3-47 Burgers 模型拟合蠕变实验曲线结果

从两种模型拟合结果可以得出，Burgers 蠕变模型和 Kelvin 蠕变模型的模拟效果均能较好地模拟本研究蠕变实验数据，其中 Kelvin 蠕变模型的相关系数达到 0.94 以上，Burgers 蠕变模型的相关系数 R^2 可达到 0.96 以上，但 Kelvin 蠕变模型在初始蠕变阶段及过渡阶段拟合精度略差，Burgers 蠕变模型的相关系数更高，且整体拟合度要更好。

3.2.3 数值仿真分析

3.2.3.1 FLAC3D 软件介绍

FLAC (Fast Lagrangian Analysis of Continua) 是一款由美国 ITASCA 公司研发的仿真计算软件，也是该公司旗下最著名的软件之一。FLAC 提供了二维和三维两种计算程序版本，分别是 FLAC2D 和 FLAC3D。FLAC3D 是一款三维有限差分计算软件，作为 FLAC 二维计算的进一步扩展，它不仅涵盖了 FLAC 的全部计算功能，还在此基础上进行了更深入的开发。FLAC3D 具有模拟土壤、岩石等材料的三维结构的力学响应规律以及进行结构非线性力学分析的功能。软件提供了丰富的材料线性、非线性本构模型，如弹性模型（elastic model）、正交各向异性弹性模型（orthotropic model）、各向异性（transversely-elastic）模型（anisotropic model）、莫尔-库仑塑性模型（Mohr-Coulomb model）、双屈服塑性模型（double-yield model）、修正剑桥模型（modified Cam-Clay model）、空模型（null model）等，软件同时提供利用 fish 语言或 Python 编程实现自定义材料本构模型。软件支持结构在受到外部力量的影响下，材料因屈服流动产生的大变形模式。FLAC3D 目前最新的版本为 V7.0 版本。

(1) FLAC3D 计算原理

软件采用显式拉格朗日差分法与混合离散法来求解运动方程，将整个计算区域划分为若干计算单元，单元之间通过节点连接，将荷载作用于单元节点上之后，节点运动方程以时间步长有限差分形式表达，在某一微小的时间步长内作用在节点上的荷载只对相邻节点传递荷载，即通过计算 t 时刻应力状态和微小 Δt 时间步长内的应变增量，从而求解 $t+\Delta t$ 时刻的应力状态。根据高斯定律，利用节点速率求出单元应变，再通过应力-应变关系来计算单元应力，积分后可以求解节点上的应力，最后通过平衡方程算出节点速率和节点位移，经过反复迭代计算，直到收敛，完成求解过程。FLAC3D 软件计算原理如图 3-48 所示。

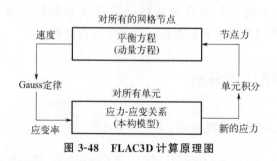

图 3-48　FLAC3D 计算原理图

（2）FLAC3D 分析流程

FLAC3D 在数值输入方式与大多数仿真模拟软件不同，FLAC3D 采用的是命令流驱动方式，命令流控制着程序的运行。FLAC3D 建立数值模型时，必须进行三个方面的工作。

① 网格剖分　对于简单规则的三维模型，可以通过 FLAC3D 软件自带的交互式图形界面进行建模，对于复杂不规则的三维模型，通过 FLAC3D 建模比较麻烦，这时可以借助其他接口软件，如：Midas、Rhino、Griddle。

② 定义本构关系与材料性质　这是最为关键的一步，不同的材料选择不同的本构关系，赋予不同的力学特性。

③ 定义边界条件与初始条件　完成三部分工作后，程序计算后进入模型的初始平衡状态，即模拟开挖前的原始应力状态。然后通过改变边界条件来进行工程模型的进一步响应，从而达到我们需要解决的工程问题。求解流程如图 3-49 所示。

（3）FLAC3D 的特点

① 采用混合离散法来模拟材料塑性屈服和塑性流动问题，比有限元法中采用的降阶积分法更优。

② 采用动态运动方程进行求解，能较好地模拟振动、大变形、蠕变、失稳等动力学问题。

③ 采用显式法求解，显式求解方法无需进行反复迭代来实现非线性本构关系，因此无需构建刚度矩阵，节省大量内存空间，因为没有任

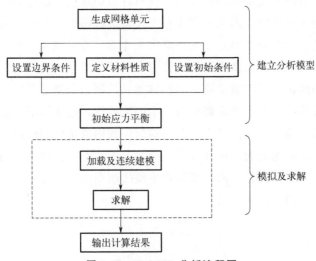

图 3-49 FLAC3D 分析流程图

何刚度矩阵要被修改，特别针对模拟大变形计算问题，计算效率大幅提升。

④ 前处理器功能较弱，对于建立复杂不规则的三维模型较困难。

（4）FLAC3D 的应用领域

软件采用显式拉格朗日差分法和混合离散法求解运动方程，适用处理复杂的岩土工程和采矿工程等力学问题，在水利、交通、核废料处理、石油、环境工程等领域也逐渐被广泛应用。

3.2.3.2 数值建模

本次多层采空区数值模拟采用有限差分数值软件 FLAC3D 进行模拟，因本项目采取工作面埋深大、数量多且地形、地质条件差，FLAC3D 软件前处理过程有所欠缺，进行复杂的地质模型建立较困难，因此本次数值模拟前处理采用 MIDAS GTS NX 来建立地质模型，主要步骤包括：确定建模范围、选定主要影响工作面、提取地表及煤层顶板坐标、划分岩层、建立采区工作面以及顶板冒落带、划分网格。各步骤的具体内容如下。

（1）确定建模范围及主要影响工作面

项目区工作面多且开采年代差异大、开采工序复杂，将所有工作面都纳入研究，将极大增加建模难度与计算机计算的难度，最终会导致工作量过大，拖慢工作进度。因此需要先对工作面进行筛选，将那些对桑掌隧道产生影响的工作面筛选出来作为待研究工作面，去模拟其开挖和长期变形过程，对于无法影响桑掌隧道的工作面，则不予研究。

工作面的影响范围通常通过岩层移动角控制。当地下开采影响到达地表以后，在采空区上方地表将形成一个凹陷盆地，这个凹陷盆地称地表移动盆地。通过移动盆地内最大下沉点沿煤层倾向或走向的竖直断面称为倾向主断面或走向主断面。在充分采动的情况下，移动盆地主断面上临界变形值的点和采空区边界点的连线与水平线之间在采空区外侧的夹角称为岩层移动角，如图 3-50 所示。

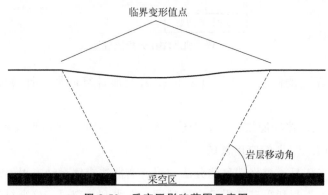

图 3-50　采空区影响范围示意图

通过岩层移动角，可以计算出该工作面主断面上临界变形值点所在位置，并绘制出该工作面影响范围的大致形状。根据地质勘察成果、矿区收集资料及工程类比，下沉系数取值见表 3-14 各煤层参数，然后根据《煤矿采空区岩土工程勘察规范》中所规定的岩层移动角取值见表 3-15，最终确定各煤层岩层移动角，见表 3-16。

表 3-14　各煤层参数

煤层	上覆岩层岩性	下沉系数
3 号	砂岩、石灰岩为主	0.82
8 号	砂岩、石灰岩为主	0.91
15 号	砂岩、石灰岩为主	0.91

表 3-15 地表移动计算参数表

覆岩类型	主要岩性	单轴抗压强度/MPa	下沉系数	水平移动系数	主要影响角正切	拐点偏移距/m	开采影响传播角/(°)
坚硬	大部分以中生代地层硬砂岩、硬石灰岩为主,其他为砂质页岩、页岩、辉绿岩	>60	0.27~0.54	0.2~0.3	1.20~1.91	(0.31~0.43)H	90°−(0.7~0.8)α
中硬	大部分以中生代地层中硬砂岩、石灰岩、砂质页岩为主,其他为软砾岩、致密泥灰岩、铁矿石	30~60	0.55~0.84	0.2~0.3	1.92~2.40	(0.08~0.30)H	90°−(0.6~0.7)α
软弱	大部分为新生代地层砂质页岩、页岩、泥灰岩及黏土、砂质黏土等松散层	<30	0.85~1.00	0.2~0.3	2.41~3.54	(0~0.07)H	90°−(0.5~0.6)α

表 3-16 各煤层岩层移动角

煤层	3 号	8 号	15 号
岩层移动角/(°)	71	64	66

确定岩层移动角之后,各工作面在主断面上的影响半径通过绘制剖面图的方式进行计算:在主断面中,从工作面边界引一条射线L,该射线与指向采空区外侧的水平线之间夹角为岩层移动角。作工作面中轴线,记为M;记L与地表交点为P,量取P点至直线M的距离,该距离即为影响半径r,计算示意图如图 3-51 所示。

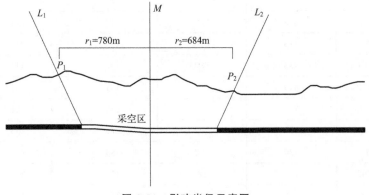

图 3-51 影响半径示意图

由于研究区域地形起伏变化大，工作面主要影响半径可根据以下经验公式进行修正：

下坡方向：
$$R=r+(0.5\sim1.0)r \tag{3-16}$$

上坡方向：
$$R=r+(0.2\sim0.5)r \tag{3-17}$$

最终得到的计算结果如表 3-17 所示。

表 3-17　各工作面影响半径计算值

工作面代号	走向主断面影响半径 1/m	走向主断面影响半径 2/m	倾向主断面影响半径 1/m	倾向主断面影响半径 2/m
71205	585	702	304	280
71100	414.6	415.5	318	345
71107	483	492	282	296
7805	277.5	256.8	183.6	199.5
7807	376.5	439.5	185	213
71212	828	742	337.5	283.5
71211-1	307.5	332.4	264	273
71211-2	472	559.5	331.5	321
71201	355.5	282	220	218
71209	707	646	203	251
71210-1	366	370.5	319.5	276
71210-2	367	445.5	339	254.4
21205	1120	1118	327	377
21813	813	800	417	371
21812	873	870	485	318
21101	938	830	408	414
21102	845	981	431	431
2813	603	580	252	321
2815	576	592	274	253
2819	525	562	383	250
21202	1137	1148	354	273
21203-1	531	535	510	410

续表

工作面代号	走向主断面影响半径1/m	走向主断面影响半径2/m	倾向主断面影响半径1/m	倾向主断面影响半径2/m
21203-2	616	488	465	435
21201	1187	1179	383	437
80802	1100	902	442	482
80603	413	456	1034	860
80801	1117	1288	539	560
80604	387	387	1294	1049
80806	481	596	588	337
80808	594	467	527	434

根据计算结果，绘制出各个工作面的影响范围，统计可能对隧道造成影响的工作面如表 3-18 所示，影响工作面示意图如图 3-52 所示。

表 3-18 对隧道造成影响的工作面统计

3号煤层	71205、71206、7120、71208、71209
8号煤层	21205、21204、21203、21202
15号煤层	80806、80804、80803、80802、80801

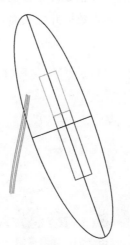

图 3-52 影响工作面示意图

最终各煤层待研究工作面在水平方向的分布如图 3-53 所示。

  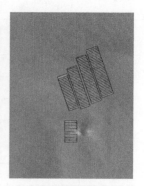

3号煤层　　　　　　　　8号煤层　　　　　　　　15号煤层

图 3-53　各煤层影响工作面示意图

为保证模拟计算的精度，根据工程经验，各工作面距离边界的距离设定为 1.5 倍采深时计算结果较为良好。15 号煤层埋深最大，平均埋深达 475m，因此将 15 号煤层工作面外扩 750m 作为本次建模的范围。最终确定模型平面尺寸为：2850m×3350m。

（2）提取地表及煤层顶板坐标

通过收集资料获得了地表以及各个煤层顶板的高程等值线图，并将地表、各煤层顶板高程等值线的 dxf 格式图件转化为空间坐标，对于高程等值线图无法涵盖区域，进行了插值处理，以满足建模需求。

使用 MIDAS GTS NX 导入数据并生成面，地表及各煤层顶板模型如图 3-54 与图 3-55 所示。

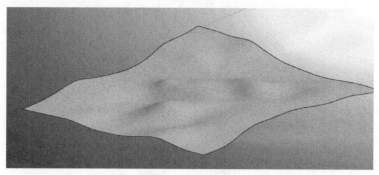

图 3-54　地表模型

（3）划分地层与煤层

对项目区地勘成果进行资料分析，划分地层与煤层，依次为 15 号煤

3 多层采空区残余变形机理

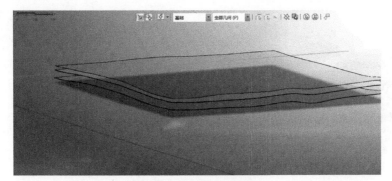

图 3-55 煤层顶板模型

层上覆地层、石炭系上统太原组（C_3t）、8 号煤层、石炭系上统山西组（C_3s）、3 号煤层、二叠系下统下石河子组（P_1x）、二叠系上统上石河子组（P_2s）。考虑到一套地层其岩性较为相似且呈体系，因此在地层划分过程中，以组为单位划分地层，模型地层划分如表 3-19 所示，地质模型示意图如图 3-56 所示。

表 3-19 地层模型

序号	地层名称	厚度/m
1	基岩	—
2	15 号煤层	6.6
3	石炭系上统太原组(C_3t)	76.5
4	8 号煤层	2.4
5	石炭系上统山西组(C_3s)下段	48.5
6	3 号煤层	2.1
7	石炭系上统山西组(C_3s)上段	73
8	二叠系下统下石河子组(P_1x)	140
9	二叠系上统上石河子组下段(P_2s^1)	63
10	二叠系上统上石河子组中段(P_2s^2)	平均约 50

地质实体模型根据地层划分的结果构建。建立地质实体模型的基本操作为：生成实体—使用地层分界面切割实体，建立好的地质模型如图 3-57 所示。

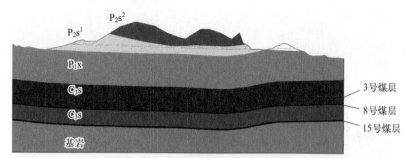

图 3-56 地质模型示意图

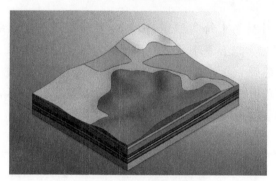

图 3-57 地质实体模型

（4）建立工作面与垮落带模型

垮落带是指工作面回采后引起的煤层上覆岩体完全垮落的那部分岩层。垮落带厚度按照下式进行计算：

$$H_m = \frac{M}{(K-1)\cos\alpha} \tag{3-18}$$

式中，M 为采厚；K 为上覆岩层的碎胀系数，对于中硬岩，一般取 1.25；α 为煤层倾角。

最终计算结果如表 3-20 所示。

表 3-20 垮落带计算结果

煤层	采厚/m	垮落带高度/m
15 号	6.6	15.5
8 号	2.4	10.2
3 号	2.1	9.1

在 MIDAS GTS NX 中,首先建立各工作面的在 $z=0$ 上的投影面,然后对投影面进行扩展,获得一个与煤层相交的四棱柱,最后用该四棱柱的四个侧面切割对应的煤层,即可切割出工作面的实体模型,冒落带切割同理。

将工作面与冒落带延回采方向等距离切割,在后续计算中依次赋空可以模拟回采过程,因此本研究在模型建立过程中,对工作面以及冒落带延回采方向间隔 20m 进行了等距切割。切割后形成许多小的条带,将这些条带依次赋予不同的属性,则可以在后续计算中实现依次赋空,如图 3-58 与图 3-59 所示。

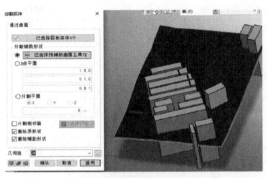

图 3-58 工作面划分

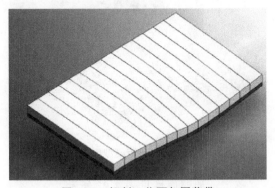

图 3-59 切割工作面与冒落带

(5)网格划分

本次剖分网格使用四面体网格进行剖分。为了避免网格畸变,应当控制四面体网格长短边之比小于 5。考虑到煤层最小厚度仅为 2.1m,因此对于煤层与垮落带，网格剖分尺寸控制在 10m 以内。为了在保证计算精度的前提下尽可能地减少网格数量，各煤层间夹层网格尺寸控制在 30m 以内，而对于靠近地表的地层，网格尺寸控制在 50m 以内。表 3-20 详细展示了各地层网格的剖分尺寸。图 3-60 为地质模型网格图。

表 3-21 各地层网格形态及尺寸

序号	地层	网格形态	网格大小/m
1	基岩	四面体	50
2	15 号煤层及冒落带	四面体	10
3	石炭系上统太原组(C_3t)	四面体	30
4	8 号煤层及冒落带	四面体	10
5	石炭系上统山西组(C_3s)下段	四面体	30
6	3 号煤层及冒落带	四面体	10
7	石炭系上统山西组(C_3s)上段	四面体	50
8	二叠系下统下石河子组(P_1x)	四面体	50
9	二叠系上统上石河子组下段(P_2s^1)	四面体	50
10	二叠系上统上石河子组中段(P_2s^2)	四面体	50

图 3-60 地质模型网格

各工作面、冒落带、地层属性见表 3-22 所示。

表 3-22 数值模型属性一览表

网格	Group	Slot
基岩	0	1

3 多层采空区残余变形机理

续表

网格	Group	Slot
15号煤层	1	1
C_3t	2	1
8号煤层	3	1
C_3s(下段)	4	1
3号煤层	5	1
C_3s(上段)	6	1
P_1x	7	1
P_2s^1	8	1
P_2s^2	9	1
71208工作面	1301—1324	2
71028冒落带	11301—11324	2
71207工作面	1201—1224	2
71207冒落带	11201—11224	2
71209工作面	1401—1429	2
71209冒落带	11401—11429	2
71206工作面	1101—1125	2
71206冒落带	11101—11125	2
71205工作面	1001—1019	2
71205冒落带	11001—11019	2
21202工作面	601—635	2
21202冒落带	10601—10635	2
21203工作面	701—731	2
21203冒落带	10701—10731	2
80801工作面	101—133	2
80801冒落带	10101—10133	2
21204工作面	801—837	2
21204冒落带	10801—10837	2
80802工作面	201—232	2
80802冒落带	10210—1023	2

续表

网格	Group	Slot
21205 工作面	901—937	2
21205 冒落带	10901—10937	2
80803 工作面	301—328	2
80803 冒落带	10301—10328	2
80804 工作面	401—423	2
80804 冒落带	10401—10423	2
80806 工作面	501—514	2
80806 冒落带	10501—10514	2

3.2.3.3 工作面开挖模拟

为了更好地模拟跨落带破碎岩体破碎、压实过程引起的采空区顶板上覆岩层的主变形及残余变形、地表沉降盆地的演变趋势、围岩的力学响应规律及塑性区分布情况，除了掌握冒落带岩体的变形参数之外，还需了解冒落带岩体的厚度、冒落带岩体的应力状态。通过模拟工作面的开挖过程，能够构建冒落带岩体被压实之前的应力场。工作面开挖模拟主要有以下几个步骤：确定边界条件及本构模型、确定计算参数、模拟分步开挖。

（1）边界条件及本构模型

由于在待研究工作面的基础上进行了外扩，可以认为模型东、西、南、北以及下边界不受开挖影响，因此东、西、南、北以及下边界面域上的节点设置固定边界。

模拟开采通常有以下两种方式：

① 将工作面内网格置空，直接模拟开采；

② 模拟跨落带破碎岩体的破碎、压实过程，进行等价开采。

直接模拟开采将会在工作面的开切眼和停采线附近产生类似悬臂梁的结构，该结构下方会形成一处截面呈三角形的空腔；在模拟冒落带破碎岩体压实的过程中，该空腔将会导致上覆悬臂梁结构产生较大的变形，从而引起网格畸变，导致无法完成计算，如图 3-61 所示。因此，为了保证后续计算顺利进行，本研究采用等价开采。

3 多层采空区残余变形机理

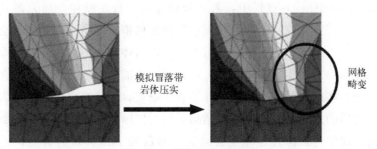

图 3-61　网格畸变示意图

在等价开采模拟过程中，为了更好地反映采空区及冒落带破碎岩体的破碎过程，采用双屈服模型进行计算，对于其余岩层，采用莫尔-库仑本构模型进行计算，如表 3-23 所示。

表 3-23　岩体本构模型

岩体	本构模型
工作面及冒落带破碎岩体	双屈服模型
其余岩体	莫尔-库仑模型

（2）计算参数

根据深部钻孔岩芯力学实验数据，并结合地勘报告中的围岩地质条件进行取值，围岩计算参数如表 3-24 所示。

表 3-24　围岩计算参数

岩层	围岩等级	弹性模量/GPa	泊松比	摩擦角/(°)	黏聚力/MPa	密度/kg·m^{-3}
基岩	Ⅲa	8	0.3	40	0.8	2640
15 号	煤层	1.8	0.25	28.3	0.14	1380
夹层 1	Ⅲ硬岩	13	0.28	44.5	1.1	2870
8 号	煤层	1.8	0.25	28.3	0.14	1380
夹层 2	Ⅲ硬岩	12.5	0.29	42.6	1.0	2750
3 号	煤层	1.8	0.25	28.3	0.14	1380
上覆	Ⅲ硬岩	11	0.3	40	0.9	2740
$P_1 x$	Ⅲa	8	0.3	39	0.7	2500
$P_1 s^1$	Ⅳ中硬岩	6	0.31	35	0.6	2350
$P_1 s^2$	Ⅳ中硬岩	5	0.33	32	0.5	2300

在 FLAC3D 计算过程中，岩体被视作一种连续体介质，即其力学行为接近于完整岩块，这会导致无法很好地模拟岩体受力，结构面会发生闭合、挤压以及岩体破坏等力学行为。考虑岩体的变形主要受结构面的控制，因此需要对岩体参数进行进一步折减，才能更好地使用连续体介质模拟结构面存在的情况。根据国内外学者的研究，当计算参数折减至岩体受压破坏之后的力学参数时，模拟结果能够与实际情况较为吻合。查阅文献后发现，通常将岩体弹性模量折减为原参数的 16.7% 较为合适，折减后的计算参数如表 3-25 所示。

表 3-25 折减后的计算参数

岩层	围岩等级	弹性模量/GPa	泊松比	摩擦角/(°)	黏聚力/MPa	密度/kg·m^{-3}
基岩	Ⅲa	1.33	0.3	29	0.8	2640
15#	煤层	0.30	0.35	22	0.14	1380
15#8#夹层	Ⅲ硬岩	2.17	0.28	32	1.1	2870
8#	煤层	0.30	0.35	22	0.14	1380
8#3#夹层	Ⅲ硬岩	2.08	0.29	30	1	2750
3#	煤层	0.30	0.35	22	0.14	1380
3#上覆	Ⅲ硬岩	1.83	0.3	28	0.9	2740
$P_1 x$	Ⅲa	1.33	0.3	27	0.7	2500
$P_1 s^1$	Ⅳ中硬岩	1.00	0.31	26	0.6	2350
$P_1 s^2$	Ⅳ中硬岩	0.83	0.33	25	0.5	2300

（3）模拟开挖与计算结果

根据项目区附近煤矿提供的开采平面图，待研究工作面按照表 3-26 顺序开挖。

表 3-26 各工作面开挖顺序

开采顺序	工作面代号	回采方向
1	71208	西南—东北
2	71207	西南—东北

续表

开采顺序	工作面代号	回采方向
3	71209	西南—东北
4	71206	西南—东北
5	71205	西南—东北
6	21202	西北—东南
7	21203	西北—东南
8	80801	西北—东南
9	21204	西北—东南
10	80802	西北—东南
11	21205	西北—东南
12	80803	西北—东南
13	80804	西北—东南
14	80806	西北—东南

开挖过程中，每次模拟开挖 20m 计算，迭代平衡之后再模拟开挖下一段，以此类推，直至开挖完成。以下为模拟开挖过程的计算结果。

观察图 3-62，沉降盆地近似呈菱形，其形态与工作面形态较为类似。沉降值最大处位于沉降盆地几何中心的东北方向，属于 3 号、8 号、15 号煤层工作面相互重叠的区域。沉降值由沉降最大值点向外依次递减，沉降盆地中心地区，云图颜色均为深蓝色，表明该区域沉降值变化较小，即倾斜移动量较小；沉降盆地边缘沉降云图颜色由深蓝逐渐变为红色，表明沉降盆地边缘沉降值变化率较大，沉降值变化速率较快，即倾斜变形较大，符合开采沉陷的一般规律。由此可知，沉降盆地中心地表都已达到或接近最大沉降量，盆地形态符合超充分采动条件下的实际情况。

模拟开挖后得到的沉降最大值为 8.5m，三层煤的总采厚为 11m，下沉系数 $p=0.75$。研究区域内主要地层岩性为砂岩和泥岩的互层，属于中硬岩，根据《建筑物、水体、铁路及主要井巷煤柱留设与压煤开采规范》，覆岩类型为中硬岩的煤矿，其下沉系数 p 可取 $0.55\sim0.84$，本研究计算结果与规范要求数据较为符合。

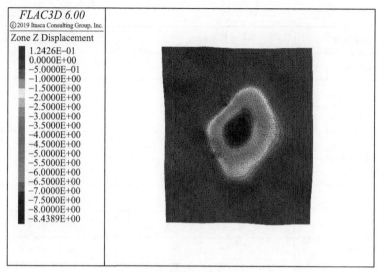

图 3-62　采空区地表沉降云图

观察图 3-63、图 3-64，移动盆地中心部位水平移动较小，水平移动主要出现在沉降盆地边缘。其中东侧、西侧边缘地表分别沿 x 轴正向、负向移动，即从移动盆地边缘向中心移动；南侧、北侧边缘地表分别沿 y 轴正向、负向移动，即从移动盆地边缘向中心移动，可以判断出地表水平位移在空间上的分布规律与实际情况相符。

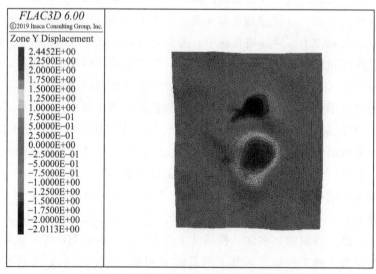

图 3-63　采空区地表 y 方向水平移动云图

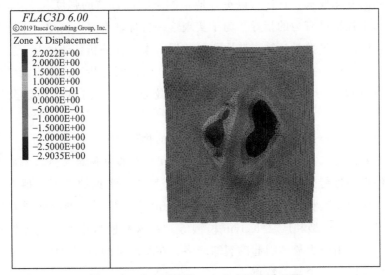

图 3-64 采空区地表 x 方向水平移动云图

同时，x 方向和 y 方向的水平移动量分别为 2.9m 与 2.44m，水平移动系数分别为 0.26 与 0.22。根据《建筑物、水体、铁路及主要井巷煤柱留设与压煤开采规范》，研究区域内水平移动系数可取 0.2~0.3，本研究所得出的计算结果与规范较为吻合。

综合以上两点，研究区域内的沉降盆地形态、地表移动规律以及下沉系数、水平移动系数均与理论规范相匹配，可以认为本结果具有较高的准确性。

3.2.3.4 残余变形模拟

为了研究多层采空区冒落带岩体压实变形特性，进行了破碎岩体相似材料压实实验，在实验数据的基础上，开展了多层采空区长期变形数值模拟实验，以研究覆岩与隧道沿线残余变形规律。多层采空区长期变形数值模拟实验的基本思路为：在破碎岩体模拟压实实验的基础上，选择合适的蠕变模型，计算出不同工作面不同位置的计算参数，通过模拟采空区垮落带破碎岩体的压实过程来模拟整个研究区域的覆岩及隧道沿线长期变形情况。

(1) 蠕变本构模型

研究土石混合体的蠕变过程关键在于明确应力与应变的关系以及它们

随时间的变化模式，这样可以更好地预测土石混合体的强度和变形趋势，为实际工程提供有力的指导。为了实现这一目标，有必要构建一个适当的模型，以便通过数学计算来获取相关数据。本书在分析传统的基于实验资料的方法之后，提出一种新的分析方法——有限元分析法。现有的蠕变模型大致可以划分为四大类：元件模型、微分模型、内时模型以及经验模型。

由于元件模型具有清晰的结构和明确的物理含义，因此得到了广大学者的普遍认可。在研究岩石流变过程时，可以根据实际需要选取不同类型的元件模型进行数值模拟分析。在元件模型中，常见的模型包括 Kelvin 模型、西原正夫模型、Bingham 模型以及由多个相同模型串联或并联构成的 Burgers 模型和广义 Kelvin 模型等。在这些模型中都假定了岩石内部存在一个由应力松弛引起的裂隙网络。在垮落带的破碎岩体中，蠕变曲线展现出以下几个显著特点：

① 在加载初期，出现了显著的瞬时形变，这表明在元件模型中有串联的弹性部件存在；

② 在应力状况保持不变的前提下，蠕变初期的应变速度逐步下降，这与 Kelvin 模型的变形属性相吻合；

③ 在应力状况保持不变的前提下，蠕变速度逐渐稳定，并最终达到稳态蠕变状态，这意味着在元件模型中应当包含一个串联的牛顿粘壶；

④ 尽管在高应力条件下，等时曲线展现出非线性的属性，但在较大的应力区间内，其线性特性尤为突出。

Burgers 模型是由一个 Maxwell 体和一个 Kelvin 体串联而成四元件模型，其原理如图 3-65 所示。Burgers 模型为黏弹性模型，可以很好地表现材料在荷载作用下的瞬时响应和长时间作用下的稳态蠕变过程。

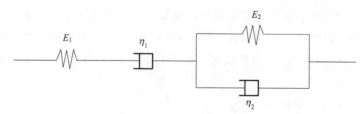

图 3-65 Burgers 模型结构图

根据元件的力学性质可以得到：

Maxwell 体：

$$\varepsilon_1 = \frac{\sigma}{E_1} + \frac{\sigma}{\eta_1} \tag{3-19}$$

Kelvin 体：

$$\sigma = E_2 \varepsilon_2 + \eta_2 \dot{\varepsilon}_2 \tag{3-20}$$

总应变关系：

$$\varepsilon = \varepsilon_1 + \varepsilon_2 \tag{3-21}$$

式中　E_1、E_2——Maxwell 体弹性模量与 Kelvin 体中两个弹性元件的弹性模量；

　　　η_1、η_2——分别为两个牛顿体的黏滞系数；

　　　ε_1——Maxwell 体总应变；

　　　ε_2——Kelvin 体的总应变；

　　　σ——模型总应力。

由式(3-19)、式(3-20)、式(3-21) 求出 Burgers 模型的一维微分本构方程：

$$\sigma + p_1 \dot{\sigma} + p_2 \ddot{\sigma} = q_1 \dot{\varepsilon} + q_2 \ddot{\varepsilon} \tag{3-22}$$

式中，$p_1 = \dfrac{E_1 \eta_2 + E_2 \eta_1 + E_1 \eta_1}{E_1 E_2}$，$p_2 = \dfrac{\eta_1 \eta_2}{E_1 E_2}$，$q_1 = \eta_1$，$q_2 = \dfrac{\eta_1 \eta_2}{E_2}$。

式(3-22) 表示一维应力状态下的本构方程，为得到三维应力状态下的蠕变本构方程，假设土石混合体受力状态为理想弹塑性，蠕变以剪切变形为主且体积变化为弹性、泊松比保持常量。可得出三维应力下的微分本构方程，如下：

$$e_{ij}(t) = \left\{ \frac{\Delta(t)}{2G_1} + \frac{t}{2\eta_1} + \frac{1}{2G_1}\left[1 - \exp\left(-\frac{G_2}{\eta_2}t\right)\right] \right\} \mathrm{d}s_{ij} \tag{3-23}$$

$$e(t) = \frac{\Delta(t)}{3k} \mathrm{d}\sigma \tag{3-24}$$

式中，参数 k、G_1、G_2、η_1、η_2 由实验数据确定；k 表示混合体流变特性；G_1 表示混合体加载瞬间发生弹性形变；G_2 代表在剪应力作用下混合体发生衰减蠕变阶段的形变量；η_1 代表土石混合体在剪应力作用下稳态蠕变阶段的应变速率；η_2 代表蠕变衰减阶段的衰减速率。本研究以

G_m、G_k、V_m、V_k 替代 G_1、G_2、V_1、V_2。

(2) 蠕变参数确定

在三轴实验的条件下，可以使用回归分析的方式计算出 Burgers 模型的各项计算参数。由于实验条件限制，单轴实验无法获得围压的具体数值，这使得利用回归分析法求计算参数变得困难。

在此基础上，提出了一种新的思路。获得计算参数的最终目的是在 FLAC3D 中进行模拟，如果能够找到一套参数，使得相同尺寸的模型，在相同的应力条件下，模拟出与模型实验接近的结果，那么我们就可以认为将这套参数代入计算是合适的。

除此之外，Burgers 模型的计算参数不是一个常数，而是随着应力水平不断变化的，因此需要尽可能地找到多组应力水平条件和与之对应的计算参数，寻找应力水平与计算参数之间的关系。这样，即使冒落带岩体局部地区所受压应力变化较大，也可以根据应力水平与计算参数的关系，获得局部区域的计算参数。

根据模型实验的相似比，建立相应的计算模型，模型参数如表 3-27 所示。

表 3-27 数值模型参数

参数	模型实验	相似比	数值模型
直径/m	0.2	30	6
高度/m	0.4	30	12
时间/h	80	$\sqrt{30}$	440
轴向压力(kN)/应力(MPa)	2~10	48	2.4~12

建立模型后，首先设计正交实验，获得各组轴向应力条件下的大致参数，然后对大致参数进行微调，得到较为准确的计算参数。

1) 正交实验

堆石料具有破碎、松散、一定级配等特征，这些特征与冒落带岩体较为相似，为了获得冒落带 K、G_m、G_k、V_m、V_k 这五个参数的大致范围，正交实验参数参考堆石料的蠕变参数。根据堆石料相关蠕变数据，本实验设置五组参数水平，如表 3-28 所示。

表 3-28 正交实验应力水平

参数 应力水平	K/Pa	G_m/Pa	G_k/Pa	V_m/(Pa·h)	V_k/(Pa·h)
Ⅰ	$5×10^6$	$5×10^6$	$1×10^6$	$5×10^8$	$1×10^6$
Ⅱ	$1×10^7$	$5×10^8$	$1×10^7$	$5×10^9$	$1×10^7$
Ⅲ	$5×10^7$	$5×10^{10}$	$5×10^7$	$5×10^{10}$	$5×10^7$
Ⅳ	$1×10^8$	$5×10^{12}$	$1×10^8$	$5×10^{11}$	$5×10^8$
Ⅴ	$1×10^9$	$5×10^{14}$	$5×10^8$	$5×10^{12}$	$5×10^9$

对五因素、五水平进行正交实验，本实验正交设计如表 3-29 所示。

表 3-29 正交实验设计表

实验组	K	G_m	G_k	V_m	V_k
1	Ⅰ	Ⅰ	Ⅰ	Ⅰ	Ⅰ
2	Ⅰ	Ⅱ	Ⅱ	Ⅱ	Ⅱ
3	Ⅰ	Ⅲ	Ⅲ	Ⅲ	Ⅲ
4	Ⅰ	Ⅳ	Ⅳ	Ⅳ	Ⅳ
5	Ⅰ	Ⅴ	Ⅴ	Ⅴ	Ⅴ
6	Ⅱ	Ⅰ	Ⅱ	Ⅲ	Ⅳ
7	Ⅱ	Ⅱ	Ⅲ	Ⅳ	Ⅴ
8	Ⅱ	Ⅲ	Ⅳ	Ⅴ	Ⅰ
9	Ⅱ	Ⅳ	Ⅴ	Ⅰ	Ⅱ
10	Ⅱ	Ⅴ	Ⅰ	Ⅱ	Ⅲ
11	Ⅲ	Ⅰ	Ⅲ	Ⅴ	Ⅱ
12	Ⅲ	Ⅱ	Ⅳ	Ⅰ	Ⅲ
13	Ⅲ	Ⅲ	Ⅴ	Ⅱ	Ⅳ
14	Ⅲ	Ⅳ	Ⅰ	Ⅲ	Ⅴ

续表

实验组	K	G_m	G_k	V_m	V_k
15	Ⅲ	Ⅴ	Ⅱ	Ⅳ	Ⅰ
16	Ⅳ	Ⅰ	Ⅳ	Ⅱ	Ⅴ
17	Ⅳ	Ⅱ	Ⅴ	Ⅲ	Ⅰ
18	Ⅳ	Ⅲ	Ⅰ	Ⅳ	Ⅱ
19	Ⅳ	Ⅳ	Ⅱ	Ⅴ	Ⅲ
20	Ⅳ	Ⅴ	Ⅲ	Ⅰ	Ⅳ
21	Ⅴ	Ⅰ	Ⅴ	Ⅳ	Ⅲ
22	Ⅴ	Ⅱ	Ⅰ	Ⅴ	Ⅳ
23	Ⅴ	Ⅲ	Ⅱ	Ⅰ	Ⅴ
24	Ⅴ	Ⅳ	Ⅲ	Ⅱ	Ⅰ
25	Ⅴ	Ⅴ	Ⅳ	Ⅲ	Ⅱ

按照该正交表进行数值蠕变实验，比对数值计算结果与模型实验结果，实验组 7 的曲线拟合程度较高，后续在实验组 7 的基础上进行调整，直至得到较为理想的参数。

2）参数

根据前人的研究，回归分析可以获得两段公式，分别描述初始蠕变阶段与等速蠕变阶段，其推导过程如下。

在三轴应力条件下，σ_1 为最大主应力，即轴向应力，径向应力即围压 $\sigma_2 = \sigma_3$。所以有：

$$\sigma = \frac{1}{3}(\sigma_1 + 2\sigma_3), \quad S_{11} = \sigma_1 - \sigma \tag{3-25}$$

代入（3-23）可得：

$$\varepsilon(t) = \frac{1}{9k}(\sigma_1 + 2\sigma_3) + (\sigma_1 - \sigma_3)\left[\frac{1}{3G_m} + \frac{1 - \exp\left(\dfrac{G_k}{\eta_k}t\right)}{3G_k} + \frac{t}{3\eta_m}\right] \tag{3-26}$$

当 t 足够大时，在等速蠕变阶段，$\exp\left(-\dfrac{G_k}{\eta_k}t\right) \to 0$。

蠕变曲线可以线性回归成：

$$Y = A_1 + B_1 t \tag{3-27}$$

式中，$A_1 = \dfrac{\sigma_1 + 2\sigma_3}{9k} + \dfrac{\sigma_1 - \sigma_3}{3G_m} + \dfrac{\sigma_1 - \sigma_3}{3G_k}$；$B_1 = \dfrac{\sigma_1 - \sigma_3}{3\eta_m}$。

B_1 即为蠕变曲线等速蠕变阶段渐近线的斜率，而 A_1 为蠕变曲线等速蠕变阶段渐近线的截距。

用式（3-26）减去式（3-27），其结果为蠕变曲线初始蠕变阶段与等速蠕变阶段渐近线的差值，记为 $q(t)$：

$$q(t) = Y - \varepsilon(t) = \dfrac{\sigma_1 - \sigma_3}{3G_k} \exp\left(-\dfrac{G_k}{\eta_k} t\right) \tag{3-28}$$

两边取对数可得：

$$\ln q(t) = \ln \dfrac{\sigma_1 - \sigma_3}{3Gk} - \dfrac{G_k}{\eta_k} t \tag{3-29}$$

其可以线性回归成：

$$Y = A_1 + B_2 t \tag{3-30}$$

其中，$A_2 = \ln \dfrac{\sigma_1 - \sigma_3}{3G_k}$，$B_2 = -\dfrac{G_k}{\eta_k}$。

以上结论使得微调参数具有可行性。例如，当数值模拟得到的蠕变曲线（以下简称曲线1），相比于模型实验得到的蠕变曲线（以下简称曲线2）在等速蠕变阶段斜率过大，我们只需要增大 η_m 即可使得曲线1与曲线2拟合度更高。需要说明的是，使用这种方法调整参数，暂时难以使曲线1与曲线2高度相似，考虑到本研究着眼于长期变形，因此在调整参数时，优先满足等速蠕变阶段的拟合度。

经过参数调整，在各轴向压力条件下的最终曲线形态如图3-66所示。

观察结果可以看到，在9.6MPa和12MPa情况下，两条曲线在各个阶段都拥有较高的拟合度，2.4~4.8MPa情况下，两条曲线在等速蠕变阶段具有较高的拟合度，能够较好地模拟出冒落带破碎岩体长期变形的特征，而在压实过程的初始阶段，模拟的应变将略大于实际结果，考虑到大多数工作面停采时间距离隧道开挖已有2年以上的时间，因此该误差对于隧道开挖及运营期间的影响较小。

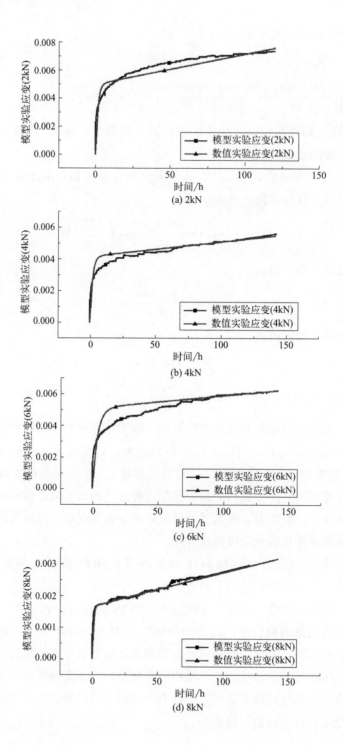

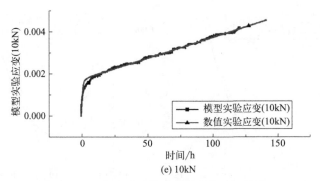

(e) 10kN

图 3-66　各应力条件下拟合曲线对比结果

在各压力水平下，计算得到的 burgers 蠕变参数如表 3-30 所示。

表 3-30　各加载条件下的蠕变参数

压应力/MPa	K/Pa	G_m/Pa	G_k/Pa	V_m/Pa·h	V_k/Pa·h
2.4	1×10^7	1×10^7	5.2×10^7	5×10^{11}	2×10^9
4.8	1.8×10^7	2×10^7	2×10^8	4.5×10^{11}	3×10^9
7.2	3.48×10^7	3×10^7	1.4×10^8	4.1×10^{11}	4×10^9
9.6	4.1×10^7	3.5×10^7	6.5×10^8	5.2×10^{11}	6×10^9
12	4.05×10^7	3.7×10^7	3.7×10^9	6×10^{11}	1×10^{10}

对各参数与压应力两两之间进行拟合，分析各参数随压应力的变化情况，拟合结果如图 3-67 所示。

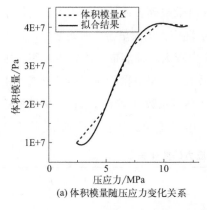

(a) 体积模量随压应力变化关系

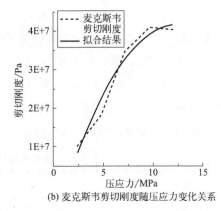

(b) 麦克斯韦剪切刚度随压应力变化关系

图 3-67

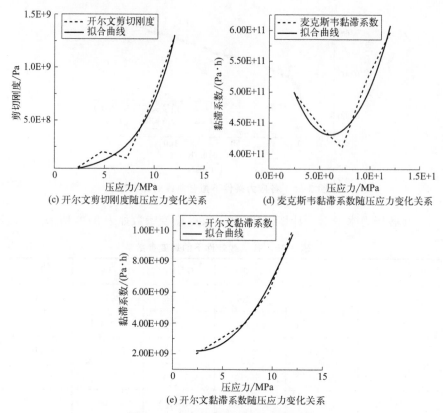

图 3-67 各参数随压应力的变化规律

观察曲线可以得出，体积模量 K 随压应力的增大而增大，增长率逐渐降低趋近于零，能够较好地反映破碎岩体被压实的过程。麦克斯韦剪切刚度 G_m 随着压应力增加呈对数曲线增加，随着冒落带破碎岩体逐渐被压实，增长率逐渐降低并趋于平稳。开尔文剪切刚度 G_k 随应力增大呈指数曲线增加，在压应力较小的区段，其增长率较小，当压应力较大，冒落带破碎岩体被逐步压实，G_k 增长率迅速增大。麦克斯韦黏滞系数 V_m 呈下抛物线型增长形式，相较于其他参数，V_m 变化较为平稳。开尔文黏滞系数呈幂函数增长，增长率随着压应力增大而逐渐增大。各参数随压应力的拟合公式如表 3-31 所示。

表 3-31 各参数随压应力的变化关系

参数	拟合公式	R^2
K	$Y = 27252x^4 - 873481x^3 + 9 \times 10^6 x^2 - 3 \times 10^7 x + 5 \times 10^7$	1

续表

参数	拟合公式	R^2
G_m	$Y=5\times10^9 x^2-6\times10^{10}x+6\times10^{11}$	0.9875
G_k	$Y=3\times10^7 e^{0.3174x}$	0.8963
V_m	$Y=5\times10^9 x^2-6\times10^{10}x+6\times10^{11}$	0.9224
V_k	$Y=10^7 x^3=2\times10^8 x^2+10^9 x-0.0011$	1

在此基础上，统计各工作面条块所受到的压应力，即可计算出其大致的蠕变参数，进行后续的计算。

(3) 计算结果可靠性评价

1) 地表残余变形在空间中的分布规律

绘制 2019—2109 年的地表残余沉降等值线图与隧道、15 号工作面相对位置图，如图 3-68 所示。

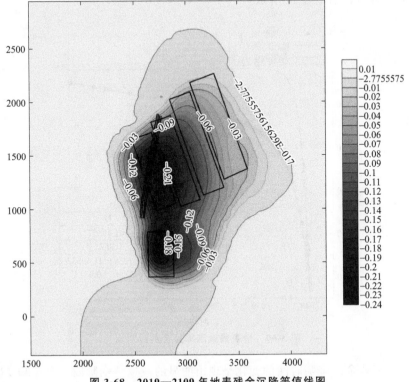

图 3-68 2019—2109 年地表残余沉降等值线图

观察图像可知，隧道建设完成后地表残余沉降在空间中的分布规律与开挖造成的地表沉陷在空间中的分布规律类似，呈现出盆地的形态。残余沉降最大值点位于残余沉降盆地东北角，在水平面上与 15 号煤层 80804 工作面中心点几乎重合。

由于残余沉降最大值点位于影响范围的东北角，距离影响范围东部以及北部边界较近，因此在影响范围内东部以及北部边界附近，地表倾斜破坏较大。同时隧道正好穿越残余沉降较大的地区，残余沉降最大值点与隧道中点几乎重合，隧道洞口附近残余沉降等值线较密，不均匀沉降量较大，因此在隧道洞口处可能会发生破坏。

从 2019 年隧道开挖至地表残余沉降基本稳定，研究区域在 3 号、8 号、15 号煤层重复采动后发生的地表残余沉降最大值为 225mm，场地处于基本稳定状态。

2）地表残余变形随时间的变化规律

提取地表残余沉降最大监测值，并进行曲线拟合并与数值计算结果进行对比分析，如图 3-69 所示。

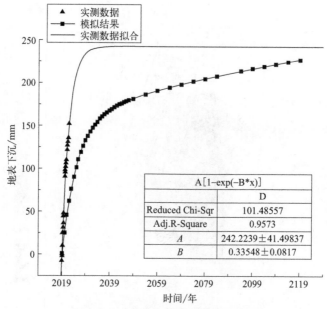

图 3-69　地表残余沉降拟合曲线对比

地表残余沉降随时间的变化呈现出明显的减速蠕变阶段和等速蠕变阶

段。从 2019—2029 年，地表残余沉降速率较大，约为 10.25mm/年，至 2029 年地表残余沉降最大可达 125mm。

在 2029—2049 年，残余沉降速率逐步减小，曲线开始趋于平缓，残余沉降速率由 12.5mm/年逐渐降低为 1.5mm/年，至 2049 年地表残余沉降最大可达 180mm。

2049 年后，逐步进入匀速蠕变阶段，2109 年地表稳定后，由于计算模型的原因，地表仍旧具有一定的残余沉降速率，约为 0.5mm/年，可忽略不计，最终地表残余沉降量为 225mm。

综上所述，隧道区域年均下沉量小于 60mm，最终下沉量略大于 200mm，隧道场地处于基本稳定状态。

3）残余沉降数值模拟结果与实测结果的比较

根据章节 3.1.4 中的处理结果，隧道右线中点在 2018 年与 2019 年内，平均残余沉降速率为 24.5mm/年和 15.3mm/年，数值模拟计算结果约为 21mm/年，计算结果较为相似。

在隧道沿线地表取 10 个点，分别比较 2018—2019 年监测数据与模拟结果，如图 3-70 与图 3-71 所示。

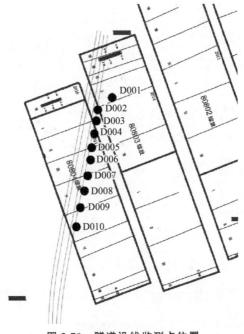

图 3-70　隧道沿线监测点位置

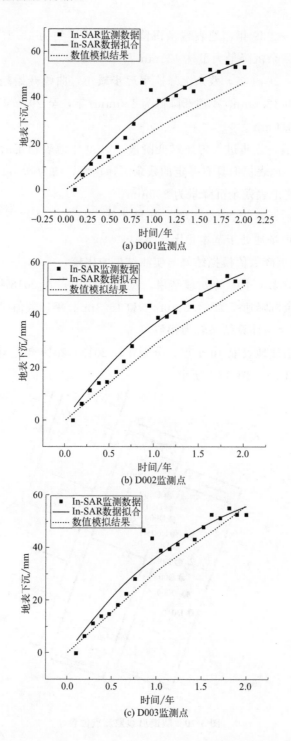

(a) D001监测点

(b) D002监测点

(c) D003监测点

3 多层采空区残余变形机理

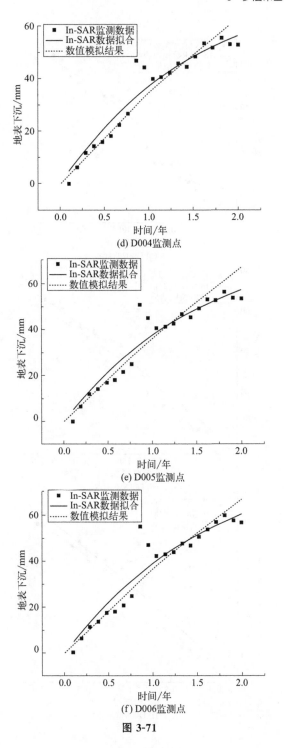

图 3-71

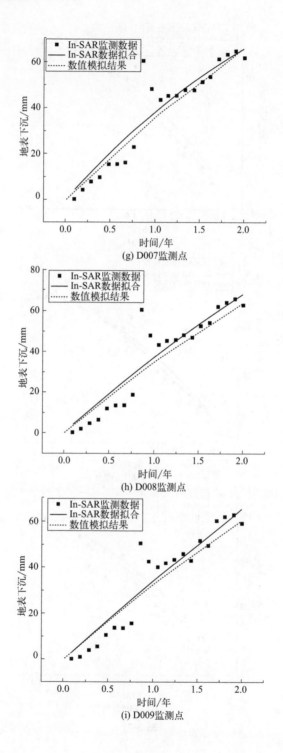

(g) D007监测点

(h) D008监测点

(i) D009监测点

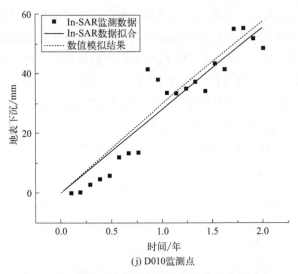

(j) D010监测点

图 3-71　隧道沿线监测数据与数值模拟结果对比

可以观察到，在 2018—2019 年两年时间内，隧道沿线的监测点的监测数据与模拟结果的数据吻合度较高，验证数值模拟结果具有较好的准确性。区别在于，隧道中部的监测点，其数值模拟的沉降量在 2018—2019 年略大于监测结果，隧道两端的监测点则反之。

对 D001 至 D007 号点的 In-SAR 监测数据进行拟合，并与模拟沉降量进行对比，如图 3-72 所示，可以观察到，数值模拟的最终沉降量比实测数据拟合

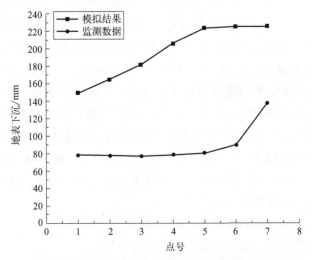

图 3-72　隧道沿线地表监测点监测数据与数值模拟最终沉降量对比

出的最终沉降量大 60～120mm，隧道的场地稳定性评价以实测数据为准，模拟结果起到辅助观察场地长期变形的作用。同时出现该种情况是由于在使用时间函数拟合监测数据的过程中，收敛相较于数值模拟更加迅速，如果使用数值模拟结果指导隧道支护方案设计，最终的计算结果偏安全，因此，本研究考虑以数值模拟结果为基础进行后续研究隧道沿线围岩残余变形规律研究。

(4) 隧道围岩残余沉降演化规律

提取隧道轴线围岩残余沉降数据如图 3-73 所示。

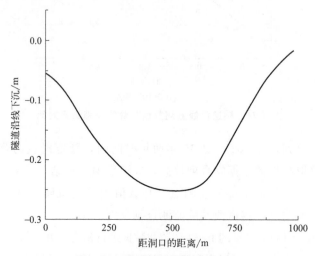

图 3-73 隧道轴线围岩残余沉降

图 3-73 中，x 轴代表监测点在隧道沿线方向上距离南侧洞口的距离，y 轴代表该点的残余沉降值。由图像可知，隧道围岩残余沉降曲线呈"U"形，隧道南侧洞口处残余沉降量约为 50mm，沿隧道方向随着距离洞口的长度增大，围岩沉降量也逐渐增大，在距离南侧洞口 400m 处残余沉降量达到最大值，约 252mm。在隧道中间区域，即距离南侧洞口 400～600m 范围内，由于穿越残余变形影响范围的中心区域，围岩残余沉降值不再明显增大或减小，维持在 230～252mm 之间，该区域处于欠稳定状态。隧道距离南侧洞口 600m 处，围岩残余沉降开始增大，直至在隧道北侧洞口处残余沉降为 20mm 左右。

(5) 隧道沿线围岩水平移动演化规律

1) 隧道沿轴线围岩 x 方向水平移动规律

将隧道围岩 x 方向水平移动提取成曲线如图 3-74 所示。

3 多层采空区残余变形机理

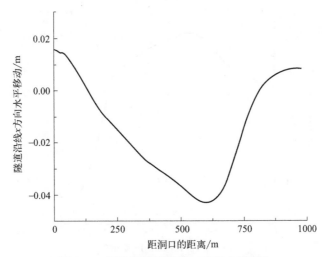

图 3-74　隧道沿轴线围岩 x 方向水平移动

观察图像可知，在残余变形的作用下，隧道围岩 x 方向水平位移绝大部分都朝西侧移动。隧道沿轴线围岩 x 方向的水平移动曲线呈"√"形态分布。南侧隧道洞口水平移动为正，朝东侧移动；在距离南侧洞口 110m 附近，x 方向水平移动趋于 0，随后水平朝西方的移动开始增大，在距离南侧洞口约 620m 处水平移动达到峰值，约为 43mm，随后 x 方向水平移动值逐渐变小，在北侧洞口附近 x 方向水平移动趋于 0。

2）隧道沿线围岩 y 方向水平移动规律

如图 3-75 可知，隧道围岩在南侧 y 方向水平移动为正，北侧为负，在残余变形的作用下，隧道南北两端的围岩朝隧道中部移动，隧道围岩在 y 方向整体受到围岩的挤压作用。隧道南侧洞口处围岩 y 方向水平移动约为 1.5mm，在南侧洞口至 325m 范围内，y 方向水平移动逐步增大至峰值，约为 7.8mm。随后沿隧道轴线前进方向水平移动量逐渐变小，在距离隧道南侧洞口 658m 处达到 0，之后开始朝反方向变化，并逐渐增大。在距离南侧洞口 760m 处达到峰值，约为 15mm，经历一段水平发展阶段后，水平移动量开始变小直到隧道出口处的水平移动量约为 8mm。

（6）隧道沿线围岩倾斜变形演化规律

绘制隧道围岩倾斜变形按隧道沿轴线的分布规律图，如图 3-76 所示。

观察图像可知，隧道接近工作面附近时，围岩易产生较大的倾斜变形。在隧道南侧洞口处，围岩倾斜变形约为 -0.22mm/m；在隧道北侧洞

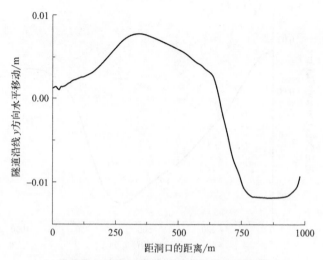

图 3-75　隧道轴沿线围岩 y 方向水平移动

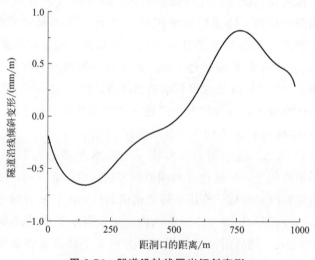

图 3-76　隧道沿轴线围岩倾斜变形

口处，围岩倾斜变形约为 0.24mm/m。在距离南侧洞口 135m 处以及 750m 处，出现两处倾斜变形峰值区，倾斜变形峰值分别约为 0.73mm/m、0.85mm/m。

根据《采空区公路设计与施工技术规范》，当隧道穿越采空区倾斜变形控制在 3mm/m 以内时，隧道相对安全。分析知在距隧道南侧进口

135m 处以及 750m 处倾斜变形较大，结构受力集中，应重点研究并采取结构加强措施。

(7) 隧洞沿线围岩曲率演化规律

隧道沿线围岩曲率变形曲线近似呈"M"形态分布，如图 3-77 所示。南侧洞口处曲率变形约为 -0.01mm/m^2，北侧洞口处曲率变形量约为 0。"M"形曲线第一个峰值出现在距离南侧洞口 250m 处，曲率变形值约为 0.003mm/m^2，第二个峰值出现在距离南侧洞口 700m 处，曲率变形值约为 0.0055mm/m^2。隧道沿线围岩曲率均未超过 0.2mm/m^2，基本处于稳定状态，曲率变形双峰值分别出现在距南侧洞口 250m、650m 位置，后续应加以重点研究。

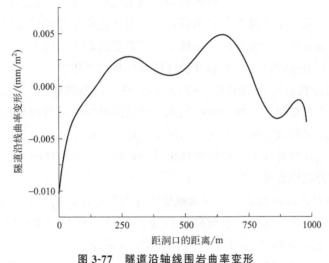

图 3-77　隧道沿轴线围岩曲率变形

3.3　本章小结

① 依据修正概率积分法计算得到残余沉降值并绘制相关沉降数据图，各采区工作面的残余沉降沿开采方向以"W"形规律变化，而在垂直开采方向上则为"V"形分布规律。各采区工作面的残余水平移动总体表现为波动起伏变化形态。通过采用 FLAC3D 软件建立数值模型并进行数值分析，对项目区不同位置处的采空区地表残余变形机理及围岩响应规律进行

了研究。经计算，隧道轴线上的最大残余沉降量和最大的残余水平移动分别为 285mm 和 153mm，残余变形峰值分别出现在隧道洞身中间和隧道进口附近。因各工作面开采年代存在显著差异，通过计算发现隧道的稳定性主要受到最晚开采的 15 号煤层①、②、③号工作面的叠加影响，④号工作面因离隧道区域较远且为斜交状态，其影响相对较低。因隧道轴线与各工作面呈不同的斜交角度和空间位置关系，在各工作面采空区叠加影响下，隧道区域地表的总体变形为沉降、水平移动、倾斜变形和沿轴向发生扭转的复杂变形形态。通过数值计算分析了各工作面开挖造成的围岩应力分布规律及塑性区分布范围。建立了考虑时序特征的概率积分法预测模型，可考虑开采后地表残余变形的动态变化过程和时变特性，从而便于计算不同开采年代多层采空区叠加的地表残余变形。通过数值模拟方法研究了各因素变化时地表及围岩的响应特征，与理论模型计算值及实测值进行比较，印证理论模型的正确性及蠕变模型参数选取的正确性，为研究采空区残留变形对隧道稳定性影响及治理措施提供参考依据。

② 将经数值分析结果与采用 In-SAR 技术监测的隧道 2018 年、2019 年地表沉降数据对比，发现数值模拟残余沉降量与监测数据基本吻合，因数值模拟结果收敛较慢，最终残余沉降量略大于基于监测数据拟合曲线的预测沉降量，但总体上数值模拟结果较为可信，可为后续隧道围岩稳定性计算及评价提供参考。

③ 项目区域地表残余沉降盆地呈"菱形"分布，从 2019 年至地表残余沉降稳定，研究区域残余沉降峰值为 252mm。残余沉降峰值位于沉降盆地东北侧，基本与 15 号煤②号工作面中点重合。

④ 地表残余沉降随时间的变化呈现出明显的减速蠕变阶段和等速蠕变阶段。2019—2029 年，地表残余沉降速率较大，约为 10.25mm/年，至 2029 年地表残余沉降最大可达 125mm。2029—2049 年，残余沉降速率逐步减小，曲线开始趋于平缓，残余沉降速率由 12.5mm/年逐渐降低为 1.5mm/年，至 2049 年地表残余沉降最大可达 180mm。2049 年后，逐步进入匀速蠕变阶段，2119 年地表稳定后，由于受计算模型的影响，地表仍旧具有一定的残余沉降速率，约为 0.5mm/年，此沉降速率可忽略不计，最终地表残余沉降量为 225mm。

⑤ 隧道围岩残余沉降曲线呈"抛物线"形分布，在距南侧洞口 500m 处残余沉降达到峰值，约 225mm。

⑥ 在残余变形的作用下，隧道围岩 x 方向水平位移绝大部分都朝西侧移动。隧道围岩沿轴线 x 方向的水平移动曲线呈"√"形态分布。南侧隧道洞口水平移动为正，朝东侧移动；在距离南侧洞口 110m 附近，x 方向水平移动趋于 0，然后朝西方的水平移动开始增大，在距离南侧洞口约 620m 处水平移动达到峰值，约为 43mm，随后沿 x 方向水平移动值逐渐变小，在北侧洞口附近 x 方向水平移动趋于 0。

⑦ 隧道围岩在南侧 y 方向水平移动为正，北侧为负，在残余变形的作用下，隧道南北两端的围岩朝隧道中部移动，隧道围岩在 Y 方向整体受到围岩的挤压作用。隧道南侧洞口处围岩 Y 方向水平移动约为 1.5mm，在南侧洞口至 325m 范围内，Y 方向水平移动逐步增大至峰值，约 7.8mm。随后沿隧道轴线前进方向水平移动量逐渐变小，在距离隧道南侧洞口 658m 处达到 0mm，随后开始朝反方向变化，并逐渐增大。在距离南侧洞口 760m 处达到峰值约 15mm，经历一段水平发展阶段后，水平移动量开始变小直到隧道出口处的水平移动量约为 8mm。

⑧ 隧道接近工作面附近时，围岩易产生较大的倾斜变形。在隧道南侧洞口处，围岩倾斜变形约为 -0.22mm/m，隧道北侧洞口处，围岩倾斜变形约为 0.24mm/m。在距离南侧洞口 135m 以及 750m 处，出现两处倾斜变形峰值区，倾斜变形峰值分别约为 0.73mm/m、0.85mm/m。

⑨ 隧道沿线围岩曲率变形曲线近似呈"M"形分布，南侧洞口处曲率变形约为 -0.01mm/m^2，北侧洞口处曲率变形量约为 0。"M"形曲线第一个峰值出现在距离南侧洞口 250m 处，曲率变形值约为 0.003mm/m^2，第二个峰值出现在距离南侧洞口 700m 处，曲率变形值约为 0.0055mm/m^2。

综上所述，根据《采空区公路设计与施工技术细则》有关采空区场地稳定性评价的相关规定，隧道场地大部分区域为稳定状态，局部区域属欠稳定状态，具体研究结论如下。In-SAR 监测数据表明隧道场地的年均残余变形量和总残余变形量均满足规范关于场地稳定的评价标准，项目区场地处于稳定状态。概率积分法预测残余变形结果和数值模拟残余变形结果均略大于 In-SAR 监测数据，隧道中心位置的地表残余沉降量略大于 200mm，但残余倾斜变形值、残余水平变形值以及残余曲率变形值均满足规范中关于场地稳定的评价标准，最终隧道大部分场地区域处于稳定状态，仅个别区域处于欠稳定状态。

4

采空区层位对隧道围岩稳定性的影响

4.1 残余变形对不同竖向位置隧道围岩稳定性的影响
4.2 残余变形对不同交叉形式隧道围岩稳定性的影响
4.3 残余变形对不同水平位置隧道围岩稳定性的影响
4.4 本章小结

4.1 残余变形对不同竖向位置隧道围岩稳定性的影响

4.1.1 构建模型

本章研究单一工作面的残余沉降对隧道围岩稳定性的影响。为了保证工作面达到充分采动,在模型中将工作面长度设置为1000m,宽度设置为200m,埋深200m。为了确保模型边界不受开挖扰动,将模型边界沿工作面外扩2.5倍埋深,即500m。煤层厚度取3m,如图4-1所示,经计算,冒落带厚度取10m,裂隙带厚度取40m。

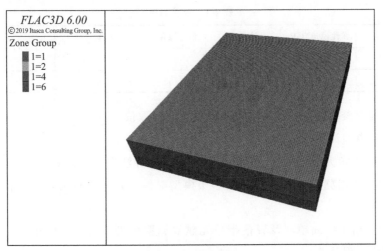

图4-1 大计算模型

小模型主要是建立隧道及围岩的计算模型。为了保证隧道能够完整地穿越残余沉降影响范围,需要先计算工作面的影响范围。取移动角为60°,在埋深200m的情况下,沉降盆地在走向上的长度约为1250m,所以取隧道长度为1500m。隧道半径取5m,围岩厚度取30m,使用壳单元模拟隧道衬砌结构,小模型如图4-2所示。

考虑采空区塌陷后的围岩损伤,计算参数如表4-1所示。

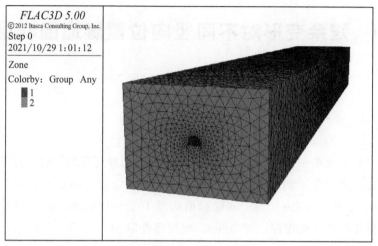

图 4-2 小模型

表 4-1 计算参数

岩层	弹性模量/GPa	泊松比	内摩擦角/(°)	内黏聚力/MPa	密度/(kg/m³)
煤层	0.30	0.35	22	0.14	1380
岩层	2.15	0.30	32	0.9	2800

蠕变参数按照 3.2 节中提出的蠕变参数取值。

大模型计算过程如下：

① 固定大模型的底边节点，固定四周边界法向位移为 0。

② 使用莫尔-库仑模型，对整个模型赋值，并计算重力，构建初始应力场。

③ 给工作面单元及冒落带单元赋双屈服模型、参数，使用等价开采的方式模拟开挖。

④ 将工作面单元及冒落带单元赋 Burgers 蠕变模型、参数，计算蠕变过程。

计算完成后，地表的残余沉降如图 4-3 所示。

为了研究残余变形对不同竖向位置隧道围岩的影响规律，计算工况分别取隧道距工作面顶板距离为 25m、45m、100m，分别对应隧道穿越垮落带上方、裂隙带、弯曲带的情况。隧道走向穿越工作面中轴线。隧道与工作面竖向位置关系如图 4-4 所示。

4 采空区层位对隧道围岩稳定性的影响

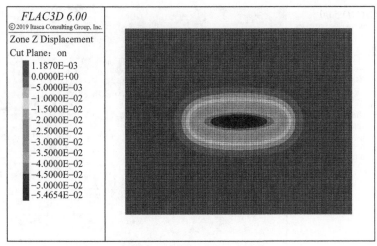

图 4-3 地表残余沉降云图

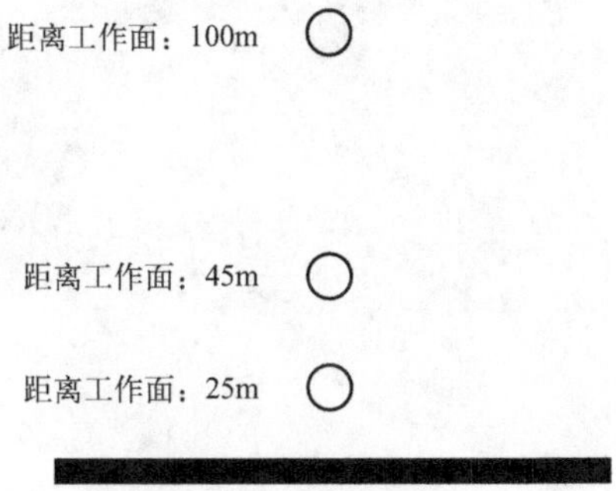

图 4-4 隧道与工作面的竖向位置关系

提取小计算模型中围岩各个节点的位置，并通过大模型位移场对其进行插值，依次求解出小模型中隧道及围岩的位移场，进行残余变形作用下的围岩稳定性分析计算。

4.1.2 残余变形作用下不同竖向位置隧道围岩稳定性分析

（1）隧道位于不同竖向位置下的围岩塑性区分布规律

隧道穿越不同层位时，围岩破坏形式如图 4-5、图 4-6、图 4-7 所示。
分析隧道穿越不同竖向位置时的围岩塑性区分布规律，可知：

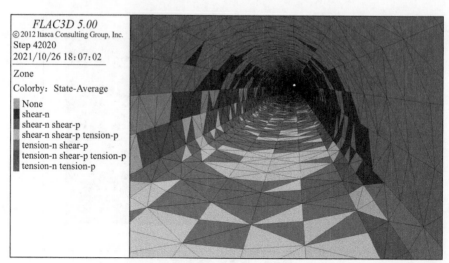

图 4-5　隧道穿越冒落带上方隧道围岩塑性区分布规律

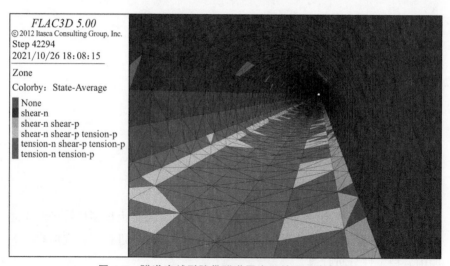

图 4-6　隧道穿越裂隙带隧道围岩塑性区分布规律

① 隧道穿越跨落带上方时，在残余变形作用下，围岩塑性区分布规律程序以边墙及仰拱的贯通性剪切破坏形态为主，同时仰拱局部发生拉伸破坏，围岩塑性区贯通范围大，围岩破坏严重。

② 隧道穿越裂隙带时，在残余变形作用下，围岩塑性区分布规律主要表现为拱肩部位的局部剪切破坏，同时拱脚处出现大范围的贯通性剪切破坏。

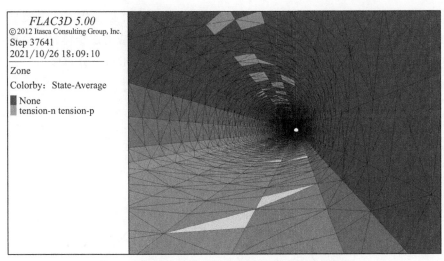

图 4-7　隧道穿越弯曲带隧道围岩塑性区分布规律

③ 隧道穿越弯曲带时，在残余变形作用下，围岩塑性区分布规律主要表现为拱顶和隧底的局部剪切破坏，破坏范围有限。

隧道穿越不同竖向位置，其塑性区破坏形态沿隧道走向的分布规律如图 4-8 所示。

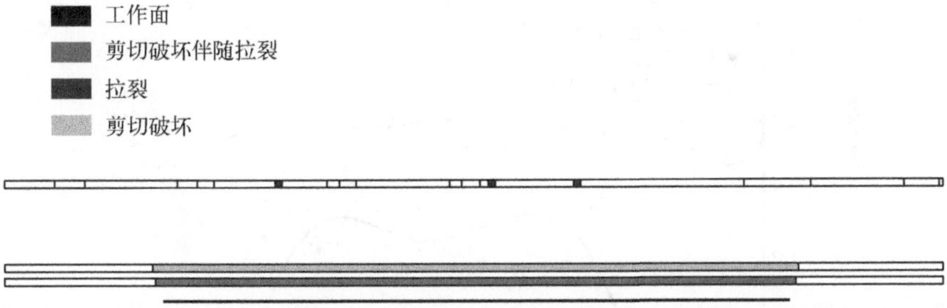

■ 工作面
■ 剪切破坏伴随拉裂
■ 拉裂
▨ 剪切破坏

图 4-8　塑性区破坏形态沿隧道走向的分布规律

由图可知，当隧道在竖向空间上与工作面距离逐渐接近时，其塑性区贯通范围及破坏程度呈增加趋势。当隧道位于跨落带上方及裂隙带时，塑性区位于工作面正上方且呈现贯通破坏形态；当隧道位于弯曲带时，塑性贯通区在明显变小，破坏也在局部发生，但有扩展到地表沉降盆地边缘趋势。

（2）隧道位于不同竖向位置的围岩正应力变化规律

由图 4-9 各方向正应力分布曲线可以得出如下结论：

① 由于跨落带岩体在采空区开挖后先发生垮塌并逐渐压实，上覆岩体会发生弯曲变形，使沿隧道洞身中部走向围岩的压应力逐步释放，呈现出隧道洞身中间部位应力小、洞口段应力大的"M"形应力分布形态。

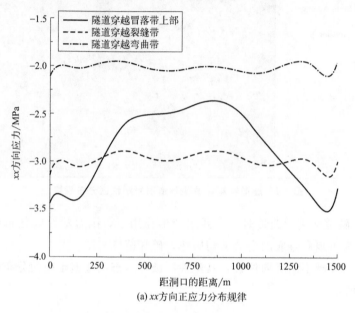

(a) xx 方向正应力分布规律

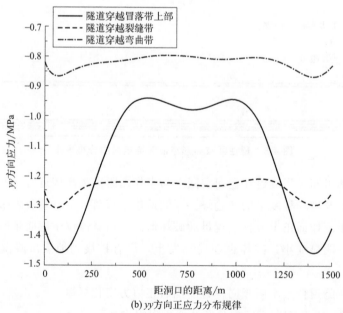

(b) yy 方向正应力分布规律

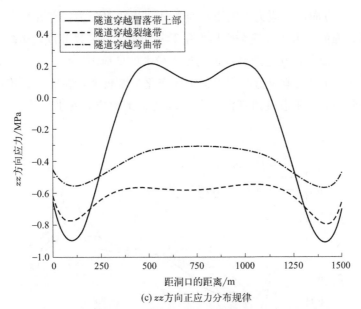

(c) zz 方向正应力分布规律

图 4-9　隧道位于不同竖向位置的隧道围岩正应力分布规律

② 隧道围岩正应力在距离隧道洞口附近较小，此处为工作面开切眼和停采线，由于开切眼和停采线上覆围岩倾斜变形较大，因此在此区域内围岩正应力在变形过程中，压应力逐渐得到释放，正应力迅速减小。

③ 隧道围岩正应力距离隧道口 500~1000m 处的应力值较小，是由于工作面中部上覆围岩已达到充分下沉，不均匀沉降较小，应力已得到充分释放，因此 z 向主应力变化较小。

④ 受到初始地应力场影响，隧道洞口附近围岩主应力会随着埋深的增加而变大。

⑤ 隧道距跨落带越近，隧道围岩压应力在残余变形作用下的释放比例越大，即在开切眼、停采线附近的隧道围岩应力变化的速率越大。尤其是当隧道穿越冒落带上方时，由于围岩破坏情况较严重，应力被大量释放，导致在工作面范围内，隧道围岩应力会小于隧道穿越裂隙带甚至弯曲带工况下的围岩应力。

(3) 隧道不同竖向位置的围岩剪应力分布规律

由图 4-10 各方向剪应力分布曲线可以得出如下结论：

① 隧道中不同竖向位置对 xy、xz 方向的剪应力的影响不大，但对 yz 方向的剪应力影响较大。

② yz 方向的剪应力在隧道沿线的分布规律表现为：在开切眼、停采线处出现峰值。由于在残余变形作用下开切眼、停采线部位发生较大的倾斜变形，从而导致在隧道轴线方向产生较大的剪应力。

③ yz 方向的剪应力在应力集中区变化幅度较大，在非应力集中区变化幅度较小，且随着隧道埋深变大，yz 方向的剪应力变小。

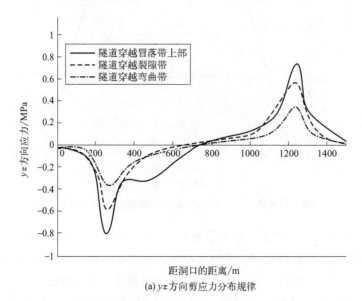

(a) yz 方向剪应力分布规律

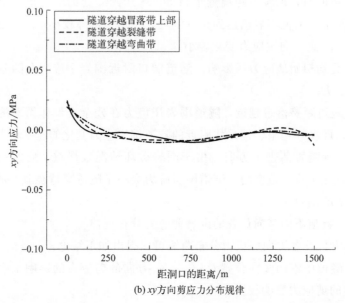

(b) xy 方向剪应力分布规律

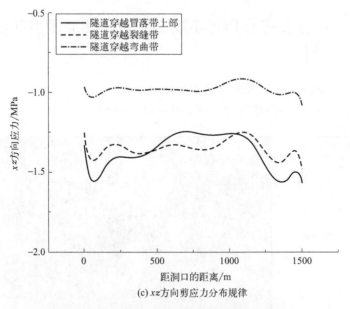

(c) xz方向剪应力分布规律

图 4-10 不同竖向位置的围岩剪应力分布规律

4.2 残余变形对不同交叉形式隧道围岩稳定性的影响

4.2.1 构建模型

设定隧道与工作面的竖向距离为 100m，隧道分别沿平行于工作面轴线和垂直于工作面轴线穿越采空区，隧道与采空区在水平面的位置关系如图 4-11 所示。

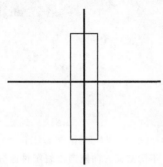

图 4-11 隧道与采空区在水平面上的相对位置

4.2.2 残余变形作用下不同交叉方向隧道围岩的稳定性分析

(1) 不同交叉方向隧道围岩塑性区分布规律

由图 4-12 围岩塑性区分布特征可以得出如下结论。

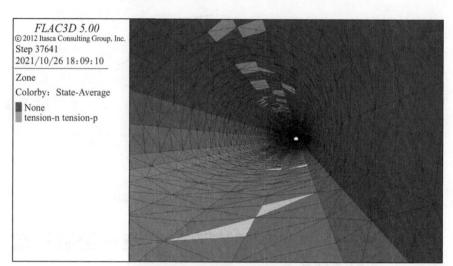

(a) 隧道与工作面平行的围岩塑性区分布

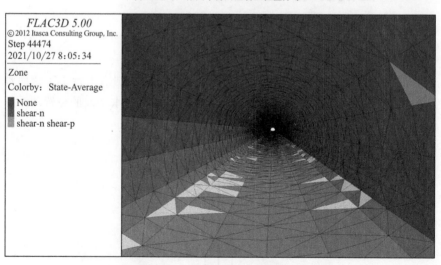

(b) 隧道与工作面垂直的围岩塑性区分布

图 4-12　不同交叉方向隧道围岩塑性区分布规律

① 隧道平行于工作面轴线穿越采空区时，围岩塑性区分布特征以隧底和拱顶的局部拉伸破坏特征为主。

② 隧道垂直于工作面轴线穿越采空区时，围岩塑性区分布特征主要表现为拱脚部位的局部剪切破坏，与隧道平行于工作面轴线穿越采空区工况相比，破坏范围更大。

(2) 不同交叉方向的隧道围岩应力变化规律

由图 4-13 可知，当隧道从不同方向穿越工作面时，围岩 xx 方向、yy 方向的正应力，xy 方向、xz 方向的剪应力变化幅度很小。围岩 zz 方向的正应力在隧道垂直于工作面轴线穿越采空区时的应力值小于隧道平行于工作面轴线穿越采空区时的应力值。

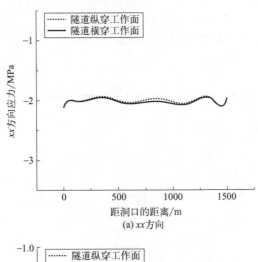

(a) xx 方向

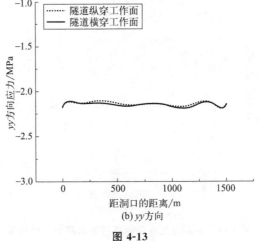

(b) yy 方向

图 4-13

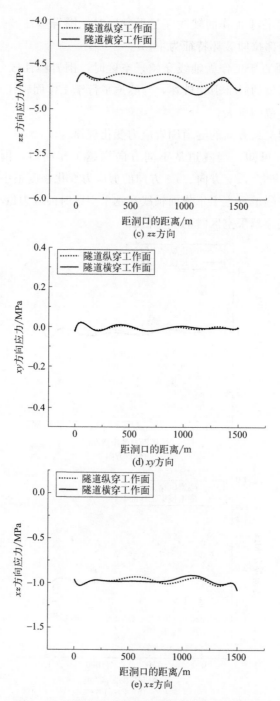

图 4-13 不同交叉方向的隧道围岩应力变化曲线

yz 方向的剪应力分布特征会随穿越方向的变化而发生改变，如图 4-14 所示，主要规律如下。

① yz 方向剪应力峰值分布位置发生改变，当隧道平行工作面方向穿越采空区时，剪应力峰值位于距隧道洞口 250m 和 1250m 处；当隧道垂直工作面方向穿越采空区时，剪应力峰值位于距洞口 650m 和 850m 处。

② yz 方向剪应力峰值大小发生改变，隧道垂直工作面方向穿越采空区时，其剪应力峰值大于隧道平行工作面穿越采空区时的剪应力峰值。

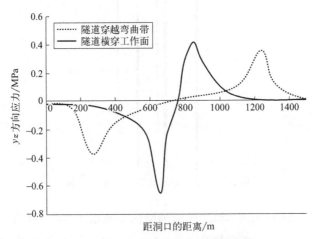

图 4-14 yz 方向上的剪应力变化曲线

经分析，出现以上应力特征的原因是：①工作面开切眼和停采线的围岩倾斜变形大，yz 方向上的剪应力集中是由倾斜变形导致的；②在隧道垂直采空区方向交叉穿越时，工作面上方围岩倾斜变形大于隧道平行于工作面轴线穿越采空区时的倾斜变形，因此会导致隧道垂直开采方向穿越工作面时应力集中区的应力峰值大于隧道平行开采方向穿越工作面工况下的应力峰值。

4.3 残余变形对不同水平位置隧道围岩稳定性的影响

4.3.1 构建模型

取隧道中轴线与工作面中轴线的水平距离为 D，当隧道中轴线与工作面中轴线重合时（$D=0$），其围岩主要在垂直方向上产生位移；当 $D>0$ 时，隧道除了在垂直方向产生位移以外，也会在水平方向上产生位移，为了研究残余变形对不同水平位置隧道围岩稳定性的影响，建立如下计算模型，如图 4-15 所示。

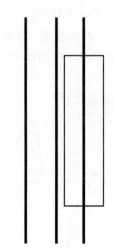

图 4-15　隧道与工作面水平相对位置

隧道长度取 1500m，与工作面的竖向距离取 100m。隧道中轴线与工作面中轴线的水平距离分别取 0m、120m、240m，分别对应穿越工作面中轴线、穿越水平移动最大处、穿越残余变形影响范围边缘处。

4.3.2　残余变形作用下不同水平位置隧道围岩的稳定性分析

（1）不同水平位置的隧道围岩塑性区分布规律

由图 4-16 围岩塑性区分布特征可以得出如下结论。

① 当 $D=0$m 时，隧道围岩的塑性区主要集中在隧道的仰拱拱底和隧道拱顶，破坏形式以拉伸破坏为主要特征。

② 当 $D=120$m 时，隧道穿越地表水平变形最大处，隧道围岩塑性区主要分布在靠近工作面一侧的拱脚处，在远离工作面一侧的仰拱拱脚及隧道直墙部位，存在范围较小的局部塑性区，以剪切破坏为主要特征。

③ 当 $D=240$m 时，隧道穿越残余变形影响范围的边缘，隧道围岩塑

性区主要位于靠近工作面一侧的隧道仰拱拱脚位置，而远离工作面一侧的仰拱拱脚的塑性区分布范围明显减小。

④ 隧道中轴线与工作面中轴线水平距离不断变大，隧道围岩塑性区的位置发生改变，由隧道拱顶及仰拱底部破坏变化为仰拱拱脚破坏。

⑤ 当隧道中轴线与工作面中轴线不重叠时，靠近工作面一侧的隧道拱脚破坏范围明显大于远离工作面一侧的破坏范围。

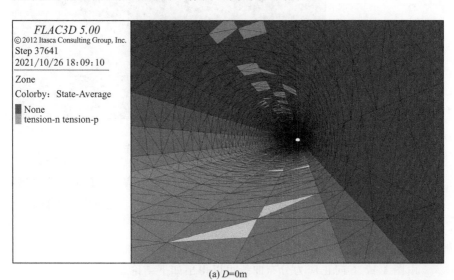

(a) D=0m

(b) D=120m

图 4-16

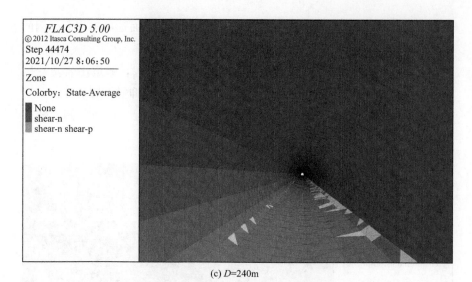

(c) $D=240m$

图 4-16 不同水平位置的围岩塑性区分布

⑥ 随着隧道中轴线与工作面中轴线水平距离的增大，隧道围岩的塑性区分布特征基本相似，但塑性区分布范围大幅减少，受采空区的破坏影响作用越来越小。

（2）隧道沿线围岩正应力变化

由图 4-17 方向正应力分布曲线可以得出如下结论。

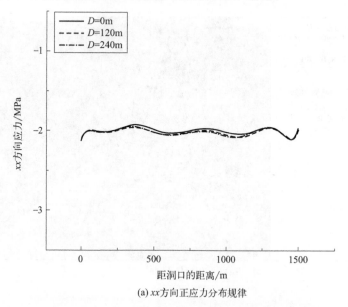

(a) xx 方向正应力分布规律

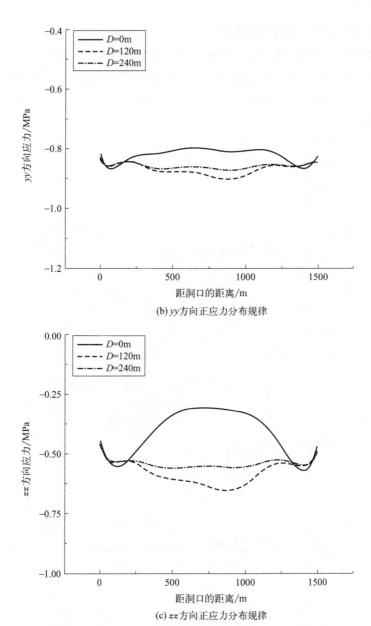

(b) yy 方向正应力分布规律

(c) zz 方向正应力分布规律

图 4-17 不同水平相对位置的隧道围岩正应力分布规律

① x 方向的正应力变化幅度较小。

② y 方向以及 z 方向正应力变化幅度较大。$D=0$ 时，y、z 方向上的正直应力在工作面范围内呈现中间小、边缘大的曲线形态；$D>0$ 时，

会表现为中间大、边缘小的趋势。

③ 当 $D=120\text{m}$ 时,y、z 方向上的应力增大幅度明显大于 $D=240\text{m}$ 时的幅度,即隧道在穿越残余变形范围边缘时 y、z 方向上的应力大幅增加。

（3）隧道沿线围岩剪应力变化

由图 4-18 可以得出如下结论。

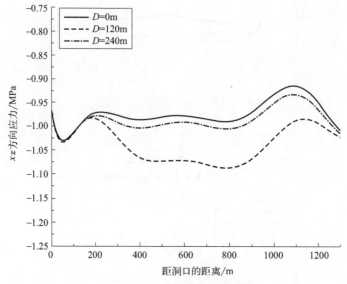

(a) xz 方向剪应力分布规律

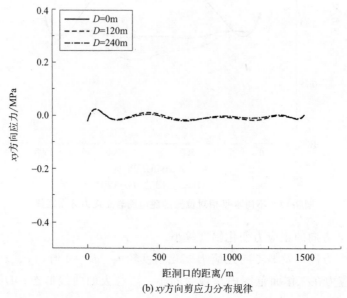

(b) xy 方向剪应力分布规律

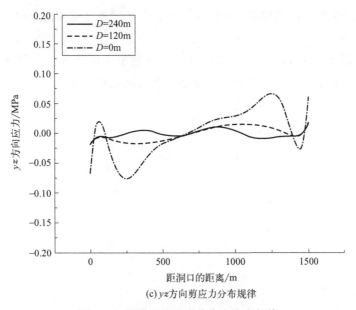

(c) yz 方向剪应力分布规律

图 4-18 隧道沿线围岩剪应力分布规律

① xy 方向的剪应力变化幅度较小，不会随隧道与工作面相对水平位置的改变而发生大的变化。

② yz 方向剪应力会随着隧道与工作面的相对水平位置的改变发生较大幅度的变化，在工作面的开切眼、停采线位置出现剪应力集中现象。但随着水平距离的增加，应力集中区的剪应力峰值会降低。经分析，隧道沿轴向的倾斜变形会随着相对水平距离的增加而逐渐减小，导致 yz 方向剪应力相应减小。

4.4 本章小结

项目区采空区隧道最大埋深约 110m，其竖向位置基本位于采空区形成上覆岩层弯曲带上，隧道走向与 80804 工作面开采方向夹角不大，且穿越工作面中心，因此其围岩塑性区分布特征基本与沿开采方向穿越跨落带的工况一致。

预计采空区隧道围岩在 80804 工作面开切眼及停采线附近将会出现剪应力集中区，并随着塑性区的发展贯通而发生剪切破坏，而隧道围岩在工作面中部上方区域内可能会在仰拱拱底及隧道拱顶位置发生局部拉伸破坏，应加强上述区域的结构设计参数及运营期监测工作。

5 采空区注浆减沉优化技术

5.1 工作面顶板上覆岩层厚度对注浆减沉效果的影响
5.2 注浆时机的减沉机制
5.3 采空区注浆后隧道稳定性评价
5.4 本章小结

5.1 工作面顶板上覆岩层厚度对注浆减沉效果的影响

5.1.1 研究思路

前述章节的研究阐明采空区上覆岩层残余的变形机理，采空区顶板岩体在工作面开挖形成临空面及持续压应力作用下，上覆岩体发生开裂、破碎，形成垮落带、裂隙带及弯曲带，垮落带破碎岩块填充采空区并逐步压实，同时发生长期的蠕变变形，最终导致地表发生长期变形。

对垮落带采取注浆加固技术，浆液可以填实垮落带破碎岩体的孔隙并发生胶凝化学作用，形成具有一定强度的注浆结石体，使得垮落带岩体变密实且难以被压缩。基于以上因素，结石体将会获得更好的抗变形能力。

基于上述观点，本章提出如下研究思路：

① 建立不同埋深的采空区岩体数值模型，计算不注浆条件与不同埋深工况下的采空区地表最终沉降量；

② 建立冒落带注浆结石体本构模型，计算在注浆条件下不同埋深工况下的采空区地表最终沉降量；

③ 比较不同埋深条件下的采空区注浆减沉变化规律，分析埋深对注浆减沉效果的影响机制。

5.1.2 计算模型

计算模型煤层厚度取 3m，冒落带厚度取 10m，采空区底板岩层厚度取 150m。为保证充分采动，煤层工作面长度取 500m，宽度取 100m。计算工况：采空区上覆岩层厚度分别为 60m、90m、120m、150m、180m、210m、240m、270m、300m、330m，共 10 组计算模型。为保证计算边界不受空间尺寸效应的影响，将模型每侧边界外延 300m。本模型采用六面体网格剖分，一般岩层网格尺寸 20m，采空区及冒落带网格尺寸沿竖向加密，间距为 2m，围岩及煤层计算参数如表 5-1 所示，计算模型如图 5-1 所示。

表 5-1 模型计算参数

岩层	弹性模量/GPa	泊松比	内摩擦角/(°)	内黏聚力/MPa	抗拉强度/Pa	密度/(kg/cm³)
煤层	0.3	0.35	21	0.13	4.9e4	1350
跨落带	1.75	0.3	26	0.7	3.2e5	2690
岩层	1.75	0.3	26	0.7	3.2e5	2690

图 5-1 数值计算模型

根据第 3 章冒落带、煤层蠕变实验数据以及各单元所受竖向压应力，进行函数拟合后得出以下各参数的拟合函数式：

$$K = 1.42868\exp(\sigma_1/4.35436) + 0.9293 \quad (5-1)$$

$$G_M = 1.69943 + 1.87226\sigma_1 \quad (5-2)$$

$$G_K = -1741.93687\exp(-\sigma_1/2.01957) + 514.84423 \quad (5-3)$$

$$V_M = 9 \times 10^9 \quad (5-4)$$

$$V_K = 1041.72132\sigma_1 2.23572 \quad (5-5)$$

5.1.3 注浆结石体变形参数

国内学者将注浆结石体视作蠕变材料，研究其流变特性及时序规律。张乃烨发表的《泥质页岩注浆结石体的蠕变特性试验研究》这一文章采用混凝土作为注浆结石体相似材料，开展单轴条件下的结石体蠕变特性研究，实验数据如图 5-2 所示。

由注浆结石体蠕变特征曲线可以得出如下蠕变规律：注浆结石体在不变的竖向应力作用下，先产生较大的瞬时沉降，随后进入减速蠕变阶段，蠕变速率逐渐减小，随着加载时间增加而趋于定值，注浆结石体整体流变特征与 Burgers 模型一致，因此本研究采用 Burgers 模型对该曲线数据进行函数拟合。

在三轴条件下，Burgers 方程为：

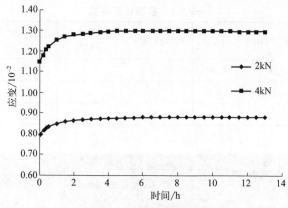

图 5-2 蠕变实验曲线

$$\varepsilon(t)=\frac{1}{9k}(\sigma_1+2\sigma_3)+(\sigma_1-\sigma_3)\left[\frac{1}{3G_m}+\frac{1-\exp\left(\frac{G_k}{\eta_k}t\right)}{3G_k}+\frac{t}{3\eta_m}\right] \quad (5-6)$$

单轴条件下，$\sigma_3=0$，得到：

$$\varepsilon(t)=\frac{1}{9k}\sigma_1+\sigma_1\left[\frac{1}{3G_m}+\frac{1-\exp\left(\frac{G_k}{\eta_k}t\right)}{3G_k}+\frac{t}{3\eta_m}\right] \quad (5-7)$$

函数拟合结果如图 5-3 和图 5-4 所示，分别为 2kN、4kN 压力下拟合情况。

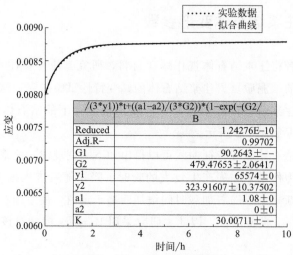

图 5-3 2kN 压力对应拟合曲线

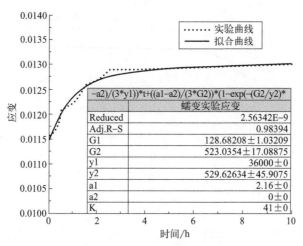

图 5-4 4kN 压力对应拟合曲线

拟合参数见表 5-2 注浆结石体拟合参数。

表 5-2 注浆结石体拟合参数

压力	K/MPa	G_M/MPa	G_K/MPa	V_M/MPa·h	V_K/MPa·h
2kN	31	85	480	65450	325
4kN	39	132	519	35800	528

本研究采用 FLAC3D 软件建立与上述文章中试件大小、形状一致的模型,对该模型赋 Burgers 模型,选用上述实验参数,开展蠕变实验的仿真计算及分析,仿真曲线与实验曲线数据对比如图 5-5 与图 5-6 所示。

从图中可知,数值模拟曲线与实验曲线基本吻合,通过函数拟合,可得出注浆结石体各蠕变参数拟合函数:

$$K = 5.18697\exp(\sigma_1/3.75492) + 31.74 \quad (5\text{-}8)$$

$$G_M = 41.5749 + 40.4643\sigma_1 \quad (5\text{-}9)$$

$$G_K = [-1111.16204 + 776.47378\sigma_1 - 81.25659\sigma_1^2 + 2.97386\sigma_1^3] \times 10^{-2} \quad (5\text{-}10)$$

$$V_M = 9 \times 10^9 \quad (5\text{-}11)$$

$$V_K = 17088.0167 - 9300.51676\sigma_1 + 1337.43539\sigma_1^2 \quad (5\text{-}12)$$

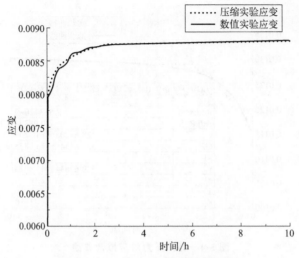

图 5-5　2kN 压力对应数值蠕变曲线

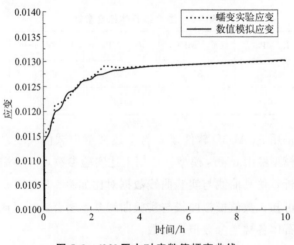

图 5-6　4kN 压力对应数值蠕变曲线

5.1.4　注浆减沉效果分析

本研究数值模型计算分析步骤如下：

① 对煤层及围岩均采用莫尔-库仑本构模型，并赋予相应计算参数，构建初始重力下的应力场；

② 对工作面及垮落带采用双屈服本构模型，采用等价开采方法，计算煤层开采过程；

③ 赋予工作面及垮落带 Burgers 模型，计算蠕变变形。

不同埋深工况下的未注浆地表残余沉降计算结果如图 5-7 至图 5-16 所示。

图 5-7　埋深 60m 工况下地表残余沉降云图（未注浆）

图 5-8　埋深 90m 工况下地表残余沉降云图（未注浆）

图 5-9　埋深 120m 工况下地表残余沉降云图（未注浆）

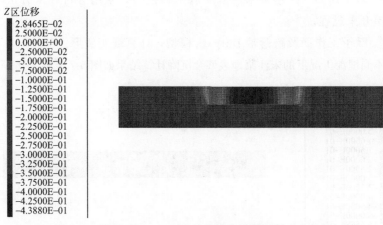

图 5-10　埋深 150m 工况下地表残余沉降云图（未注浆）

图 5-11　埋深 180m 工况下地表残余沉降云图（未注浆）

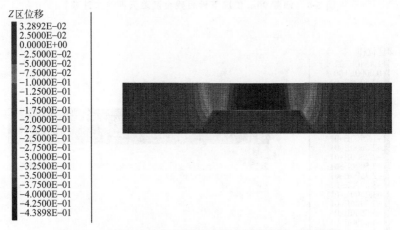

图 5-12　埋深 210m 工况下地表残余沉降云图（未注浆）

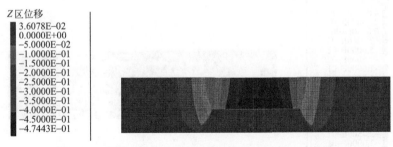

图 5-13　埋深 240m 工况下地表残余沉降云图（未注浆）

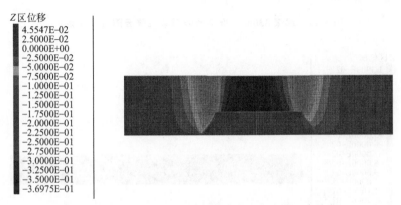

图 5-14　埋深 270m 工况下地表残余沉降云图（未注浆）

图 5-15　埋深 300m 工况下地表残余沉降云图（未注浆）

在相同埋深工况下，将跨落带及煤层单元赋予注浆结石体蠕变参数，以分析采空区采用注浆加固后地表残余沉降变化规律，数值计算结果如图 5-17～图 5-26 所示。

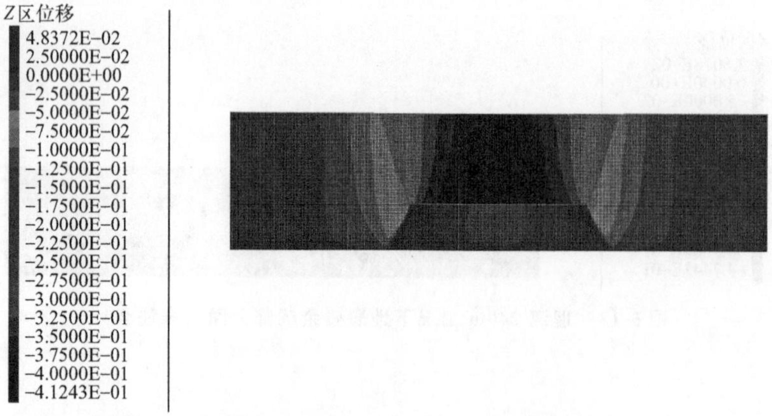

图 5-16 埋深 330m 工况下地表残余沉降云图（未注浆）

图 5-17 埋深 60m 工况下地表残余沉降云图（注浆）

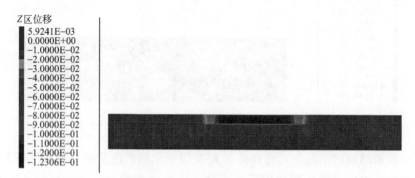

图 5-18 埋深 90m 工况下地表残余沉降云图（注浆）

5　采空区注浆减沉优化技术

图 5-19　埋深 120m 工况下地表残余沉降云图（注浆）

图 5-20　埋深 150m 工况下地表残余沉降云图（注浆）

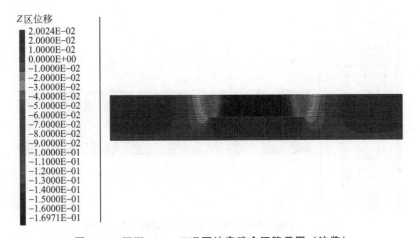

图 5-21　埋深 180m 工况下地表残余沉降云图（注浆）

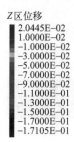

图 5-22　埋深 210m 工况下地表残余沉降云图（注浆）

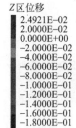

图 5-23　埋深 240m 工况下地表残余沉降云图（注浆）

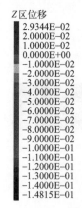

图 5-24　埋深 270m 工况下地表残余沉降云图（注浆）

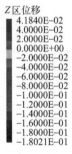

图 5-25 埋深 300m 工况下地表残余沉降云图（注浆）

图 5-26 埋深 330m 工况下地表残余沉降云图（注浆）

图 5-7～图 5-26 分别为不同埋深工况下未注浆与注浆条件下的地表残余沉降云图，注浆、未注浆的地表最大沉降量分别用 L_1、L_2 表征，两者相减得到采用注浆后的减沉量 ΔL，最后采用 ΔL 与 L_1 的比值表征注浆减沉率 R，即：

$$\Delta L = L_1 - L_2$$
$$R = \Delta L / L_1$$

各工况减沉效果对比情况如表 5-3 所示。

表 5-3 上覆岩层厚度对注浆减沉效果对比统计表

上覆岩层厚度/m	未注浆沉降/mm	注浆沉降/mm	减沉量/mm	减沉比率
60	541	105	436	0.806
90	475	127	348	0.733
120	422	133	289	0.685
150	436	151	285	0.654

续表

上覆岩层厚度/m	未注浆沉降/mm	注浆沉降/mm	减沉量/mm	减沉比率
180	450	161	289	0.642
210	437	167	270	0.618
240	458	178	280	0.611
270	363	135	228	0.628
300	439	171	268	0.610
330	415	153	262	0.631

减沉比率 R 随上覆岩层厚度的变化关系如图 5-27 所示。

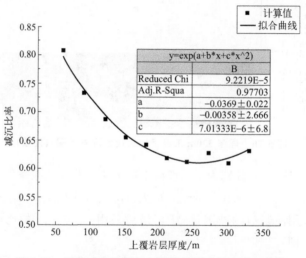

图 5-27 注浆减沉比率与上覆岩层厚度关系拟合曲线

由图 5-27 可知，①减沉比率随上覆岩层厚度增大而减小，上覆岩层厚度较小时，减沉比率减小的速率较大，随着上覆岩层厚度增加，减沉比率减小的速率在逐渐降低，曲线趋于平缓。②当上覆岩层厚度为 60m 时，注浆减沉效果最好，此时的减沉比率可达 80.6%，在上覆岩层厚度由 60m 增加至 180m 过程中，减沉比率由 80.6% 降至 64.2%；随着上覆岩层厚度增加至 330m 后，曲线趋于平稳，此时的减沉比率约为 61%，不再随上覆岩层厚度增加产生较大变化。

对于本研究研究的采空区隧道，15 号煤层采厚 6m，采深约 475m，根据上述分析结果，在采空区开挖后及时注浆条件下，能达到的注浆减沉比率约在61%，仍然要发生的残余沉降量达到未处理时沉降总量的40%，减沉效果不甚理想，是否采取大规模的注浆仍然需要考虑其他因素的综合影响。

5.2 注浆时机的减沉机制

5.2.1 研究思路

通过本书之前的研究可以得出：工作面开挖完成后，地表沉降速率变小，地表残余沉降量逐渐减小，在距离工作面开挖完成较近时间点进行注浆，能够产生更好的注浆减沉效果。本节通过数值分析，开展对距离工作面开挖的不同时间注浆对上覆岩层残余沉降的长期（20年）减沉效果的影响机制进行研究。

首先对工作面进行开挖，构建开挖后的重力应力场，计算开挖后垮落带所受到的竖向应力，得出垮落带岩体蠕变变形参数。

然后赋垮落带岩体Burgers模型及蠕变参数，计算工作面停采后第0年、1年、2年、3年、4年、5年内的变形。

最后将垮落带岩体蠕变模型及参数替换为注浆结石体的Burgers模型及蠕变参数，再计算剩余20年、19年、18年、17年、16年、15年地表残余沉降变形，并研究不同注浆时机下的减沉机制。

5.2.2 计算模型与参数

本节计算模型煤层厚度取3m，垮落带厚度取10m，采空区底板岩层厚度取150m，为保证充分采动，煤层工作面长度取500m，宽度取100m，上覆岩层厚度取60m。为保证计算边界不受空间尺寸效应的影响，将模型每侧边界外延300m。模型采用六面体网格剖分，一般岩层网格尺寸20m，采空区及垮落带网格尺寸沿竖向加密，间距为2m，围岩及煤层计算模型如图5-28所示。

垮落带岩层与注浆结石体的长期变形参数按照前面相关研究，动态选取参数。

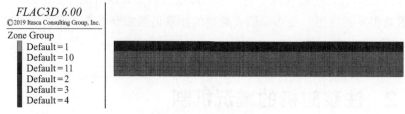

图 5-28　计算模型

5.2.3　不同注浆时机减沉规律

由图 5-29 可知,开挖完成 6 年后,地表残余沉降速率已接近稳定,剩余变形量较小,在距开挖 5 年后再注浆,地表沉降曲线与不注浆处理时沉降曲线已基本重合,注浆对减沉效果的影响甚微,本节将着重对距离开挖完成后注浆时间 5 年内的地表残余沉降曲线规律进行研究,并绘制不同注浆时机的地表残余沉降曲线,如图 5-30～图 5-35 所示,分析不同注浆时机的减沉机制。

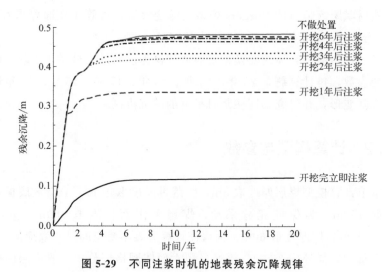

图 5-29　不同注浆时机的地表残余沉降规律

本研究以注浆时机对应的已发生残余沉降量为基准,将未注浆地表相对残余最大沉降量记为 L,将注浆后的地表相对残余最大沉降量记为 L_t($t=0,1,2\cdots$),则减沉值为 L 与 L_t 的差值,记为 ΔL_t;减沉量与

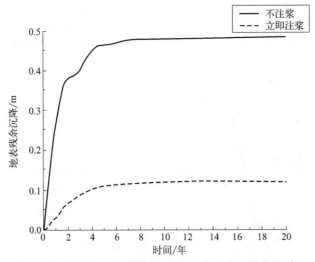

图 5-30 开挖后立即注浆与不注浆地表残余沉降曲线对比

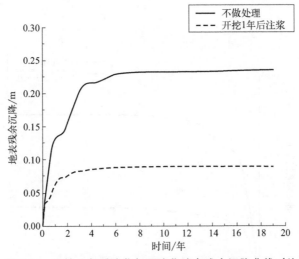

图 5-31 开挖 1 年后注浆与不注浆地表残余沉降曲线对比

未注浆地表相对残余最大沉降量比值为减沉比率 R_t，即：

$$\Delta L_t = L - L_t$$
$$R_\tau = \Delta L_t / L$$

使用上述计算方法，统计计算结果，如表 5-4 所示。

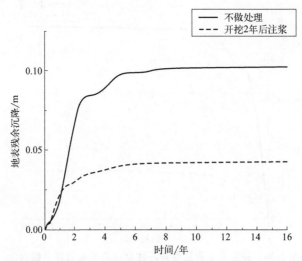

图 5-32　开挖 2 年后注浆与不注浆地表残余沉降曲线对比

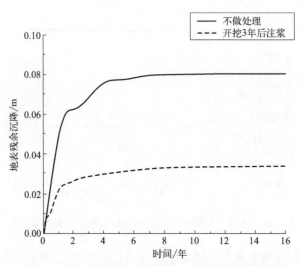

图 5-33　开挖 3 年后注浆与不注浆地表残余沉降曲线对比

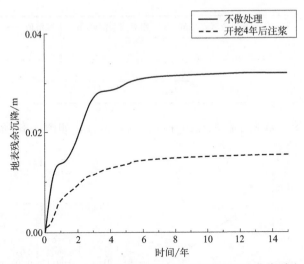

图 5-34 开挖 4 年后注浆与不注浆地表残余沉降曲线对比

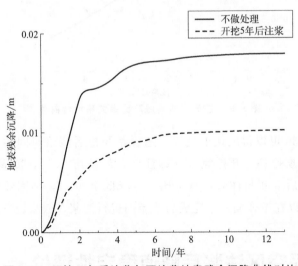

图 5-35 开挖 5 年后注浆与不注浆地表残余沉降曲线对比

表 5-4 注浆时机对地表减沉效果影响对比统计表

注浆时机/年	未注浆相对残余沉降/mm	注浆相对残余沉降/mm	减沉值/mm	减沉比率
0	479	120	359	0.75
1	231	89	142	0.61
2	105	43	62	0.59

续表

注浆时机/年	未注浆相对残余沉降/mm	注浆相对残余沉降/mm	减沉值/mm	减沉比率
3	82	34	48	0.59
4	31	15	16	0.52
5	18	10	8	0.44

将以上统计数据绘制散点图并进行函数拟合，如图 5-37 所示。

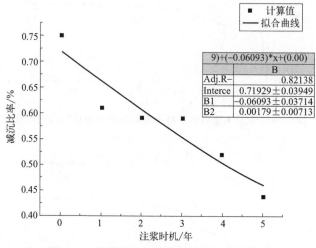

图 5-36　注浆时机与减沉比率关系拟合曲线

从图 5-36 可以得出如下规律：随着距开挖后注浆时间的增大，减沉效果呈现递减趋势。开挖完成立即注浆，约减沉 75%，加固效果最佳；距开挖完成后 5 年再注浆，减沉比率将降低至 44%，加固效果不理想且不经济，所以在工作面开采完成后 3 年内进行注浆，效果较好。

5.3　采空区注浆后隧道稳定性评价

根据本章研究成果，对距工作面开挖 5 年内的采空区进行注浆，能够获得较好的加固减沉效果，因此建立有限元模型，对 15 号煤层距离隧道较近的 80803 工作面、80804 工作面进行注浆后隧道稳定性数值分析。

数值模型中赋 80803 工作面、80804 工作面冒落带单元注浆结石体参数来模拟注浆过程，参数取值同 5.1.3 节，计算蠕变直至稳定。研究采空区采用注浆加固后，隧道衬砌结构以及上覆围岩在残余变形下的力学响应机制、围岩塑性区演化规律。

5.3.1 围岩塑性区演化规律

采空区注浆后隧道围岩塑性区分布规律如图 5-37 所示。采空区注浆后，隧道围岩强度提高，下沉量有效减少，隧道洞身段围岩基本未出现破坏，洞口段围岩破坏形态以拉伸破坏为主，这是由于受项目区采空区与隧道空间分布位置影响，洞身段位于沉降中心，两侧洞口端位于沉降中心外围，主要引起围岩的拉伸破坏。采空区注浆后，隧道围岩稳定性良好，对于隧道洞口段，因存在部分塑性区，还需加强运营期结构检测及定期养护，确保运营及结构安全。

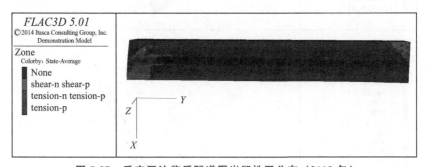

图 5-37　采空区注浆后隧道围岩塑性区分布（2119 年）

5.3.2 隧道衬砌变形分析

采空区 80803、80804 工作面进行注浆后，2119 年地质体及隧道在残余变形作用下的沉降、x 方向水平变形和 y 方向水平变形，如图 5-38 至图 5-40 所示。地质模型最大沉降量为 15.8cm，x 方向最大水平变形量 3.7cm，y 方向最大水平变形量 2.1cm。隧道衬砌注浆前后的位移分布特征基本一致，其中沉降变形以及 x 方向水平变形特征为洞身中段部最大，洞口两侧最小；y 向水平位移呈现出向洞身中段移动的趋势；位移量整体减小，各方向分别减小了 146mm、34mm、20mm。相较于不进行注浆地表沉降 305mm，减沉比率 48%，考虑到注浆时工作面已开挖完成 3 年，减沉比率将略低于开挖完成时立即注浆，该结果与之前的计算结论基本吻合。

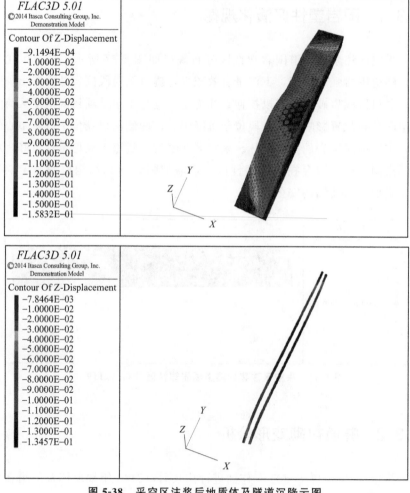

图 5-38　采空区注浆后地质体及隧道沉降云图

采空区 80803、80804 工作面进行注浆后，2119 年隧道沿走向截面的沉降曲线、倾斜变形曲线、曲率变形曲线，隧道沿径向倾斜变形曲线，隧道沿走向 x 方向水平移动曲线、x 方向水平变形曲线、y 方向水平移动曲线、y 方向水平变形曲线，如图 5-41 至图 5-48 所示。

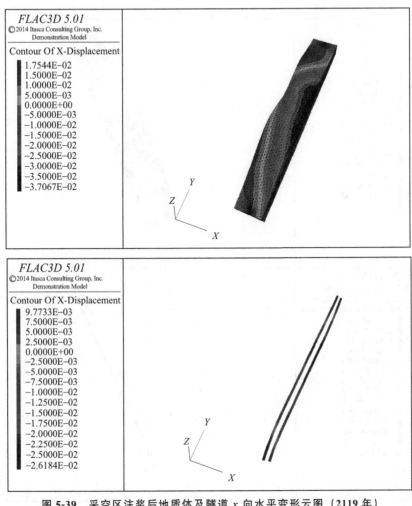

图 5-39 采空区注浆后地质体及隧道 x 向水平变形云图（2119 年）

注浆减沉前后的隧道变形曲线分布特征基本一致，隧道沿走向截面的沉降量、曲率变形量、x 方向水平移动量、y 方向水平移动量以及隧道沿径向倾斜变形量的最大值均处于隧道洞身中部。隧道的倾斜变形、曲率、水平变形均满足规范要求。其中隧道沿径向倾斜变形值远小于第 3 章未注浆的倾斜变形阈，表明在工作面开挖后 3 年内采取采空区注浆加固，可有效降低隧道围岩沉降及变形，减沉效果良好，可保证隧道运营期结构安全。

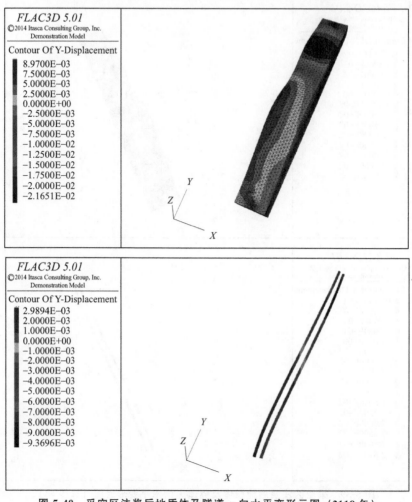

图 5-40　采空区注浆后地质体及隧道 y 向水平变形云图（2119 年）

5.3.3　隧道衬砌应力分析

采空区 80803、80804 工作面进行注浆后，2119 年隧道沿走向衬砌结构的 zz、xx、yy、xy、xz、yz 方向应力曲线，如图 5-49 至图 5-54 所示。

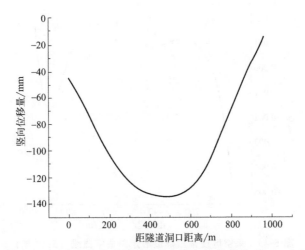

图 5-41 采空区注浆后隧道沿走向竖向位移曲线（2119 年）

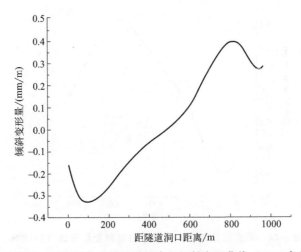

图 5-42 采空区注浆后隧道沿走向倾斜变形曲线（2119 年）

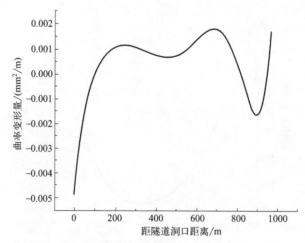

图 5-43 采空区注浆后隧道沿走向曲率曲线（2119 年）

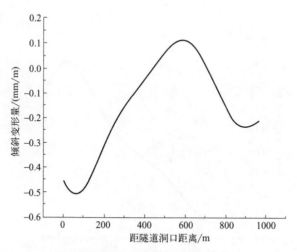

图 5-44 采空区注浆后隧道沿径向倾斜变形曲线（2119 年）

5　采空区注浆减沉优化技术

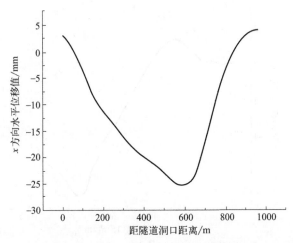

图 5-45　采空区注浆后隧道沿走向 x 向水平移动曲线（2119 年）

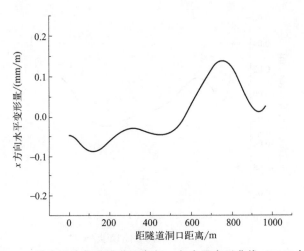

图 5-46　采空区注浆后隧道沿走向 x 向水平变形曲线（2119 年）

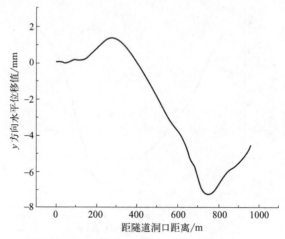

图 5-47 采空区注浆后隧道沿走向 y 向水平移动曲线（2119 年）

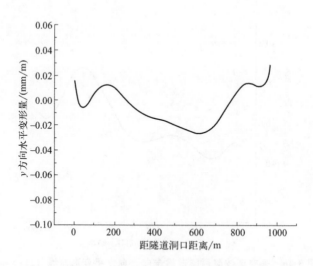

图 5-48 采空区注浆后隧道沿走向 y 向水平变形曲线（2119 年）

5 采空区注浆减沉优化技术

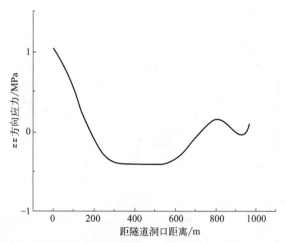

图 5-49 采空区注浆后衬砌结构 zz 方向正应力曲线（2119 年）

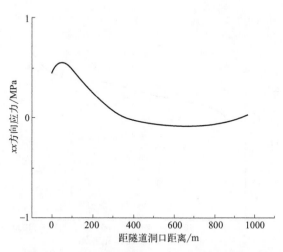

图 5-50 采空区注浆后衬砌结构 xx 方向正应力曲线（2119 年）

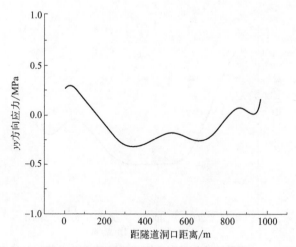

图 5-51　采空区注浆后衬砌结构 yy 方向正应力曲线（2119 年）

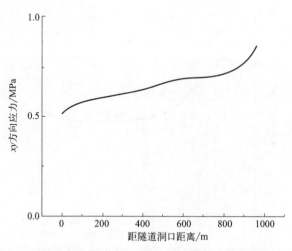

图 5-52　采空区注浆后衬砌结构 xy 方向剪应力曲线（2119 年）

5 采空区注浆减沉优化技术

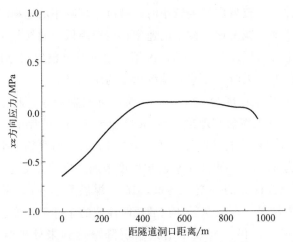

图 5-53 采空区注浆后衬砌结构 xz 方向剪应力曲线（2119 年）

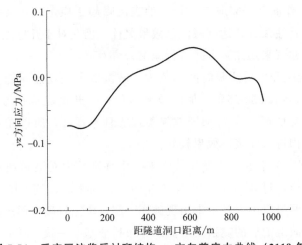

图 5-54 采空区注浆后衬砌结构 yz 方向剪应力曲线（2119 年）

注浆前后，沿隧道走向衬砌各方向应力变化规律基本相同，随着隧道整体变形量的减小，衬砌结构各方向正应力、剪应力受到残余变形作用的影响变小，隧道应力变化小，峰值低，隧道整体稳定性较好。

5.4 本章小结

① 采空区注浆减沉比率呈现出随工作面顶板上覆岩层埋深增大而减

小的变化规律，上覆岩层厚度较小时，减沉比率减小的速率较大，随着上覆岩层厚度增加，减沉比率减小的速率在逐渐降低，曲线趋于平缓。减沉比率在顶板上覆岩层厚度较小的情况下，注浆对上覆岩层厚度较为敏感；当上覆岩层厚度较大时，注浆对减沉比率的作用降低。

② 当上覆岩层厚度为 60m 时，注浆减沉效果最好，此时的减沉比率可达 80.6%，在上覆岩层厚度由 60m 增加至 180m 过程中，减沉比率由 80.6% 降至 64.2%；上覆岩层厚增加至 330m 后，曲线趋于平稳，此时的减沉比率约为 61%，不再随上覆岩层厚度增加产生较大变化。

③ 对于章究研究的采空区隧道，15 号煤层采厚 6m，采深约 475m，根据上述分析结果，在采空区开挖后及时注浆的条件下，能达到的注浆减沉比率约在 61%，仍然要发生的残余沉降量达到未处理时沉降总量的 40%，减沉效果不甚理想。

④ 当工作面开采完成 5 年后，地表沉降趋于稳定，残余变形空间较小，此时通过注浆方式达到减沉已效果欠佳，因此对于开挖完成 5 年后的采空区，不建议采用注浆方式进行减沉。

⑤ 随着距开挖后注浆时间的增大，减沉效果呈现递减趋势。开挖完成立即注浆，约减沉 75%，加固效果最佳；距开挖完成后 5 年再注浆，减沉比率将降低至 44%，加固效果不理想且不经济，所以在工作面开采完成后 3 年内进行注浆，效果较好。

⑥ 根据《采空区公路设计与施工技术细则》中对隧道地基稳定性的相关评价规定，对 80803、80804 工作面进行注浆后，隧道围岩的稳定性较好。隧道洞身段围岩基本未出现破坏，洞口段围岩破坏形态以拉伸破坏为主；注浆减沉前后的隧道变形曲线分布特征基本一致，隧道沿走向截面的沉降量、曲率变形量、x 方向水平移动量、y 方向水平移动量以及隧道沿径向倾斜变形量的最大值均处于隧道洞身中部。隧道的倾斜变形、曲率、水平变形均满足规范要求。

⑦ 注浆前后，沿隧道走向衬砌 zz、xx、yy、xy、xz、yz 方向的正应力、剪应力变化规律基本相同，随着隧道整体变形量的减小，衬砌结构各方向正应力、剪应力值受到残余变形作用的影响变小，隧道应力变化小，峰值低，隧道整体稳定性较好。

6

残余变形对隧道围岩稳定性影响及评价

6.1 研究思路
6.2 建立隧道数值模型
6.3 施工过程隧道及围岩稳定性分析
6.4 残余变形作用下隧道稳定性评价
6.5 本章小结

6.1 研究思路

通过搜集及查阅大量项目区煤矿开采资料数据，采用数值计算方法，分析隧道下伏多层采空区段衬砌结构应力、变形及围岩稳定性的变化规律，对采空区残余变形对隧道施工、运营安全的影响机制的关键技术展开研究，思路如下：

① 结合工程地质勘察资料，建立隧道所处区域的地质模型，并进行重力及煤层开挖计算，得到岩体的初始应力场；

② 建立隧道计算模型，进行隧道开挖及支护结构受力及变形分析；

③ 研究隧道支护体系在围岩残余变形作用下的位移、受力及破坏形式。

6.2 建立隧道数值模型

在第 4 章中已经建立了研究区域的计算模型，由于研究区域范围较大，为了确保计算速度，地表附近的地层网格尺寸达到了 30~60m，因此需要建立网格尺寸更小、剖分精度更高的计算模型，模拟残余变形作用下隧道支护结构中各个部分的受力、变形、破坏情况。建立隧道及围岩高精度计算模型主要有以下几个关键步骤：

① 确定隧道洞室扰动范围，以确定高精度计算模型边界；

② 确定围岩、初期支护、二次衬砌、锚杆的模拟方法及计算参数。

6.2.1 隧道围岩高精度计算模型确定

根据相关研究文献可知，隧道开挖引起的围岩变形范围一般为三倍洞径，本项目隧道洞径 12m，高度 10m。为了保证模型边界不受隧道开挖的影响，设置模型边界距隧道内轮廓净距为 45m。隧道全长 986m，前后边界与隧道洞口的距离取 60m，模型下边界距离隧道底板的距离取 75m，模型上边界为地表。最终模型大小为：长 1006m，宽 140m，高 80～185m。计算模型如图 6-1 所示。

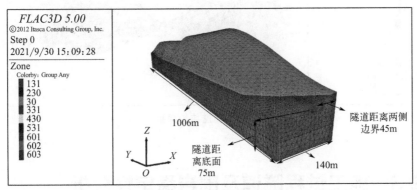

图 6-1　隧道围岩高精度模型

6.2.2　隧道结构建模

（1）围岩模型及计算参数

岩体采用四面体单元进行剖分。在计算过程中，围岩采用莫尔-库仑本构模型，具体计算参数与第 3 章计算参数保持一致。

（2）锚杆模型及计算参数

锚杆使用索单元模拟。索单元可以发生受压或受拉屈服，但不能承受弯矩。锚杆长度设为 3.0m，纵向间距 0.75m，横向间距 1m，直径 22mm，弹性模量取 210GPa，泊松比取 0.3，重度取 $78kN/m^3$。

（3）喷射混凝土模型及计算参数

喷射混凝土采用实体单元模拟。本构模型为弹性模型，厚度取 0.24m，弹性模量取 26GPa，泊松比取 0.2，重度取 $23kN/m^3$。

（4）二次衬砌模型及计算参数

二次衬砌采用实体单元模拟，本构模型为弹性模型，厚度取 0.5m，弹性模量取 30GPa，泊松比取 0.2，重度取 $24kN/m^3$。

隧道及围岩高精度计算模型如图 6-2 所示。

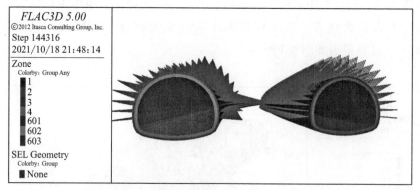

图 6-2　隧道结构模型

6.3　施工过程隧道及围岩稳定性分析

6.3.1　数值计算过程

（1）设定边界条件

模型上边界为地表，采用自由边界，下边界采用固定约束，其余各边界仅约束法向位移。

（2）构建自重应力场

约束模型边界后，需要计算自重应力场，重力加速度取 9.81m/s^2，收敛标准为最大不平衡力与典型内力的比率小于 10^{-5}，计算平衡后，就完成了模型初始应力场的构建，可以进行开挖计算。

（3）隧道开挖及支护

① 沿隧道开挖方向，每 10m 为一次循环开挖段，将隧道内需要开挖的部分进行分组。

② 以 10m 一段为标准，对被开挖的岩体网格进行置空，以此来模拟隧道开挖过程。

③ 在开挖形成的临空面上，采用前面的锚杆模型及计算参数模拟锚杆支护过程。

④ 将已被置空的厚 0.24m 的单元重新赋予喷射混凝土模型及计算参数，以此来模拟喷射混凝土支护过程。然后重新计算平衡，完成开挖

10m 并进行初期支护的计算。

⑤ 将已置空的厚 0.5m 的实体单元重新赋予二次衬砌混凝土模型及计算参数，以此来模拟二次衬砌混凝土支护过程，并计算平衡。

⑥ 按照上述流程依次完成开挖—初期支护—二次衬砌—开挖的循环过程，循环段为 10m，直至计算完成。

⑦ 计算完成后，分别分析围岩、初期支护、二次衬砌的应力、应变情况，以此来评价开挖过程中隧道支护结构及围岩的稳定性。

6.3.2　围岩塑性区分析

由图 6-3 可知，隧道开挖后，隧道仰拱底部及拱脚部位出现塑性扰动区，隧道之间的围岩也出现了少量塑性扰动区，表明左右洞开挖造成相互干扰不大，未出现塑性区贯通情况。但由于隧道埋深大及开挖卸荷造成的围岩压力释放与重分布，在施工开挖中易诱发仰拱底部塑性区发展造成隆起破坏。

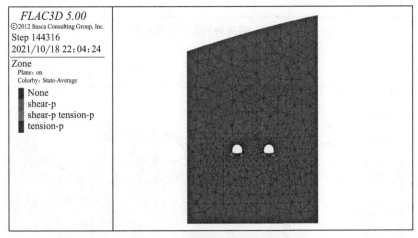

图 6-3　隧道围岩塑性区分布

6.3.3　围岩竖向变形分析

隧道施工开挖完成后围岩竖向变形如图 6-4 至图 6-7 所示，从中可以看出：隧道开挖后主要沉降发生在隧道拱顶围岩区域，最大沉降值为 8.9mm，同时在隧道仰拱出现隆起变形，最大隆起量为 10.5mm。在隧道洞口段呈现整体上隆变形，其中仰拱隆起量约 2mm，拱顶隆起量较小，同时左右洞室相互扰动影响较小。在隧道施工过程中应在隧道开挖后及时进行衬砌支护，加强监控量测，确保隧道稳定性满足要求。

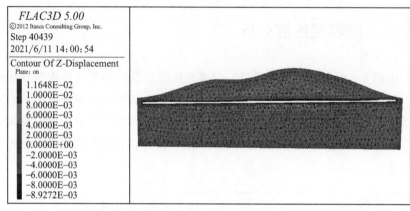

图 6-4　隧道轴线竖向变形云图

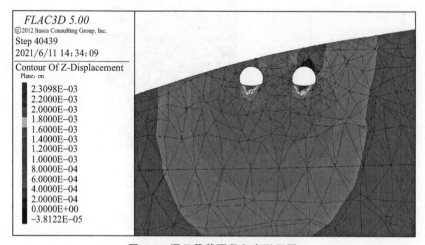

图 6-5　洞口段截面竖向变形云图

6 残余变形对隧道围岩稳定性影响及评价

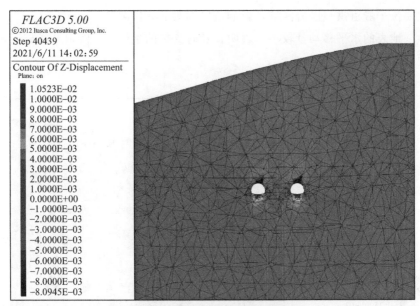

图 6-6 隧道中部截面竖向变形云图

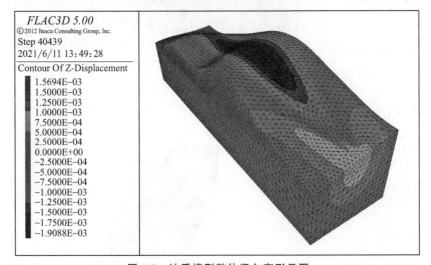

图 6-7 地质模型整体竖向变形云图

6.3.4 围岩水平变形分析

隧道开挖后围岩水平变形如图 6-8、图 6-9 所示，隧道围岩水平变形

205

主要位于隧道拱顶围岩区域，影响范围约为 2.5 倍洞径。

地表的水平移动量较小，表明在及时支护的条件下，隧道开挖施工对地表影响不大。

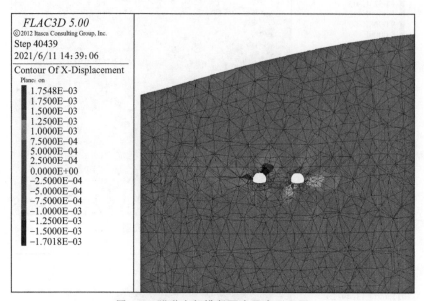

图 6-8　隧道中部横断面水平变形云图

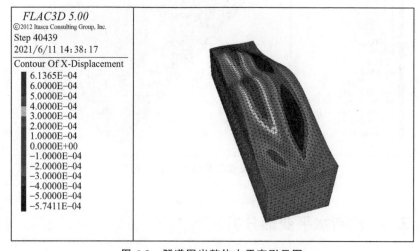

图 6-9　隧道围岩整体水平变形云图

6.3.5 初期支护应力分析

隧道开挖完成后初期支护的最大主应力和最小主应力如图 6-10、图 6-11 所示，隧道中部的初期支护结构在仰拱拱脚附近出现应力集中，最大值约为 26MPa，以压应力为主，隧道其他部分的初期支护最大应力为 0.6~18MPa，基本满足喷射混凝土的设计强度 20MPa。

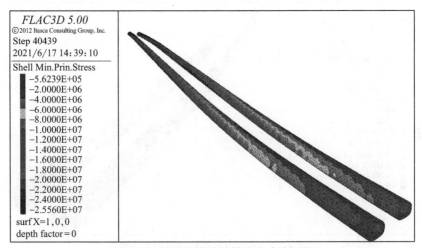

图 6-10　隧道初期支护最大主应力云图

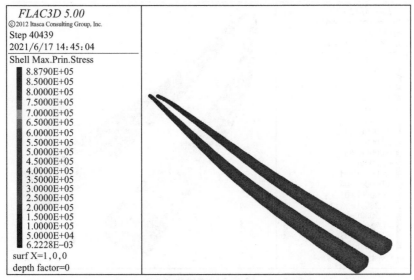

图 6-11　隧道初期支护最小主应力云图

6.3.6 初期支护变形分析

隧道开挖后初期支护结构的竖向变形和水平变形如图 6-12、图 6-13 所示，初期支护最大竖向变形发生在隧道的拱顶以及仰拱底部。拱顶附近竖向变形量约为 9mm，水平变形为 2mm。

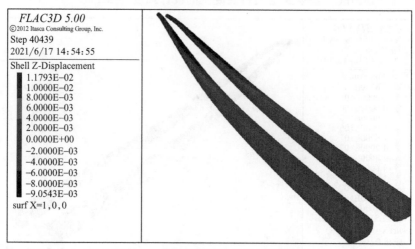

图 6-12　隧道初期支护竖向变形云图

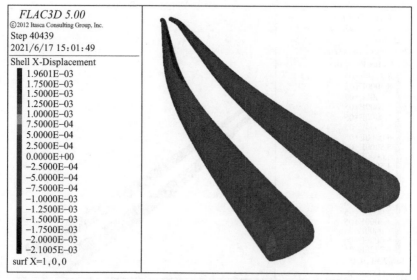

图 6-13　隧道初期支护水平变形云图

6.3.7 二次衬砌应力分析

隧道开挖完成后二次衬砌结构的最大主应力和最小主应力如图 6-14、图 6-15 所示,在二次衬砌的隧道拱脚部位出现应力集中,最大值约 2MPa,位于隧道中段,表现为压应力。在隧道拱顶及隧底部的应力集中以拉应力为主,其值约为 0.8MPa。衬砌中应力状态均满足材料强度要求。

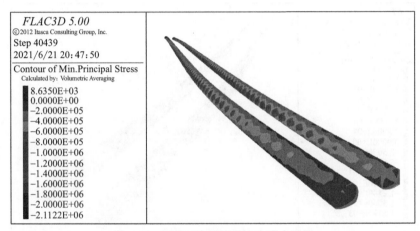

图 6-14 隧道二次衬砌最大主应力云图

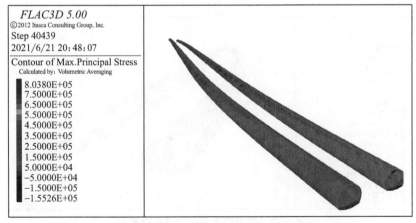

图 6-15 隧道二次衬砌最小主应力云图

6.3.8 二次衬砌变形分析

隧道开挖后二次衬砌竖向变形和水平变形如图 6-16 和图 6-17 所示，二次衬砌最大竖向变形出现在隧顶及隧底部位。隧顶最大竖向沉降变形量约 1.6mm；隧底最大竖向变形量约 1.57mm，以隆起变形为主。由图可知，二次衬砌变形值为初期支护变形值的 10%~20%。

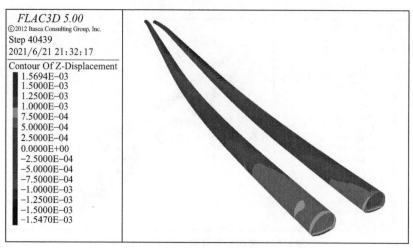

图 6-16　隧道二次衬砌竖向变形云图

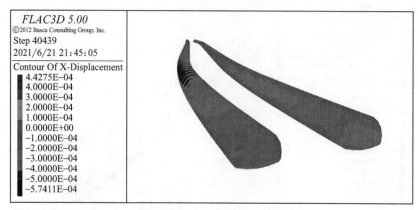

图 6-17　隧道二次衬砌水平变形云图

6.4 残余变形作用下隧道稳定性评价

前述章节已经计算了整个研究区域内因煤层开采引起的残余沉降,本章节计算了隧道开挖后,隧道衬砌结构与围岩的应力及变形规律。本节计算在残余变形作用下,隧道支护结构以及围岩的力学响应规律。其中有两个关键步骤:一是在隧道及围岩高精度计算模型中,还原残余变形位移场,这一部分采用克里金插值的方法实现;二是分析在残余变形位移场影响下隧道的力学响应特征,通过给高精度模型各个节点赋予一定的速率来进行模拟。

6.4.1 计算残余变形作用下隧道围岩位移场

为了计算残余变形对隧道衬砌结构的影响,本研究建立了隧道围岩精细化模型,为了研究隧道在运营期间因围岩残余变形对隧道衬砌产生的不利影响,以第3章计算出的整个研究区域残余变形的应力场、位移场为已知数据,对隧道及围岩精细化模型中各个节点的残余变形量进行克里金插值,取得隧道围岩精细化模型中各个节点的残余变形量。

6.4.1.1 克里金插值原理

克里金插值的主要步骤如下。

① 将所研究空间变量与一个随机函数 $Z(x)$ 相对应,两者定义域相同。再将该空间变量在 $x_1,\cdots,x_n$ 等处的观测值 $z(x_1),\cdots,z(x_n)$ 分别视为随机变量 $Z(x_1),\cdots,Z(x_n)$ 的一次实现。

② 利用估值理论,根据 $Z(x_1),\cdots,Z(x_n)$ 对随机函数 $Z(x)$ 在 x_0 处的随机变量进行估计,即:

$$z^*(x_0)=f[z(x_1),z(x_2),\cdots,z(x_n)] \tag{6-1}$$

③ 将观测值 $z(x_1),\cdots,z(x_n)$ 替代 f 中的 $z(x_1),\cdots,z(x_n)$,从而得到克里金估计值 $z^*(x_0)$。

对于复杂的空间问题,准确获取 f 值是极为困难的,因此只能对 f

的形式进行估计，可将其简化为线性形式，即：

$$z^*_{(x_0)} = \lambda_0 + \sum_{i=1}^{n} \lambda_i z(x_i) \tag{6-2}$$

为了确定 $\lambda_0, \cdots, \lambda_n$ 等常数，一般采用无偏估计条件：

$$E\{[Z_{(x_0)} - Z^*_{(x_0)}]^2\} = min \tag{6-3}$$

在此基础上作出如下假设：

$Z(x)$ 的数学期望 $m(x) = E[Z_{(x)}]$，所有的 x 为已知，可以允许 $m(x_1) \neq m(x_2)$。

如果 $z^*_{(x_0)}$ 是 $z_{(x_0)}$ 的无偏估计，那么由以上假设可知：

$$E[z(x_0) - z^*(x_0)] = m_0 - \lambda_0 - \sum_{i=1}^{n} m_i \lambda_i = 0 \tag{6-4}$$

那么，当 λ_i 确定以后，可以利用下式确定 λ_0：

$$\lambda_0 = m_0 - \sum_{i=1}^{n} \lambda_i m_i \tag{6-5}$$

从而有：

$$z^*(x_0) = m_0 + \sum_{i=1}^{n} \lambda_i [z(x_i) - m_i] \tag{6-6}$$

由于估计误差的数学期望为 0，从而估计方差为：

$$E\{[z(x_0) - z^*_{(x_0)}]^2\} = \sum_{i=1}^{n} \sum_{j=1}^{n} \alpha_{j=1} \alpha_J - C(x_i, x_j) \tag{6-7}$$

式中，α_J 为权重系数，C 为协方差函数。

如果要使估计方差的值最小，那么其一阶导必定为零，即：

$$\sum_{i=0}^{n} \alpha_i C(x_i, x_j) = 0 \tag{6-8}$$

用矩阵表示可以得到：

$$\boldsymbol{K\lambda} = \boldsymbol{k}$$

式中：

$$\boldsymbol{K} = \begin{bmatrix} C(x_1, x_1) & C(x_1, x_2) & \cdots & C(x_1, x_n) \\ C(x_2, x_1) & C(x_2, x_2) & \cdots & C(x_2, x_n) \\ \vdots & \vdots & \cdots & \vdots \\ C(x_n, x_1) & C(x_n, x_2) & \cdots & C(x_n, x_n) \end{bmatrix} \tag{6-9}$$

$$\boldsymbol{k}^T = [C(x_0, x_1), \cdots, C(x_0, x_n)] \tag{6-10}$$

$$\boldsymbol{\lambda}^{\mathrm{T}}=[\lambda_1,\cdots,\lambda_n] \tag{6-11}$$

6.4.1.2 克里金插值结果

为了检验克里金插值的结果,首先对各已知点进行插值,插值结果如图 6-18 所示,各已知点插值结果与已知结果之间的差都是零,说明其满足无偏估计条件,表明克里金插值结果符合原应变场趋势,同时能够准确地插值出已知点的属性值,插值效果较好,可以用于后续的计算中。

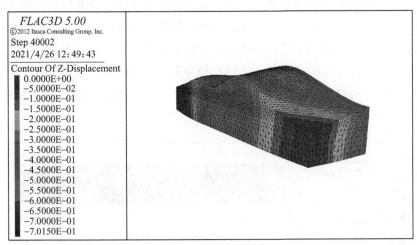

图 6-18　克里金插值结果

6.4.2　残余变形对隧道衬砌结构的影响

本研究采用如下方法计算残余变形对隧道衬砌结构的影响。假设经过克里金插值,任一节点 i 在隧道运营第一年,在 x、y、z 方向上产生了 L_{x1}、L_{y1}、L_{z1} 位移,同时设定使用 1000 个时间步长来匹配一年的计算,那么节点 i 在每个时间步长内产生的位移速率为:

$$v_{x1}=L_{x1}/1000 \tag{6-12}$$

$$v_{y1}=L_{y1}/1000 \tag{6-13}$$

$$v_{z1}=L_{z1}/1000 \tag{6-14}$$

按照上述公式可计算出所有隧道围岩节点对应的变形速率 v_{x1}、v_{y1}、v_{z1},计算 1000 步即可算出运营期 1 年内残余变形对隧道支护结构的影响，按相同计算方法可完成隧道运营期 100 年的残余变形影响计算。下面将对隧道运营期间残余变形对隧道围岩及衬砌结构的隧道的稳定性变化规律进行分析。

6.4.3 隧道塑性区分析

隧道围岩塑性区的分布云图如图 6-19、图 6-20 所示，在残余变形的作用下，围岩塑性区逐渐增大，隧道围岩的剪切破坏、拉伸破坏区域逐渐向隧道中部延伸扩展，但隧道围岩塑性区的扩张范围较小，主要集中在隧道两端洞口处，隧道洞口处围岩处于欠稳定状态，其余部位围岩基本没有发生破坏，处于稳定状态。由于隧道洞身段处于沉降中心，两侧洞口端位于沉降中心边缘，因此洞口端围岩倾斜变形较大，从会引起围岩的拉伸、剪切破坏。

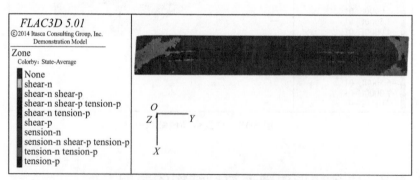

图 6-19 残余变形（2119 年）围岩塑性区云图

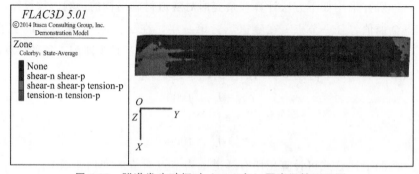

图 6-20 隧道发生破坏时（2039 年）围岩塑性区云图

6.4.4 隧道围岩变形分析

隧道发生破坏（2039 年）、残余变形（2119 年）下围岩竖向位移、x 向水平位移和 y 向水平位移如图 6-21 至图 6-26 所示。残余变形（2119 年）最大竖向位移值为 304.5mm、x 向最大水平位移值为 71.3mm、y 向最大水平位移值为 41.6mm；隧道发生破坏时（2039）最大竖向位移值为 230.4mm、x 向最大水平位移值为 53.9mm、y 向最大水平位移值为 30.6mm。

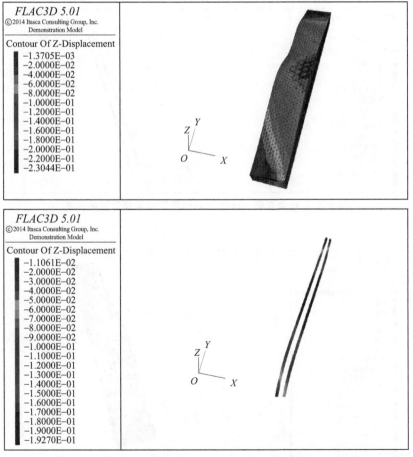

图 6-21 隧道发生破坏时（2039 年）地质模型整体竖向位移

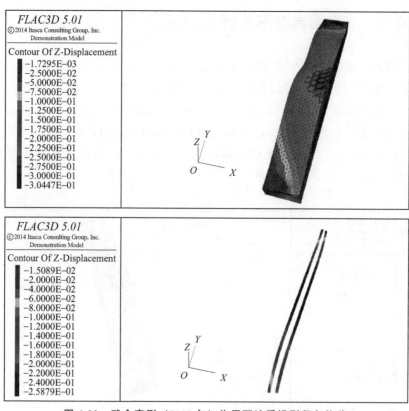

图 6-22 残余变形（2119 年）作用下地质模型竖向位移

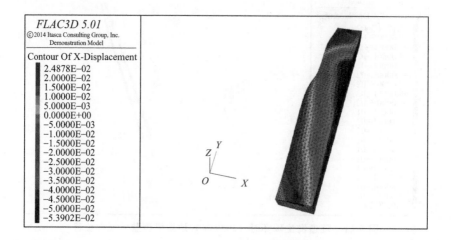

6 残余变形对隧道围岩稳定性影响及评价

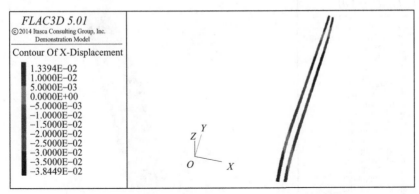

图 6-23 隧道发生破坏时（2039 年）的 x 方向位移

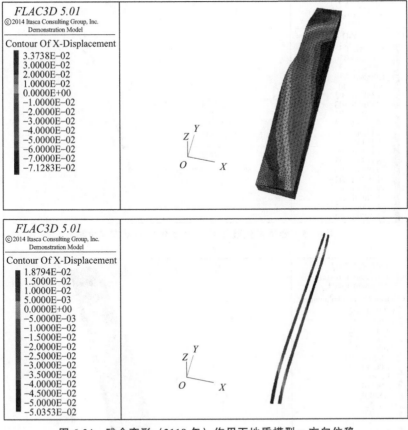

图 6-24 残余变形（2119 年）作用下地质模型 x 方向位移

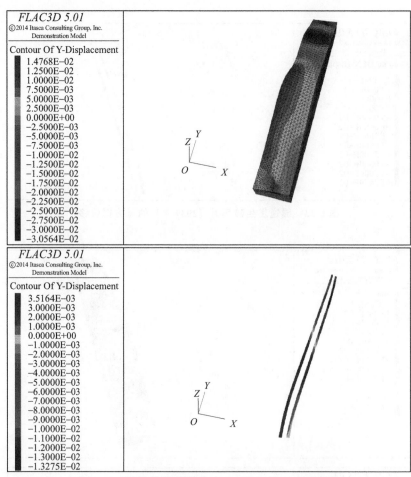

图 6-25 隧道发生破坏时（2039 年）的 y 方向位移

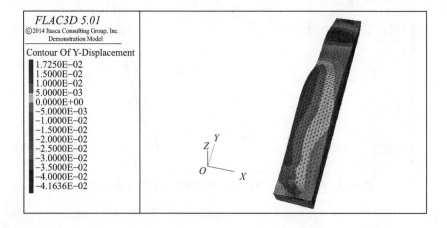

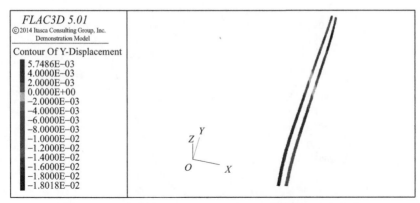

图 6-26 残余变形（2119 年）作用下地质模型 y 方向位移

由图 6-21、图 6-22 可知：隧道洞身段下沉量大、变化量小；隧道左右两侧（南北）下沉量小，变化量大；下侧（东侧）下沉量大于上侧（西侧）下沉量，下侧（东侧）变化量小于上侧（西侧）。

由图 6-23、图 6-24 可知：隧道 x 方向位移云图和隧道竖向位移图分布情况相似，具体表现为隧道中段 x 方向水平位移大、变化量小，隧道左右两侧（南北）x 方向水平位移小，变化量大；下侧（东侧）x 方向水平位移大于上侧（西侧）下沉量，变化量小于上侧（西侧）。

由图 6-25、图 6-26 可知：左右侧（南北侧）洞口段的 y 方向水平位移量大、变化量小，隧道中间段 y 方向水平位移小，变化量大。这是由于隧道斜穿采空区下沉中心区域时，中间段所处区域为下沉中心区域，同时由于采空区的下沉为 U 形下沉盆地，导致隧道整体 x 方向、垂直方向中间段位移最大，呈现 U 形曲线。

图 6-27 至图 6-34 分别为隧道（2119 年）走向截面沉降曲线，倾斜变形、曲率变形、x 方向水平移动、x 方向水平变形、y 方向水平移动、y 方向水平变形曲线图，隧道径向（横截面）倾斜变形曲线图，如图所示。

① 隧道埋深呈"V 形"分布，由于隧道斜穿采空区下沉盆地中心区域，隧道最大竖向位移量值为 258mm，处于隧道埋深最大处，隧道竖向变形曲线呈"U 形"分布规律；隧道 x 方向最大水平位移值为 49.8mm，呈"V 形"形态分布；隧道 y 方向水平移动出现两个峰值，分别位于南北侧洞口段，南侧最大水平移动值为 2.8mm，北侧最大水平移动值为 14mm，这是由于隧道跨度大，同时隧道中段位于采空区沉降中心区域，由于采空区自身水平位移沿沉降中心移动的特性，使得隧道两侧洞口段沿

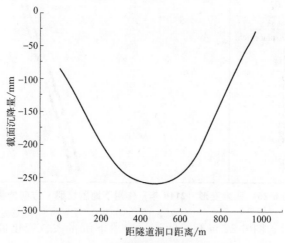

图 6-27 隧道走向截面沉降曲线

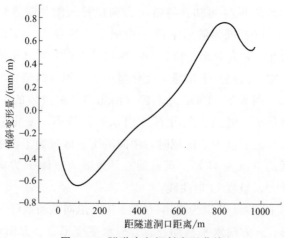

图 6-28 隧道走向倾斜变形曲线

隧道中心段移动。

②《采空区公路设计与施工技术规范》中指出,隧道的倾斜变形在 3mm/m,曲率变形为 0.2mm/m^2,水平变形 2mm/m。隧道走向 (2119 年) 曲率变形值在 $-0.01 \sim 0.004$mm/m^2,远小于 0.2mm/m^2,满足规范要求;隧道走向 (2119 年) x 方向水平变形值为 $-0.2 \sim 0.3$mm/m、y 方向水平变形值为 $-0.06 \sim 0.1$mm/m,满足隧道水平变形的控制要求。

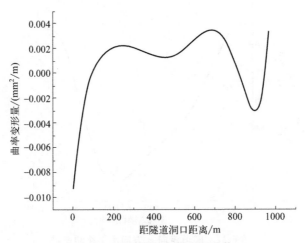

图 6-29 隧道走向曲率变形曲线

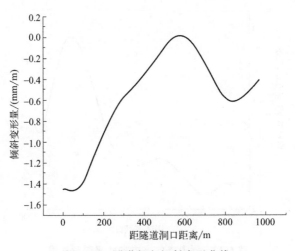

图 6-30 隧道径向倾斜变形曲线

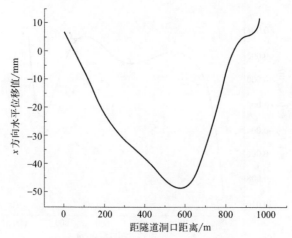

图 6-31 隧道走向 x 方向水平移动曲线

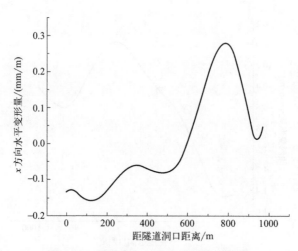

图 6-32 隧道走向 x 方向水平变形曲线

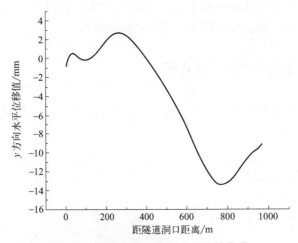

图 6-33 隧道走向 y 方向水平移动曲线

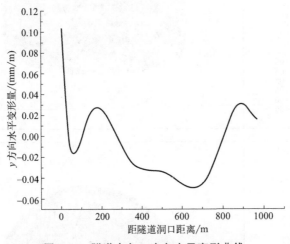

图 6-34 隧道走向 y 方向水平变形曲线

③ 隧道走向（2119 年）倾斜变形曲线值在 $-0.7\sim0.8$mm/m，小于规范阈值。

④ 隧道径向倾斜变形表现为隧道沿线 $0\sim200$m 段为 $1.0\sim1.5$mm/m、$200\sim400$m 段为 $0.2\sim1.0$mm/m、$400\sim1000$m 段为 $0.2\sim0.6$mm/m。$0\sim200$m 段倾斜变形值略微超过阈值 $1.1\sim1.3$mm/m，所以隧道南侧洞口段最早发生拉伸破坏、剪切破坏的区域。

综上所述，采空区隧道的倾斜变形、水平变形、曲率变形均符合规范要求，隧道围岩区域基本处于稳定状态；但距隧道洞口 0～200mm 段围岩的走向、倾向倾斜变形最大，处于欠稳定状态。

6.4.5 隧道衬砌应力分析

隧道残余变形（2119 年）作用下隧道衬砌的应力变化规律如图 6-35 至图 6-37 所示。

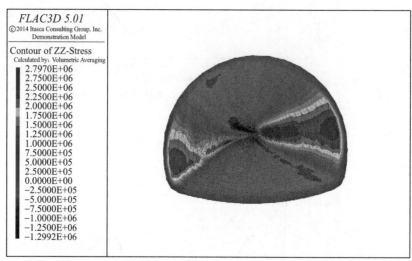

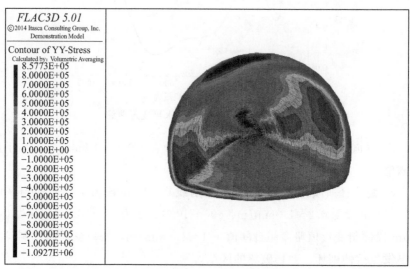

图 6-35 隧道衬砌 zz、yy 方向应力云图

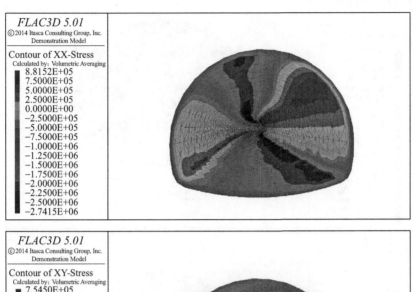

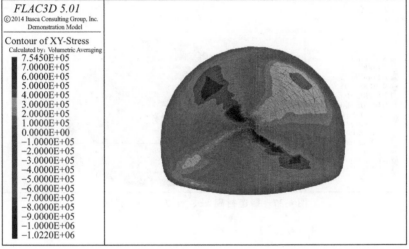

图 6-36 隧道衬砌 xx、xy 应力云图

① 隧道衬砌 zz、xx、yy、xy、xz 方向应力在残余变形的作用下逐渐向右侧移动、偏转,在右侧墙、左侧墙墙角出现拉应力集中、剪切应力集中现象。

② 隧道衬砌 yz 方向剪应力在左右侧墙出现集中现象,这是因为在采空区残余变形作用下,隧道沿走向的倾斜变形值不断增加,导致隧道侧墙横截面受到来自围岩 z 方向的剪应力,发生上下错动。

隧道衬砌结构(2119 年)沿走向的 zz、xx、yy、xy、xz、yz 方向应力曲线如图 6-38 至图 6-43 所示。

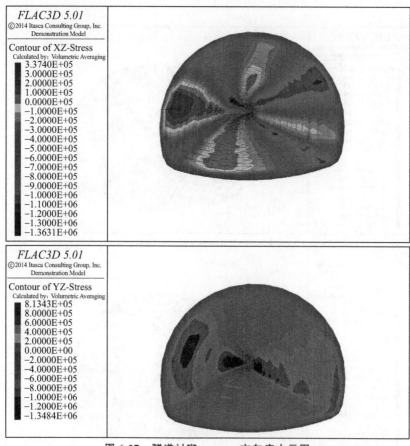

图 6-37 隧道衬砌 xz、yz 方向应力云图

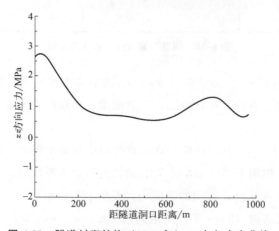

图 6-38 隧道衬砌结构（2119 年）zz 方向应力曲线

6 残余变形对隧道围岩稳定性影响及评价

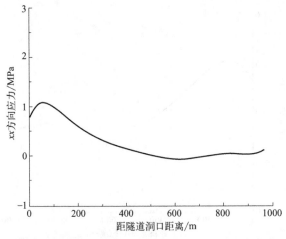

图 6-39 隧道衬砌结构（2119 年）xx 方向应力曲线

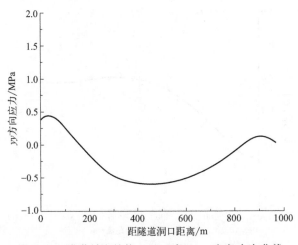

图 6-40 隧道衬砌结构（2119 年）yy 方向应力曲线

其中 zz、xx、yy、xy、xz、yz 方向应力曲线在洞口附近出现两个峰值，是因为隧道埋深不同，会导致隧道的应力不同。在残余变形作用下，隧道衬砌应力基本处于安全范围，仅在隧道距离洞口 150m 区域内的衬砌应力值较大，最大拉应力为 2.9MPa，略超 C30 的抗拉强度，表明因下伏采空区残余变形而致使隧道出现大规模破坏基本不可能，但可能会出现裂隙。

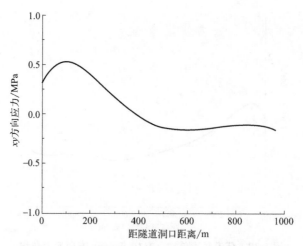

图 6-41　隧道衬砌结构（2119 年）xy 方向应力曲线

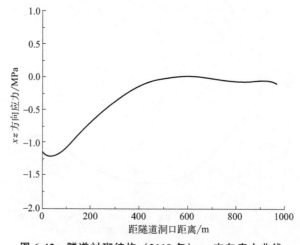

图 6-42　隧道衬砌结构（2119 年）xz 方向应力曲线

隧道在刚出现破坏时（2039 年），沿走向线衬砌支护 zz、xx、yy、xy、xz、yz 方向倾斜变形与应力曲线，如图 6-44 至图 6-51 所示，各应力曲线在洞口附近出现两个峰值，是因为隧道埋深不同，会导致隧道的应力不同。隧道率先发生拉伸破坏，这是由于沿横截面的倾斜变形值增长程度远超于沿走向的倾斜变形值增长程度，同时衬砌混凝土的拉伸强度小于剪切强度。

6 残余变形对隧道围岩稳定性影响及评价

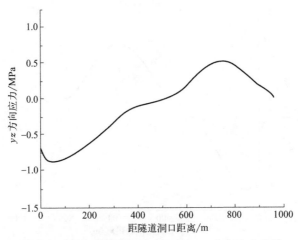

图 6-43 隧道衬砌结构（2119 年）yz 方向应力曲线

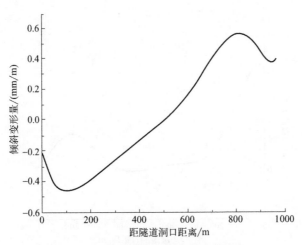

图 6-44 隧道沿走向倾斜变形曲线图

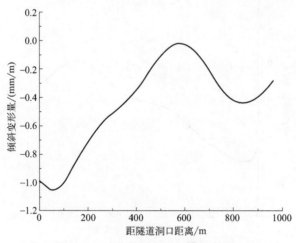

图 6-45　隧道沿径向倾斜变形曲线图

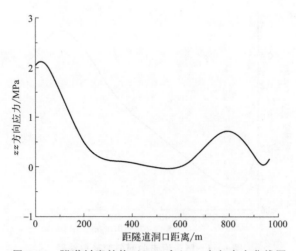

图 6-46　隧道衬砌结构（2039 年）zz 方向应力曲线图

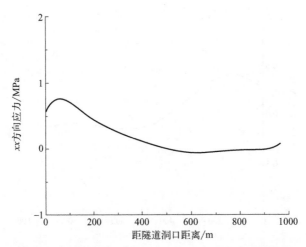

图 6-47　隧道衬砌结构（2039 年）xx 方向应力曲线图

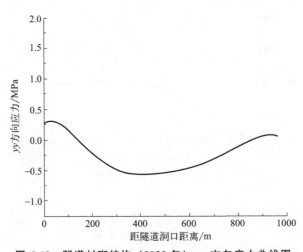

图 6-48　隧道衬砌结构（2039 年）yy 方向应力曲线图

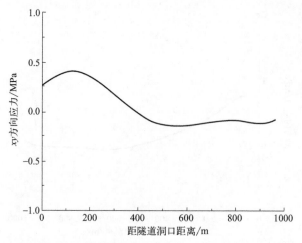

图 6-49　隧道衬砌结构（2039 年）xy 方向应力曲线图

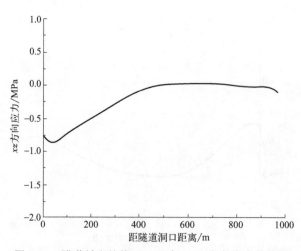

图 6-50　隧道衬砌结构（2039 年）xz 方向应力曲线图

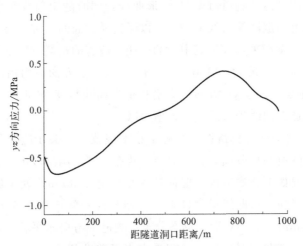

图 6-51　隧道衬砌结构（2039 年）yz 方向应力曲线图

6.5　本章小结

① 由于研究区域范围较大，为了确保计算速度，根据洞室开挖引起的围岩变形一般不超过三倍的洞室跨度隧道影响范围这一研究确定了隧道及围岩高精度计算模型。

② 隧道开挖过程中，围岩塑性区主要分布在隧道的侧墙角处，隧道左右洞室之间围岩出现塑性扰动区，两侧隧道的开挖相互影响较小，同时整体塑性扰动并未出现贯通现象。隧道围岩应力在洞室拱脚、表现为压应力；而在洞室拱顶、拱底部局部范围，应力释放明显，为围岩稳定的薄弱部分，表现为压应力。隧道围岩沉降区域发生在地表面下部一定范围内的拱顶围岩中，同时在隧道底部呈现小幅度回弹隆起，在洞口段整体有上隆现象，洞口段拱顶、拱底有上隆现象，同时左右洞室相互扰动影响较小，随着隧道开挖过程的进行，围岩竖向变形量和影响范围逐渐扩大；水平变形区域发生在洞室上方的围岩中。

③ 采用克里金插值方法还原了隧道围岩各节点位移场，从而得到隧道围岩残余变形，包括竖向位移、水平位移以及隧道衬砌结构正应力及剪切应力，数值计算表明隧道应力分布沿着底板中心向右（东侧）偏转产生

偏移现象。这是由于隧道沉降呈 U 形曲线,同时隧道斜穿采空区下沉中心,导致隧道与沉降等值线斜交,所以隧道横截面的下沉中心并不在底板中心,反而在靠近采空区下沉中心的一侧,隧道的东侧靠近下沉中心,故隧道东侧竖向位移最大。隧道 zz、xx、yy、xy 方向应力沿隧道走向线呈现 M 形曲线,xz、yz 方向应力沿隧道走向线呈现 W 形曲线,隧道倾斜变形沿隧道走向线先增后减、再增再减。

④ 根据《采空区公路设计与施工技术规范》中关于隧道稳定性的规定,本研究隧道洞口段围岩处于欠稳定状态,其余洞身段围岩处于稳定状态。具体情况如下:隧道最大竖向位移量值为 258mm,处于隧道埋深最大处,隧道竖向变形曲线呈"U形"分布规律;隧道 x 方向最大水平位移值为 49.8mm,呈"V形"形态分布;隧道 y 方向水平移动出现两个峰值,分别位于南北侧洞口段,南侧最大水平移动值为 2.8mm,北侧最大水平移动值为 14mm。这是因为隧道跨度大,并且隧道中段位于采空区沉降中心区域,由于采空区自身水平位移具有沿沉降中心移动的特性,导致隧道两侧洞口段沿隧道中心段移动。在残余变形的作用下,围岩塑性区在持续扩展,隧道围岩的剪切破坏、拉伸破坏区域逐渐向隧道中部发展,但塑性区的扩张范围有限,仍主要集中在隧道两端洞口处,洞口处围岩处于欠稳定状态,其余部分围岩基本没有发生破坏。隧道衬砌应力基本满足安全控制要求,仅在距洞口 200m 范围衬砌应力值较大,最大为拉应力 2.9MPa,略超 C30 的抗拉强度。综上表明因下伏采空区残余变形基本不会导致隧道出现大规模破坏,隧道距洞口 200m 范围围岩可能会产生裂隙。

7

采空区隧道治理与支护技术

7.1 采空区治理技术
7.2 采空区隧道设计

7.1 采空区治理技术

7.1.1 采空区治理方法

目前我国公路工程穿越采空区采用的治理方法包括直接处理法和间接处理法，其中直接处理法主要有充填法、局部支撑法和释放沉降潜力法，间接处理法主要有路堤加筋法和过渡路面后期修补法，见表 7-1。

表 7-1 公路采空区主要治理方法

采空区治理方案	采空区治理方法及实施措施	
直接处理	充填法	注浆充填
		水力充填
		干砌片石充填
		浆砌片石充填
		开挖回填法
	局部支撑法	注浆柱支撑
		井下砌墩柱支撑
	释放沉降潜力法	井下复采或爆破
		高能级强夯法
		水诱导沉陷法
间接处理	采用路堤加筋法和过渡路面后期修补的方法	

直接处理法主要是针对地下采空区这一不良地质问题，采用各种地基处理加固的方法，直接作用于处理对象，以消除或减小上覆岩层坍塌、开裂造成的地表沉降变形及围岩集中应力。直接处理法的具体处理措施如下。

(1) 直接处理法

1) 充填法

根据充填材料和工艺又可以细分为注浆充填、水力充填、人工洞下干砌或浆砌片石充填。

① 注浆充填是从地面钻孔，至地下采空区或破碎岩体实施注浆，通

过浆液凝结后形成的结石体来充填和加固采空区。该方法适用于不同埋深且不具备洞内人工施工条件的采空区。注浆充填法是目前应用广泛、治理效果较好的采空区治理方法，但对于地形地质条件复杂、地表植被或农作物茂密、采空区埋深大的情况，采用注浆充填法处置费用较高。

② 水力充填是指利用地下矿井的涌水，在不排水条件下让其水位上升，直至充满整个采空区，并利用水压支撑顶板。该方法适用于充水后与外界隔绝，无连通孔隙，并且保证采空区内的水不排出的采空区，一般的地下采空区难以适用。

③ 干砌片石充填指的是在已开采的空区内，使用灰岩或砂岩片石材料进行人工回填和砌筑。根据不同岩性选择合适的填料进行配比，按设计好的比例将片石填入空洞内并压实即可。所选择的片石厚度超过20cm，长边超过35cm，这种材料的抗压能力必须达到相关的标准规定，其砌体与采空区的顶板紧密结合，为顶板提供了稳固的支撑。这种方法特别适合于采空区顶板尚未完全塌陷、需要大量回填空间、埋藏深度较浅、通风状况良好、适合人工操作且材料运输便捷的采空区，在公路路基采空区的整治中得到了广泛应用。

④ 浆砌片石充填通过使用人工砂浆砌筑灰岩或砂岩的片石来进行回填。这种施工方式具有工期短、造价低和质量容易控制的优点。浆砌片石需要具备高强度和良好的整体性，同时需要与采空区的顶板紧密结合，以减少顶板坍塌或过度变形失稳的风险，从而最大限度地发挥回填材料的整体支撑和加固功能。由于其具有结构简单、施工方便、造价低、工期短和不影响建筑物正常使用等特点，已广泛用于铁路隧道工程中。在对沉降、稳定性和安全性有较高要求的公路桥台、涵洞等建筑中，这种方法被广泛使用。

⑤ 开挖回填法指的是首先对路基下方的浅层或挖掘区域的路基边坡上的未开采区域进行开挖，并使用干砌或浆砌技术进行回填。通过注浆加固将采空区内的土胶结密实。这种方法主要用于浅埋的采空区公路的路基和边坡整治，确保路基和边坡区域的稳定性。

2) 局部支撑法

局部支撑法是指在开采后的空区实施局部的支撑措施，以防止上面的岩层顶板发生坍塌。该方法适用于松散破碎岩体及坚硬围岩条件下煤层群开采工作面。依据不同的支撑方法，可以进一步将其分类为注浆柱支撑和井下的砌墩柱支撑等。

① 注浆柱支撑法是指在地面上布置梅花状的钻孔，首先注入破碎的矿渣、碎石、煤矸石等填料，然后注入水泥浆或粉煤灰-水泥浆液，利用填料固结后形成的注浆柱来支撑采空区上方的顶板，减少采空区的空间垮塌，同时用浆液填充加固采空区上方的破碎岩层。该方法是目前常用于煤矿井下采空区处理的主要方法之一。在执行这一处理方法的过程中，有必要加强对采空区的详细勘查，以准确确定采空区顶板的具体位置、大小、分布区域以及充填岩土的工程力学属性。一般情况下，当工作面推进到一定距离时，就会有一部分空区暴露于地表，此时可以通过"打桩"的方式进行封堵。随着采空区高度逐渐升高，注浆柱所需的材料消耗也相应地增加，同时，对于用于治理的材料（如水泥浆液或粉煤灰与水泥浆液）的强度也提出了更高的标准，最终会导致成本明显增加，与传统的充填法相比，其经济效益相对较低。

② 井下砌墩柱支撑法指的是在矿井的采空区内，使用钢筋混凝土墩、石料墩、砖砌墩等来支撑上面的顶板，减少采空区顶板的坍塌。其优点是能有效防止冒顶事故，保证生产正常进行。这一方法的局限性主要体现在其对地下施工环境的高要求，特别是在采空区的顶板围岩条件相对优良的情况下，不会因为突然的坍塌或掉落而对施工安全构成威胁。此外，井下的巷道还具备运输建筑材料的条件，这使得施工人员和机械设备能够轻松进出。

3) 释放沉降潜力法

释放沉降潜力法是指在没有对采空区地表进行充分利用之前，采取强制手段来加快老采空区的活化和上层岩石的下沉速度。只有当地面下沉达到一个基本稳定的状态后，才开始对地表进行开发和利用。这种方式能够有效地减小地表的沉降量和位移量，从而提高了对下覆采空区地基稳定性的控制效果。这种方法能够有力地遏制由开采活动导致的地表形变和塌陷现象。本书结合某煤矿的实际情况，介绍了释放沉降潜力法的基本原理及施工工艺，并分析其应用效果。所采用的具体技术措施包括：在井下进行的二次开采、爆破放顶技术、强夯振动方法以及利用水诱导沉降的技术等。

① 井下复采或爆破放顶是指对采空区内的剩余煤柱进行开采或对采空区进行爆破放顶操作，这会导致上方的岩层破碎并冒落，从而填充采空

区，加速地面下沉的过程。理论分析和工程实践表明，这种新的处理方式不仅可加快采空沉陷速率，而且还能显著降低地表移动变形值。这一技术可以有效地减少沉陷的持续时间，但在爆破后的采空区，持续沉降的时间有时难以精确地控制，因此这种方法存在一定程度的不确定性和局限性。

② 强夯法是指利用高能量强夯技术来处理破碎岩体，其目的是使浅层采动岩体的裂隙和离层裂缝更为紧密，从而加速地表沉陷的进程，提高地表下浅层破裂岩体的密度，并减少其残余变形的可能性。其基本原理是将高压水注入被加固区域内产生大量高速流动空穴，在空穴作用下形成强大负压，从而破坏松散岩层中原有的平衡状态，达到固结沉降的目的。通常情况下，强夯加固的有效深度范围是 3～11m。由于该技术对浅埋、坚硬顶板及软弱地层适应性较强，因此被广泛应用于工程实践中。从强夯施工的加固深度来看，这种技术只适用于埋深不超过 11m 的浅层开采空区，因此它存在一些应用上的限制。

③ 水诱导沉陷法是一种针对采空区地表附近无需额外保护（例如建筑物）的沉陷活动区域的方法，该方法将水引导到破碎的上层岩石和土层中，以加速沉陷过程，并在土壤稳定后进行地表的回填和后续建设。在开采过程中若有地表水渗入，则可采用此法来解决。采用这一方法需要满足严格的地下空隙条件，特别是在采空治理区的边缘，岩土层应基本不受断层破坏和改造，周围的岩土层裂隙不应发育，并且应基本保持封闭状态。此外，流入岩土层的水不应流入治理区外，也就是说，它们不应与外界连通。因此在设计过程中必须根据不同情况采取各种措施，以保证工程安全。如果不这样做，这一方法将无法付诸实践，从而限制了其在施工过程中的应用范围。

(2) 间接处理法

间接处理法是一种利用间接手段来弥补下层采空区在地表造成的形变的方法，它是采空区的一种被动管理技术。该方法可以有效地控制由开采引起的地面变形与塌陷。目前所采纳的技术手段主要有：在设计地面建筑结构时，实施抗变形策略；在公路的路堤结构中加入土工格栅、土工格室和纤维等加固，以降低和减缓路基沉降，补偿地面的不均匀沉降和变形；选择使用过渡性的路面结构，并在路面沉降或变形发生时进行及时的修复。间接处理法采取直接处理的主动治理技术，处置费用相对较低，适用于对变形要求不高的构筑物。

7.1.2 采空区治理方法的选择

(1) 采空区治理方法的选用原则

采空区治理方法的选择是否合理，直接关系到公路工程的造价、工期和运营安全，是采空区治理成功的关键问题。在公路穿越采空区段进行主体工程施工前，应根据各项影响因素，综合确定最佳的采空区治理方法，一般应遵守如下原则：

① 在经济上合理可行，技术上科学可靠，同时满足施工进度要求；

② 根据采空区所处的区域环境，结合地形地质条件、地表覆盖条件、采空区空间分布和施工技术水平等条件进行科学合理的选择。

根据图 7-1，可以有针对性地对采空区治理方法作出科学合理的选择。

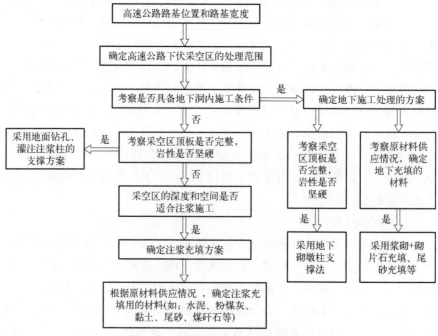

图 7-1 采空区处置方案选用工序图

(2) 采空区治理方法选用需考虑的主要影响因素

当采空区的场地稳定性评价等级为不稳定时，应选择合理的采空区治理方法进行处置。在选择治理方法时，须考虑以下影响因素。

① 采空区的地质状况主要涵盖了采空区顶部的岩石性质和完整性，以及地下采空区内的人工工作环境等因素。当采空区处于破碎带以下时，就不适宜采取注浆加固措施，因为这类地区容易发生塌方事故，且对地表建筑物影响较大。如果地下采空区具备进行作业的条件，并能确保地下施工人员和机械设备的安全，那么可以优先考虑地下施工的各种处理方法，包括地下充填、地下支撑、地下干砌或浆砌等。若存在软弱岩层，可采取锚杆加固围岩技术来控制其稳定性。如果采空区的顶部岩石坚固、强度高，具有良好的完整性，并且不容易发生坍塌，那么可以考虑使用支撑法进行治理；反之，可根据不同情况选择相应的支护措施。在满足安全地下洞内作业环境的前提下，可以采用地下砌墩柱的支撑策略。对于存在局部塌陷区、有明显变形迹象的采空区可采取地面预加固措施以减少其稳定性，但必须注意到这些部位一般难以直接利用现有技术来完成。如果采空区已经进入了过渡性的剧烈沉降期或突发性沉降期，或者采空区已经发生了冒落，地表已经出现冒落特征，也就是说地质条件已经不适合在地下采空区进行作业，应该考虑使用注浆充填法来处理采空区。

② 对于大多数的长壁式开采、全垮落法管理顶板的采空区而言，采空区顶板已经发生垮塌充填，已经不具备地下采空区空间内施工作业条件，在此情况下，注浆充填法是一种科学合理且较为有效的选择。

7.1.3 采空区注浆技术

7.1.3.1 采空区注浆加固机理

在维护采空区稳定的各种治理手段中，采用注浆充填加固采空区是一种保证采空区稳定的主动治理技术，具有适应范围广泛、注浆材料多样、施工条件简单、施工安全高效、材料运输方便、施工进度快速、施工质量可靠、施工技术成熟、治理效果良好等优点，在公路采空区治理工程中得到广泛应用。通过施加外界压力将浆液注入岩土裂隙中，浆液通过渗透、胶凝作用充填并密实岩体裂隙，起到固结、封堵作用，形成强度高、抗渗性好、稳定性强的密实结石体，从而达到改善岩土体物理力学性能并提高岩体的整体稳定性的目的，能够通过改善局部围岩的力学性能，充分调动围岩自身强度进行自组织支护,保持围岩稳定,其示意图如图7-2所示。从力学原理和岩体破坏机制的角度来说,注浆作为改善岩体性质的重要技术,能在原位对岩体进行加固或改性,使一定范围内的岩体成为工程结构不可分割的一部分,充分挖掘岩体的承载潜力。注浆技术较为完善地解决了一些复杂的岩土工程稳定与安全问题,受到岩土工程界的高度重视,广泛应用于各种以堵水和加固为目的的岩土工程中。近年来,注浆技术开始应用于公路采空区的回填加固,由于能够有效控制围岩长期蠕变变形,显著改善支护效果,而且易与其他支护手段联合使用,在公路采空区治理技术体系中显示出极大潜力。在动压影响下,不能把注浆单纯作为一种支护手段,应参与采空区上覆岩层的蠕变变形与稳定过程,使注浆施工与围岩变形过程相结合。目前采空区上覆岩层变形在不同阶段的浆液可注性、注浆固结机制、合理注浆时机、浆液流动与扩散规律、注浆材料、注浆参数等工程应用中的关键性问题有待进一步的研究分析。总体上来看,岩体注浆加固主要有以下几方面的作用机理。

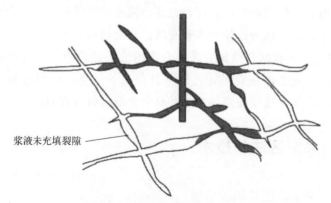

图 7-2　注浆加固机理示意图

(1) 浆液结石体构成网状支撑骨架

在泵压、自身膨胀压力和微裂隙的吸渗影响下,浆液会被挤压或渗透到岩体裂隙中,发生胶凝反应并固结,最终以固体形态填充到裂隙中,这些填充材料在岩体内形成了错综复杂的网络状骨架结构。本研究对某隧道施工过程中沿软弱围岩节理面进行注浆处理取得良好效果作简要介绍。如图7-3所示,经过注浆加固处理后,破碎的岩体结构中新增了大量由加固材料形成的浆脉。这种分布特征是由化学浆液对岩石进行化学交联固化而成的一种网状结构。根据现场观察，浆脉的厚度通常在 0.2~1.3mm 之间，这些不均匀的片状或条状浆脉在岩石中相互连接，形成了一个网状的骨架结构。这种网状结构不仅提高了围岩抵抗外力冲击破坏的能力，而且改善了围岩稳定性，从而大大提高了岩体承载力。化学浆液固结体因其出色的韧性和黏结性，在外部载荷增加的情况下，固结材料会发生变形、传递和转移应力，这导致载荷主要由强度较高的网络骨架内的密实岩块承担，从而使围岩的破坏条件从原先的裂隙弱面强度条件转变为接近完整岩块强度条件。通过对不同荷载下加固前后试样进行单轴压缩实验，研究化学灌浆后注浆体和未灌浆试样力学性质变化特征及影响因素。当外部载荷超出围岩的承受能力并导致显著的形变时，固结材料的结构网络因其出色的韧性和黏结能力为其提供了骨架支撑，这有助于限制岩体破裂的进一步扩展，确保岩体仍然保持良好的完整性，并维持较高的剩余强度和承载力。

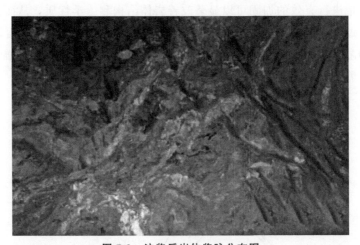

图 7-3　注浆后岩体浆脉分布图

（2）浆液胶凝固化提高围岩力学性能

采用注浆技术能够优化围岩中软弱结构面的力学特性，增强裂隙岩体的黏聚力和内摩擦角，进而提升围岩的整体稳定性。本书对某隧道施工过程中沿软弱围岩节理面进行注浆处理取得良好效果作简要介绍。将化学加固材料注入岩体的裂隙中，这些材料对裂隙面具有极高的黏附力。这不仅能增加破裂面的静态摩擦和滑动摩擦阻力，还能限制固结区内微小裂隙的进一步扩展，从而提升弱面的抗变形性能和围岩整体的抗变形刚度。因此，化学注浆技术已广泛应用于隧道、地下建筑等岩土工程领域。通过对注浆固结体的结构面进行力学性能和抗剪强度的实验研究，发现黏聚力和内摩擦角均有所增强，同时其刚度和抗剪强度也得到了显著的提升。同时还发现，当采用聚氨酯化学注浆技术进行加固处理时，由于浆液渗透破坏了原有岩石节理面而形成新的剪切带，增强了岩体抵抗破碎介质侵入的能力，有利于岩体稳定。以聚氨酯的化学注浆技术为研究对象，实验室测试显示其黏结强度可以达到 9.6MPa。鉴于工程岩石的不稳定特性，在实际施工中，其黏结强度通常可以达到 1.5～5MPa 的范围。因此，该方法用于处理软弱破碎带或不稳定块体，不仅能够大幅度提高岩体稳定性，而且还可降低工程造价、缩短工期。根据国内外的研究数据，经过注浆处理后，围岩的整体强度可以增加 55%～80%，黏聚力可以增加 35%～75%，岩体的静弹性模量可以增加 25%～185%，动弹性模量可以增加 8%～165%，而地震波的波速可以提高 20%～60%。因此，利用注浆技术对软弱破碎带进行有效的加固可以显著改善岩体结构和力学性质，从而保证隧道开挖过程中不会产生过大变形甚至塌方等灾害。图 7-4 展示了岩体加固之前和之后的莫尔强度的包络线，而阴影区域正是通过注浆加固增强了岩体的抗剪切能力。

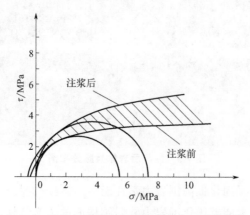

图 7-4　岩体加固前与加固后的莫尔强度包络线

在对不同破坏程度的岩体进行注浆加固的过程中，固结体的强度提升程度各不相同，而被注岩体的强度、裂缝的发育程度和风化程度则是影响注浆结石体强度的关键因素。本书以某隧道为例，采用数值模拟方法研究了注浆加固后围岩的力学特性变化情况。实验研究显示，随着岩体裂缝的进一步发展，注浆形成的结石体的固结系数也随之上升，而且强度的增加越明显，说明注浆加固的效果越为突出。

(3) 注浆充填压密围岩裂隙

在岩体内部存在节理裂缝和脆弱结构面的情况下，围岩的压力会导致岩体中的薄弱区域，如裂隙的尖端出现应力集中。当这些裂隙尖端的应力集中达到其最大强度时，岩体会形成连接的塑性区，导致裂缝不断扩张并失去稳定性，最终可能导致屈服破坏，如图 7-5 所示。采用劈裂法和压汞法对花岗岩和砂岩试件进行了室内单轴压缩实验，并在此基础上利用数值模拟方法分析了注浆加固前后试样内部孔隙分布及力学性质变化特征。在围岩中，较大裂隙附近的岩体实际上是处于二向应力状态。在注浆过程中，由于浆液的主导取向，浆液首先注入张开度较大的裂隙区域。化学浆液在泵压和自身反应产生的膨胀应力的作用下，将裂隙内部充满加固材料，并对裂隙面产生黏结叠加作用，从而将裂隙面岩体转变为三向应力状态。这加强了弱面两侧的约束和传力机制，改善了岩体内部的应力，使裂隙端部的应力集中大大减弱或消失，从而改变了裂隙的破裂机制，显著提高了岩体的强度。对于那些张开度相对较小的裂缝，由于存在粒度和表层效应等多种因素，无法进行有效的进浆处理。浆液在填充一些较大的裂隙的同时，也会挤压或甚至闭合一些无法填充的封闭裂隙和小裂隙，从而对整个岩体产生压密效应，进一步提升围岩的弹性模量、强度和密实度。

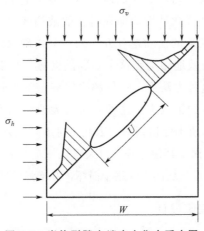

图 7-5 岩体裂隙尖端应力集中受力图

(4) 注浆加固岩体形成承载拱结构

在破碎松散采空区上方的岩层中进行注浆加固，可以使破碎的岩块重新胶结成一个整体，形成浆液扩散加固拱，从而提高支护结构的整体性、承载能力和稳定性。采用高压水射流技术对岩体进行切割并将之劈裂成小碎块，再注入一定浓度的水泥浆液，通过喷射混凝土与水泥浆共同构成一个完整体系来控制地表沉陷。通过使用浆液来填充围岩的裂缝，并结合锚喷支护技术，可以最大限度地利用锚杆的功能，显著降低失锚的情况，从而使支护结构能够承受更大的载荷，增强其承载能力，扩大其有效承载的范围，并确保支护结构的完整性和稳定性。以某煤矿为例，通过现场实验研究了不同配比下浆液对复合顶板破坏形态与承载力的影响规律。经过注浆加固处理后，岩块之间由加固材料紧密黏合，这增强了顶板的整体稳定性。原先由层状顶板分离形成的多层梁或裂隙梁现在可以转化为组合梁或整体梁结构，从而显著提高了直接顶的承载能力。这使得顶板的平衡条件不再仅仅是块体或松散体的拱状平衡，而是更接近于连续介质的梁式平衡条件。此外，加固材料具有良好的黏弹性，能够适应较大的顶板下沉，同时保持其黏结力。

在对采空区的围岩进行注浆处理后，顶部受到的压力可以被有效地传导到两侧。通过加强帮部的结构，可以将载荷有效地传送到底板上。当上部岩体变形较大时，可以利用这种效应来调整岩层之间的相互作用力。帮部承载厚度的增加有助于降低作用在底板上的载荷集中度，缓解底板的塑性变形，并缓解底鼓现象，从而确保整个支护结构的稳定性。因此，注浆技术已被广泛用于煤矿防治煤与瓦斯突出、冲击地压等灾害中。注浆技术具有一种固有的自我优化特性，即在脆弱的破损区域，浆液总是被优先且充分地渗透进去。浆液的流动是有方向的，只需确保注浆钻孔位于关键位置附近，浆液就能有效地渗透到这个脆弱的区域，从而实现对该关键位置的有效加固。采用这种方法后，不仅解决了巷道变形过大的问题，而且还减少了锚杆用量，节约了成本。这种方法极大地简化了支护参数的设计过程，是其他支护技术所不能达到的。因此，对于高应力软岩巷道，采用注浆法进行支护效果明显优于其他方法。对关键区域进行有效的加固可以产生显著的结构效果，显著地延缓围岩的逐步损坏，并增强围岩的结构稳固性。

7.1.3.2 采空区注浆设计

注浆充填法具有施工条件简单、施工安全高效、施工进度快速、施工技术成熟、治理效果良好等优点，在公路采空区治理中普遍采用。采空区设计参数主要有：处置加固范围、注浆材料选择、注浆量预测、注浆工艺参数（注浆压力、浆液扩散半径、注浆孔位布置、注浆深度范围等）。采空区设计参数的合理选用，影响采空区治理效果和投入成本，是采空区治理成败的关键。

(1) 处置范围

确定注浆处置范围，包括在平面上确定治理的长度和宽度，在竖向方向上确定注浆深度和注浆段高度。注浆范围与采空区的分布、埋藏深度、矿层倾角、上覆岩性及路基边坡类型（挖方、填方）等因素有关。目前采空区注浆治理设计中一般采用应力扩散角的方法来确定采空区的有效治理范围，保证治理后的采空区不对路基和构筑物造成任何破坏。

1) 采空区处置长度

采空区处置长度 L，为公路下伏采空区实际长度与覆岩移动影响长度之和，如图 7-6 所示，并按式(7-1) 计算：

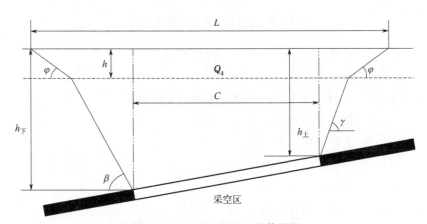

图 7-6 采空区处置长度计算简图

$$L \geqslant C + 2h\cot\varphi + (h_{上} - h)\cot\gamma + (h_{下} - h)\cot\beta \tag{7-1}$$

式中 L——采空区处置长度，m；

$h_{上}$——采空区上山方向的矿层开采深度，m；

$h_{下}$——采空区下山方向的矿层开采深度，m；

γ——矿层上山方向基岩移动角，(°)；

β——矿层下山方向基岩移动角，(°)；

φ——上覆土层移动角，一般按 45°取值；

C——采空区沿水平面投影长度，m；

h——上覆土层厚度，m。

2) 采空区处置宽度

采空区处置宽度 B，为路基宽度、围护带宽度与覆岩移动影响宽度之和，如图 7-7 所示，并按式(7-2)计算。

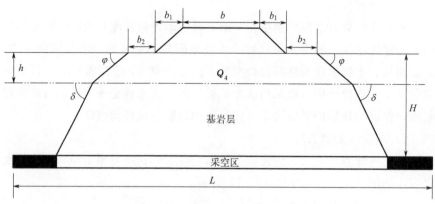

图 7-7 采空区处置宽度计算简图

$$B \geqslant b + 2b_1 + 2b_2 + 2h\cot\varphi + 2(H-h)\cot\delta \tag{7-2}$$

式中　B——采空区处置宽度，m；

b_1、b_2——公路路基左、右幅路基边坡水平投影长度，m；

b——路基设计宽度，m；

h——上覆土层厚度，m；

H——下伏矿层平均采深，m；

δ——基岩移动角，(°)；

φ——上覆土层移动角，(°)。

3) 采空区注浆深度及注浆高度

采空区注浆深度为钻探查明的采空区底板深度以下 3m，注浆段高度可取采空区底板到裂隙带顶部之间的竖向距离。

(2) 注浆材料

1) 材料选择

注浆充填加固是阻止工作面开采影响顶部上覆岩层垮塌及变形破坏的有效方法，注浆材料的选择是影响注浆效果的关键。目前广泛使用的注浆材料有水泥、黏土、粉煤灰、水玻璃、有机高分子等材料。

水泥作为注浆工程中常用的一种材料，特别是普通硅酸盐水泥，具有来源丰富、制浆简便、成本低廉、施工简便以及结石体强度高等优点，在地下工程和水利工程中得到了广泛的应用。水泥浆液的粒径通常在 $50 \sim 110 \mu m$ 之间，这使得它很难被注入较小的孔洞或裂缝中，从而影响注浆加固的效果。超细水泥浆液由于其比表面积大、水化活性高，可以有效地改善水泥浆液性能，增强水泥石抗压强度及流动性等，因而被越来越多地用于矿山巷道围岩控制以及隧道开挖过程中的超前支护领域。为了增强水泥浆液的灌注性，超细水泥在最近几年有了显著的进步。它的平均粒径为 $4\mu m$，最大粒径达到 $10 \mu m$，能够渗透到渗透系数为 $10^{-4} cm/s$ 的细砂岩中。这种水泥浆液的可注性与化学浆液相似，超细水泥浆液结合了普通水泥浆液和化学浆液的优势，被视为一种有广泛应用潜力的注浆材料。

粉煤灰材料主要是火力发电厂的一种副产品，它具备胶凝的特性，能够增强结石体的强度并减少凝结所需的时间，这些材料经常与一定量的水泥混合，形成浆液。粉煤灰作为一种天然矿物资源，是我国重要的矿产资源之一。在过去的几年中，掺有大量粉煤灰的水泥粉煤灰浆液在地下的采空区得到了广泛的使用，并且在研究其黏度、凝固时间和结石体的强度等方面也获得了显著的进展。通过对不同种类的粉煤灰进行配比实验，发现随着粉煤灰含量的增加，浆液黏稠性降低，凝固点升高，抗压强度增大。然而，目前对于掺有大量粉煤灰的水泥粉煤灰注浆材料的使用还不够普遍，浆液的配比设计也没有正式的标准，只能参考水泥黏土浆、水泥砂浆、水泥混凝土等相关的技术规范来执行。

黏土作为注浆的基础材料已有很长的历史，但由于黏土本身并不具备水硬性，因此在黏土浆中通常需要加入如水泥、水玻璃等的胶凝剂和其他添加剂。通过对不同种类的黏土进行改性后，利用其与水泥石反应生成新物质的特性，制备出了一系列性能优良的新型黏土水泥浆液。研究发现，黏土水泥浆液不仅成本效益高，而且其结石体具有很强的抗渗透能力。因此，将黏土用于加固软土地基已成为一种重要而有效的方法。此外，黏土也可以被用作一种补充材料，比如混入粉煤灰浆液，这样可以增强浆液的稳定性，并提升结石体的耐用性和抗渗性。

以有机高分子材料和水玻璃作为主要成分制备的浆液被称作化学浆液。在水利工程中使用这种浆液可以起到防渗堵漏的作用。有机材料因其固有的毒性特性，对生态环境，特别是地下水资源，容易造成污染。加上有机高分子浆液的高昂价格，其在当前的应用场景中相对较少。

由于各种注浆材料都有其特有的属性，它们各自都有其长处和短处，这也导致了注浆的效益和成本存在差异。对于煤矿井下采空区来说，由于其所处环境较为特殊且受外界条件影响较大，会导致其注浆工作难度较高。因此，在执行注浆施工时，应根据注浆工程的具体需求、地质条件、浆液性质、注浆工艺和投资预算等多方面的因素，选择一种适合的注浆材料或几种不同的浆材作为主要成分，并根据实际需求添加溶剂（如水或其他类型的溶剂）和添加剂，这样可以制备出适合的注浆浆液，从而实现采空区注浆治理的理想加固效果，同时也能确保工程成本的合理性和经济性。

2）材料技术指标

水：必须满足混凝土拌制所需的水质标准，其 pH 值应大于 4。

水泥：水泥的标号应当不低于 32.5 号，矿渣水泥应被优先考虑，其后是普通硅酸盐水泥或其他种类的水泥。注浆时最好选择抗渗性和稳定性较好、水胶比较大的水泥浆体进行施工。如果采空区的水对浆液结石体具有强到中等的腐蚀性，那么应该使用抗硫酸水泥。注浆方法可采用钻孔灌注法和高压喷射灌浆法等。用于注浆的水泥必须达到国家的质量要求。

粉煤灰：必须达到二级和三级的质量等级要求。

黏土：其塑性指数不应低于 10，而黏粒（粒径小于 0.05mm）的含量不应低于 25%，砂的含量也不应超过 3%。

骨料：砂应当是质地坚固的天然或人造砂，并且其粒径不应超过 2.5mm。有机物的含量不应超过 3%，石屑或矿渣的最大粒径与空洞和裂隙的宽度有关，通常情况下，不应超过 1.0cm，有机物的含量不应超过 3%。

水玻璃：模数范围是 2.4～3.0，而其浓度最好控制在 30～45°Bé（波美度，把波美比重计浸入所测溶液中得到的度数，是表示溶液浓度的一种方法）之间。

(3) 注浆参数确定

1）浆液配比

确定注浆材料的最佳配比需要通过实地实验来完成。在处理公路路基下方的采空区时，浆液的浓度应从稀薄逐渐增加到浓稠，建议的水固质量比为 1∶0.8～1∶1.5。水泥应占固相的 10%～20%，而粉煤灰或黏土则应占固相的 80%～90%。在处理桥梁和隧道的关键结构下方的采空区时，建议水泥占固相的 25%～40%，而粉煤灰或黏土则应占固相的 60%～75%。

2) 注浆压力

注浆压力被视为一个关键参数，它对于控制注浆的品质和增强注浆的效果至关重要。不同岩性和地质构造部位下的煤层底板岩体具有不同的渗透性，对注浆压力有较大影响。注浆压力与多个因素有关，包括工作面顶板的冒落带、裂隙带内裂隙的尺寸、节理的发育程度以及工程水文的性质条件等，通常需要通过现场注浆实验来确定。在公路路基下方的采空区，注浆压力可维持在 1.0～2.0MPa 范围内，而在桥梁和隧道下方的采空区，注浆压力最好控制在 2.5～5MPa 之间。根据不同地质情况下巷道围岩应力分布特点和实际施工需要，选择合理的注浆工艺及设备。当注浆的压力达到预定的设计终止压力时，终止的吸浆量应当不超过 75L/min。

3) 注浆结石体强度

公路一般路基下伏采空区处置浆液结石体的单轴抗压强度不应小于 0.55MPa。对沉降变形要求较高的桥梁、隧道、高填方路基等构造物下伏采空区，处置浆液结石体的单轴抗压强度不应小于 1.8MPa。

4) 注浆量

注浆总量可按下式计算：

$$Q_{总} = \frac{ASMK\Delta V\eta}{C\cos\alpha} \tag{7-3}$$

式中 $Q_{总}$——采空区总注浆量，m^3；

S——采空区治理面积，m^2，其值为采空区治理长度与采空区治理宽度的乘积。当采空区治理宽度不一致时，可取平均值；

M——采空区煤层厚度，m；

A——浆液消耗系数，取值在 1.0～1.3 之间；

K——煤层回采率，一般通过现场调查确定；

ΔV——采空区剩余空隙率，%，煤层被采出后，原空间经塌陷冒落岩块充填后剩余的空隙，取值在 0.25～1.0 之间；

η——注浆充填率，取值在 0.65～0.95 之间，该值宜根据公路工程的性质确定，对于路基范围内的采空区取值在 0.65～0.8 之间，对于桥隧构筑物范围的采空区取值在 0.8～0.95 之间；

C——浆液结石率，取值在 0.7～0.95 之间，一般经实验确定；

α——岩层倾角。

单孔注浆总量可按下式计算：

$$Q_{单} = \frac{A\pi R^2 M \Delta V \eta}{C\cos\alpha} \tag{7-4}$$

式中　R——浆液有效扩散半径，m；

其他符号意义同式(7-2)。

(4) 注浆设备

① 钻机的选择应基于采空区的岩层构造、岩石性质、注浆孔或帷幕孔的设计以及止浆的技术要求。对于冲击式钻机或不需要取芯的钻具，建议使用回转式钻机或带有岩芯管的硬质合金钻头钻机。

② 搅拌机的旋转速度和制浆能力需要与工程的规模、浆液的种类以及注浆泵的工作性能保持一致。

③ 每个浆站至少应有 2 台注浆泵，它们的最大排浆量应当满足采空区的注浆需求和施工进度，同时，这些泵的最大压力不应低于 3.5MPa。

④ 注浆的管道及其连接的部分，必须能够承受最大注浆压力的 1.5～2 倍。若管道直径较大或在施工过程中出现渗漏等情况时，应采取适当措施使其与外界隔离。在注浆管路的转角位置，可以选择使用弧形的弯管进行连接。

⑤ 在注浆泵和注浆孔的开口位置，安装压力表。

⑥ 在选择水泵时，最好选择潜水泵，并确保泵的排水量与泵的数量能够满足工程的实际需求。

(5) 注浆钻孔

1) 钻孔布设

在布置注浆孔时，建议使用梅花形的布局方式，而这种布局的排距和孔距通常需要通过实地实验来确定。在实际生产过程中，可通过调整钻孔参数来改变孔间距或增大孔径，以满足不同条件下的要求。在实验无法进行的情况下，应依据不同的采煤技术、覆岩地层的结构和岩性、煤层的采出率、顶板的管理方式以及垮落带与断裂带之间的空隙和裂隙的连通性来进行，并参考表 7-2 进行设计。在工作面回采期间，当采场上覆岩层中存在一定数量的破碎带时，应按上述公式计算出排间距。在煤层的采出率较高、顶部结构坚固以及垮落带与断裂带之间的岩石缝隙和裂缝具有良好的连通性的情况下,可以选择较大的值,而在相反情况下则选择较小的值。在采空垮落带和断裂带的吸浆能力较强的情况下,应选择较大值,否则应选择较小值。在地表移动预计中,应以地面下沉量为主要参数。在采空区位于普通路段的情况下,可以选择较大的值,而在其他情况下则选择较小的值。

表 7-2 注浆孔布置要求

序号	内容	排距/m	每排孔距/m		帷幕孔孔距/m
			路基范围内	路基范围外	
1	有坚硬顶板,采出率大于等于60%,采空区垮裂带的岩石空隙、裂隙之间连通性较好	25±10	20±5	25±5	15±5
2	无坚硬顶板,采出率大于等于60%,采空区垮裂带的岩石空隙、裂隙之间连通性较差	20±10	15±5	20±5	15±5
3	有坚硬顶板,采出率小于60%,采空区垮裂带的岩石空隙、裂隙之间连通性较好	20±10	15±5	20±5	15±5
4	无坚硬顶板,采出率小于60%,采空区垮裂带的岩石空隙、裂隙之间连通性较差	15±10	10±5	15±5	10±5

2) 钻孔规格要求

① 孔深 注浆孔或帷幕孔应钻至采空区底板下 3m 处。

② 孔径 钻孔开孔孔径宜在 135~155mm 之间,经一次或两次变径后,终孔孔径不应小于 90mm。

③ 变径部位 注浆孔和帷幕孔均应进入完整基岩 5~8m 处变径(硬质岩取大值、软质岩取小值)。

④ 抽样检验 取芯孔的数量宜为注浆孔总数的 3%~6%,采空区部位岩芯采取率应大于 30%,其他部位岩芯采取率应大于 60%。

⑤ 钻孔测斜 钻孔每 50m 测斜一次,每百米孔斜不应大于 1°。

⑥ 注浆管材质及管径 注浆管径一般应大于 50mm,投入骨料时,管径不应大于 89mm。注浆管可采用钢管或者 PVC 管材。

7.1.3.3 采空区注浆施工

采空区注浆主要施工顺序和工艺要求如下:

① 在开始采空区的注浆施工之前，必须进行充分的前期准备。在选择钻机时，应综合考虑采空区的埋藏深度、覆岩的岩石性质以及注浆孔的构造等因素。搅拌器的旋转速度应当与其搅拌的浆液种类相匹配。搅拌能力应当与注浆泵的排量保持一致。在每一个浆站，注浆泵的数量不应低于2台，同时，最大的排浆量应当能够满足采空区的注浆和施工需求，而泵的最大压力也应超过4MPa。建议使用无缝钢管或高压胶管作为输浆管。这些管道的各个部分都应能够承受设计注浆压力的1.5倍。在弯曲的部分，其直径不应发生变化。连接部位应保持密封并容易拆解，而连接部分与注浆管的外径应保持一致。

② 针对采空区的覆岩特性和厚度，以及采空垮落带和断裂带中岩石裂隙的成熟度、方向和充填状况，还应考虑裂隙在不同方向上的连通性和透水性特点，从而决定注浆孔的布置位置、结构设计、成孔工艺和注浆工艺等方面。

③ 在进行试验段注浆实验时，应严格遵循设计规范，并确保试验段的位置未选在可能引发不良注浆效果的帷幕线上。

④ 在钻孔时，推荐使用回转式钻机，也可以选择冲击式或回转冲击式钻机。在冲击式钻进的过程中，需要加强对钻孔裂缝的清洗，并确保检查孔施工使用回转式取芯率较高的钻机。钻机的安装必须保持水平稳定性，钻孔与设计孔位之间的偏差不应超过0.5m，特殊孔位的偏差也不应超过0.1m。

⑤ 在注浆阶段，必须使用清水进行钻进，塌孔是可以进行注浆的。在钻进受注层时，应尽可能全面地取出岩芯，并确保岩芯的采取率符合设计规范。同时，需要对岩芯裂缝的长度、宽度、直径以及充填物和充填程度等方面进行详尽的描述。

⑥ 为了避免钻孔出现偏斜，建议尽可能使用护壁注浆技术，并确保孔内没有套管。在使用下套管的情况下，底部的4～10m可以通过水泥进行固结，而上部则可以使用反扣接箍，这一建议将在后续阶段提出。在进行钻进操作时，可以采用钻铤或其他导向手段来避免孔斜过大，并应根据设计规定的频率进行孔斜的测量，一旦发现孔斜超出了设计标准，应立即进行纠正。

⑦ 首先进行外侧帷幕孔的施工，随后在施工过程中加入中间的注浆孔，这样可以形成一个高效的止浆帷幕，有效地阻止浆液的外流。钻孔应

当按照不同的顺序间隔进行，建议分为两到三个阶段进行。第一阶段的孔能为采空区提供补充勘查的帮助，根据实际地层和采空区的情况，对后续阶段的孔位、孔距和孔数进行适当的调整，以补充均匀布孔设计的不足之处。

⑧ 关于注浆技术，对于单层的采空区，建议使用一次性打孔的方法，从下往上进行全灌注施工，而不是分段进行。在处理多层采空区时，推荐使用从上到下的分段注浆方法，这种方法虽然工艺流程简洁，但所需的施工时间相对较长。

⑨ 完成钻进后，必须进行钻孔清洗，确保孔底的沉渣不会阻塞注浆的有效区域。

⑩ 当注浆的单位注浆量低于 70L/min，并且稳定超过 15min 时，注浆将在设计规定的结束压力下终止。在完成全孔注浆之后，开始移除止浆设备，并使用浓水泥浆从孔口注入孔内，当浆液到达孔口时，封孔工作完成。

⑪ 对于钻探的初始记录以及岩芯的编录，应当详尽、精确、真实，并确保记录的完整性。

7.1.3.4 质量控制及安全管理要求

（1）注浆材料

① 在运输和储藏袋装水泥时，应确保其不受潮湿的影响。不同的强度级别、种类和生产日期的水泥应当分开存放。

② 建议使用水泥罐或散装水泥仓库来存放散装水泥。

③ 当水泥受到潮湿或存放期限超出 3 个月，应当重新进行样本检测。

④ 粉煤灰的运输和储存过程中，必须确保其不被污染，并且不应与水泥或其他粉末状物质混合。

（2）注浆浆液检测实验及配制

① 用于注浆的水泥，每一个批次的产品都应该进行一次检验。当同一批次的水泥重量超出 300t 时，应每 300t 进行一次检测。

② 每 500~800t 的粉煤灰需要进行一次检测。

③ 当注浆量在 300~500m^3 的范围内时，应随机检查一组浆液样本，并对浆液的密度、结石率、初凝和终凝时间以及结石体的无侧限抗压强度等关键参数进行检测。

④ 在一个注浆孔使用多种不同的配比时，每一种配比都应该对上述的参数值进行测量。

⑤ 在制备过程中，使用磅秤来随机检查水泥、粉煤灰等各种材料的数量。

(3) 注浆施工

① 在开始钻机的施工之前，必须对其动力系统、升降机制以及钻塔的各个部分进行全面检查。

② 应当定期对搅拌系统、注浆设备以及相关机械进行检查和维护。

③ 必须对压力表进行仔细的检查和校准，禁止使用不达标的压力表。

④ 在施工期间，必须有专门的人员随时对注浆施工区进行巡视。

(4) 安全生产

① 在进行钻探施工时，必须严格遵守安全操作规程，并应高度重视雨季和冬季的安全管理工作。

② 在注浆机械设备的旋转和传输部分，必须装置防护网或保护罩。

③ 在储存、测试、检验以及使用水泥、粉煤灰和其他添加剂等注浆材料的过程中，必须采取适当的劳动保护和安全防护措施。

7.1.3.5 采空区处置检测

① 采空区处置检测应符合表 7-3 的要求。

表 7-3 采空区处置检测要求

序号	检测项目	检测方法	检测频次
1	结石体无侧限抗压强度	钻探	隧道每 50～100m，桥梁逐墩台路基按注浆孔总数的 2% 控制
2	横波波速	孔内波速测井	每米一个检测点
3	充填率	岩芯描述	视情况而定
4	注浆量	注浆	隧道和桥梁采空区检测孔内
5	倾斜值 水平变形值曲率值 曲率值	变形观测	注浆结束 6 个月后

② 在采空区的治理施工完成后的 6 个月内，应当进行钻探和岩土的测试工作。在进行采空区治理的区域内，必须根据设计规定，确保钻孔的全芯完整，钻孔的孔径不应小于 90mm，并且每次岩芯的采取率应超

过 90%。

③ 为了判断浆液在采空区的空洞和裂隙中的充填胶结程度,应仔细观察和描述钻孔岩芯。对于浆液结石体,必须进行抗压强度的测试,其强度要求为:路基的压力不应低于 0.6MPa,而桥梁和隧道的压力不应低于 2.0MPa。

④ 路基应在每 200～300m 的范围内设置一个检测孔,桥梁的每个墩台也应设置一个检测孔,而隧道则应在每 50～100m 的范围内设置一个检测孔,并且检测孔的总数不应低于注浆孔总数的 2%。

⑤ 在完成检测孔的取芯之后,必须在孔内进行波速的检测,并确保满足以下的要求:a. 在评估采空区治理工程的质量时,应采用采空区受注层的平均剪切波速作为评价标准;b. 在采空区勘查过程中获取的采空区波速数据与注浆施工后的检测钻孔波速测井数据应进行比较,以评估采空区治理的效果;c. 在评估处理后的岩体完整性时,应采用跨孔弹性波 CT 检测得到的波速差异。

⑥ 在采空区埋深不超过 30m 的情况下,可以选择开挖检测。通过探井和探坑的方式,可以直接观察处置段的浆液充填和结石状况,从而确定是否存在空洞,并对结石体的强度进行测试,进而计算出充填率。

⑦ 对于桥梁、隧道等关键结构,建议使用注浆技术进行检测。注浆的液体应当是水泥浆,而在水固比上,建议使用 1:1.5 的比例。完成注浆的条件是:注入孔内的浆量在单位时间内不超过 50L/min,注浆的持续时间为 15～20min,并且终孔的压力范围是 2～3MPa。当注入量超出处置单孔的平均注浆量的 5%时,需要仔细检查原因,进行全面的分析,并在必要的情况下进行额外的注浆。

7.1.3.6 采空区处置质量验收要求

根据采空区治理的监测数据结果,应依照表 7-4 所列明的验收要求,开展采空区治理质量的验收工作。

表 7-4 采空区处置验收要求

序号	检测方法	检测项目	检测标准
1	钻孔取芯	结石体无侧限抗压强度	桥隧≥2.0MPa;路基≥0.6MPa
2	孔内波速测井	横波波速	路基>250m/s;桥隧>350m/s

续表

序号	检测方法	检测项目	检测标准
3	注浆检测	注浆量	注浆结束条件为单位时间注入孔内浆液量小于 50L/min,注浆持续时间 15~20min,终孔压力 2~3MPa,当浆液的注入量超过处置单孔平均注浆量的5%时,应查明原因
4	变形检测	倾斜值	<3.0mm/m
		水平变形值	<2.0mm/m
		曲率值	<0.20mm/m²
5	充填率、岩芯描述、孔内电视	观测、描述	采空区冒落段岩芯采取率≥90%,浆液结石体明显,钻进过程中循环液无漏失等

注:① 序号1和2为路基检测项目;序号1、2、3、4为桥梁和隧道检测项目;序号5为描述性参照评价项目。
② 路基工程检测指标应为结石体抗压强度和横波波速。充填率为描述性检测项目,可参照评价。
③ 桥梁和隧道工程检测指标应包括结石体抗压强度、横波波速、注浆量及变形。
④ 采空区各项检测指标均达到设计要求时,采空区处置工程质量为合格,可进行路基、桥梁或隧道等主体工程的施工。
⑤ 采空区检测指标中有一项未达到设计要求时,采空区处置工程质量为不合格,需进行原因分析,并制订整治和补救方案,方案实施后重新检测和验收。

7.2 采空区隧道设计

7.2.1 隧道内轮廓扩大设计

本项目研究隧道下伏 3 号、8 号以及 15 号煤层采空区,其工作面分别位于隧道底部 300m、340m、420m 的深度,位于地表下方 345~475m,属深埋多层煤矿采空区。根据地勘成果,采用注浆处置方案工程量为:钻孔总长 313000m,水泥粉煤灰注浆量 1370000m³,工程造价约 1.5 亿元,但由于隧道采空区治理范围大都属于林地,采取注浆方法进行采空区治理需损毁大量林地,破坏原有的生态环境及地下水环境,环保压力大,且隧道地形起伏大、采空区埋藏深、钻孔困难、施工周期长、多层采空区治理难度大、多层采空区开采年代及产生的地表残余沉降均不相同,注浆治理后难以取得预期效果,故针对上述情况,基于残余变形规律的相关研究分析，开展隧道在残余变形作用下的隧道支护结构设计方案研究，指导工程施工。

根据隧道残余变形稳定后数值计算结果，得到隧道纵坡变化曲线、隧道内轮廓变形、隧道内轮廓径向位移图、隧道内轮廓与建筑限界净距图、隧道横坡坡率变化曲线图以及隧道旋转角度变化曲线图，如图 7-8 至图 7-14 所示。

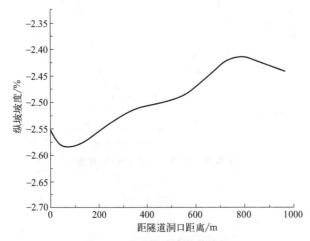

图 7-8　隧道纵坡变化曲线图

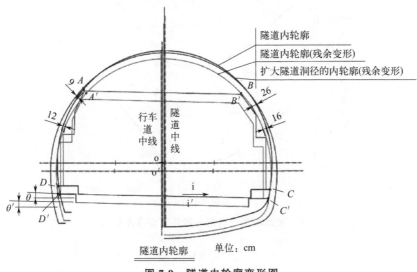

图 7-9　隧道内轮廓变形图

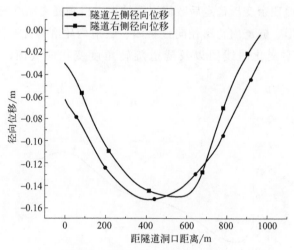

图 7-10　隧道内轮廓径向位移图

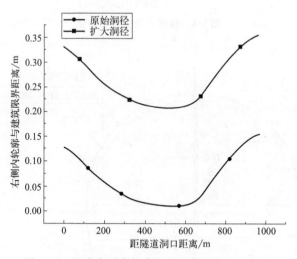

图 7-11　隧道右侧内轮廓与建筑限界净距变化图

7 采空区隧道治理与支护技术

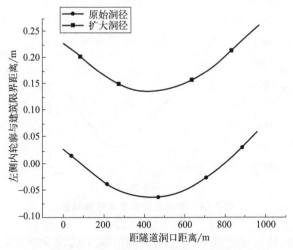

图 7-12 隧道左侧内轮廓与建筑限界净距变化图

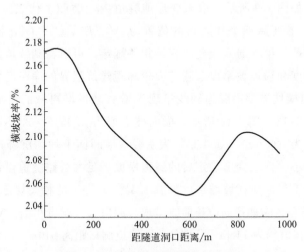

图 7-13 隧道横坡坡率变化曲线图

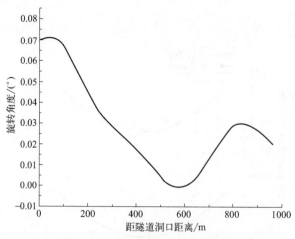

图 7-14　隧道旋转角度变化曲线图

① 隧道纵坡沿轴向线表现为先增加后减少的变化规律，如图 7-8 所示。幅值在 2.35%～2.62% 之间，满足《公路隧道设计规范　第一册　土建工程》关于长隧道纵坡最小不低于 0.3%，最大坡度不宜超过 3% 的规定。

② 隧道在开采工作面残余沉降的时间持续作用下，其内轮廓产生形变及旋转，如图 7-9 所示。取未变形前隧道内轮廓四个代表点分别为 A、B、C、D，形变后四个代表点的位置为 A'、B'、C'、D'，根据《公路隧道设计规范　第一册　土建工程》相关规定，可以得到隧道建筑限界发生的旋转角度和横坡坡率以及隧道内轮廓距建筑限界的净距变化情况。

③ 隧道横坡坡率沿隧道轴线呈现先增后减再增再减的波形变化规律形态，如图 7-13、图 7-14 所示，横向坡率值为 2.05%～2.18%，隧道横坡旋转角度为 $-0.008°$～$0.075°$，表明隧道横断面不均匀沉降造成的横向旋转角度较小，残余变形稳定后的隧道横坡满足《公路隧道设计规范　第一册　土建工程》对横坡坡率可采取 1.5%～2.0% 的相关规定。

④ 隧道左、右侧径向位移曲线呈现为洞口大、洞身小的"V"字形态，最大径向位移值约为 14cm，分别位于距隧道洞口距离 610m、395m 处。

⑤《公路隧道设计规范　第一册　土建工程》指出，隧道内轮廓线与建筑限界的净距不少于 5cm；如图 7-11 所示，隧道右侧内轮廓与建筑限界净距沿隧道轴线呈"V"字形态变化规律，以原设计内轮廓修建，残余变形后在距隧道洞口 180～720m 段，隧道内轮廓与建筑限界净距小于

5cm，不能满足规范要求。将隧道内轮廓扩大 0.3m 后，隧道内轮廓与建筑限界净距为 23～33cm，满足设计规范要求；如图 7-12 所示，隧道左侧内轮廓与建筑限界净距沿隧道轴线亦呈"V"字形态变化规律，以原设计内轮廓修建，洞身段隧道内轮廓与建筑限界净距不能满足规范要求，将隧道内轮廓扩大 0.3m 后，隧道内轮廓与建筑限界净距为 15～23cm，满足设计规范要求。

综上，针对采空区残余变形研究分析，扩大原设计隧道内轮廓半径 30cm，能保证预留足够空间，扩大后的内轮廓可满足采空区残余变形作用下的隧道建筑限界与内轮廓净距要求，可满足通风、监控等机电设施所需空间的规定，亦便于运营期隧道发生残余变形时及时采取针对性养护措施，保证运营通风、施工作业、排水、行车及结构安全要求。

7.2.2 隧道衬砌结构设计

（1）明洞

隧道洞口段结合地形、地质情况设置明洞，采用 C30 钢筋混凝土结构，如图 7-15 所示。

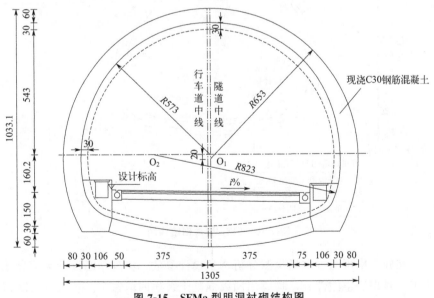

图 7-15 SFMa 型明洞衬砌结构图

（2）主洞

洞身段衬砌按新奥法原理设计，采用柔性支护体系结构的复合式衬砌。即以喷锚、挂网、钢架为初期支护，各级围岩二次衬砌结构均采用设置仰拱的钢筋混凝土结构形式，以提高采空区围岩残余变形下的隧道衬砌整体抗拉及抗剪切能力，并视地层、地质条件设置管棚、超前小导管、超前锚杆等预加固措施，其中典型衬砌结构设计方案如图 7-16、图 7-17、图 7-18 所示。

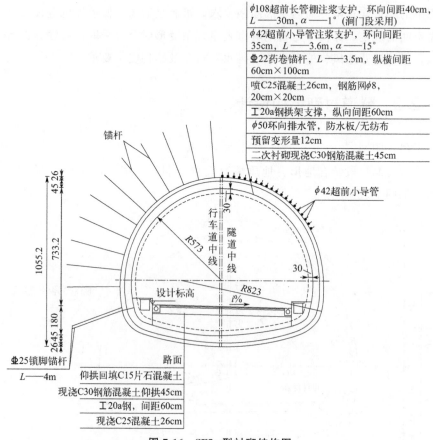

图 7-16　SF5a 型衬砌结构图

在施工中可通过现场量测分析调整设计参数，实现动态设计与信息化施工。衬砌后空隙部分，均应用同级混凝土泵送回填密实。各级围岩隧道复合式衬砌支护参数见表 7-5。

7 采空区隧道治理与支护技术

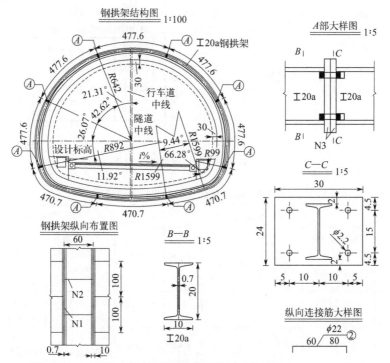

图 7-17 SF5a 型初支钢拱架构造图

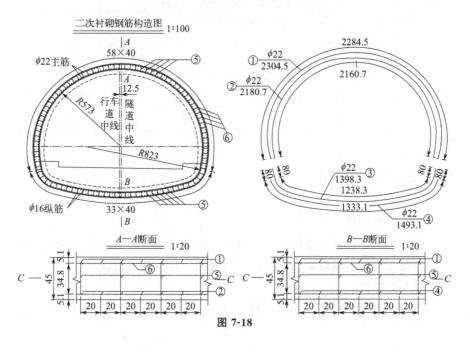

图 7-18

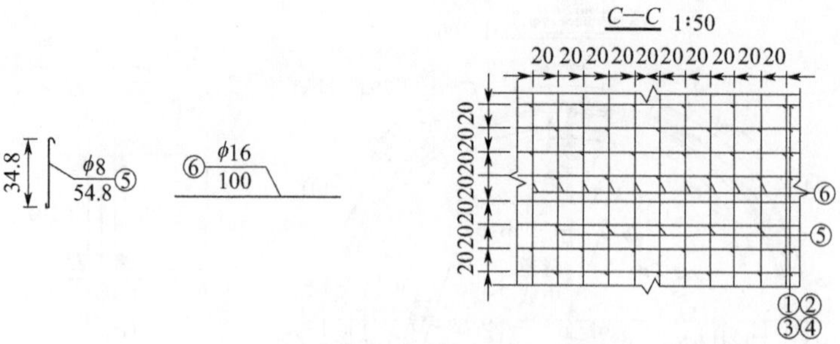

图 7-18 SF5a 型二衬钢筋布置图

表 7-5 隧道复合式衬砌支护参数表

衬砌类型	初期支护						二次衬砌	
	喷砼厚度/cm		锚杆		钢筋网	钢架/cm	现浇砼厚度/cm	
	拱、墙	仰拱	长度/cm	纵×环/cm			拱、墙	仰拱
SFMa							60（钢筋混凝土）	60（钢筋混凝土）
SF5a	26	26	350	60×100	φ8@20	I20a@60	45（钢筋混凝土）	45（钢筋混凝土）
SF5b	24	24	350	80×100	φ8@20	I18@80	45（钢筋混凝土）	45（钢筋混凝土）
SF4a	24	24	300	90×100	φ8@25	I18@90	40（钢筋混凝土）	40（钢筋混凝土）
SF4b	22	22	250	100×125	φ8@25	I16@100	40（钢筋混凝土）	40（钢筋混凝土）
SF3a	20	20	250	120×125	φ8@25	I14@120	35（钢筋混凝土）	35（钢筋混凝土）

7.2.3 洞口设计

（1）设计原则

隧道洞口位置选定遵循"早进晚出"的原则确定，洞口位置尽量避开滑坡、泥石流等不良地质段，且洞口应有利于行车视线的诱导。

（2）洞门设计

遵循"安全、经济、和谐、自然"的设计理念，根据隧道出口地形和工程地质条件并结合开挖边坡的稳定性与路堑支挡及排水条件，本路段隧道洞门形式采用了削竹式、端墙式。

削竹式洞门削竹坡比取1∶0.75，回填坡度取1∶1.5。削竹段采用C30钢筋混凝土结构并设置仰拱，以改善削竹段的受力状况和稳定性。

端墙式洞门墙面采用C25混凝土结构，端墙厚度取200cm，墙面坡度1∶0.1，为减小墙背的土压力，端墙背空隙采用浆砌片石密实回填。单压明洞采用C30混凝土偏压墙，洞门墙面用料石镶面，增加整体美观性。洞门墙基础设置于冻结线以下。

（3）洞口防护及绿化

隧道洞口边仰坡采用喷锚防护，削竹式洞口采用预制块植草生态防护。

7.2.4　防排水设计

（1）设计原则

① 隧道防排水设计遵循"防、排、截、堵结合，因地制宜，综合治理"的原则，达到排水畅通、防水可靠、经济合理、不留后患的目的。

② 对洞口周边的地表水进行拦截和疏导，不让地表水进入洞口刷坡范围。

（2）防水系统设计

1）结构防水

要求二次衬砌砼采用防水混凝土浇筑，以达到衬砌密实、防裂及防水目的，防水混凝土抗渗等级应不小于S8。

2）"三缝"防水

隧道衬砌环向施工缝防水采用中埋式橡胶止水带，两侧边墙纵向施工缝采用中埋式橡胶止水带。

3）模筑混凝土衬砌外防水

在初期支护与模注砼衬砌之间设置防水板，为保护防水板并形成渗水通道，防水板外侧设无纺布（300g/m^2），采用热熔化双焊缝无钉铺挂施工工艺。

（3）排水系统设计

① 环向排水　墙背环向均匀铺设环向ϕ50HDPE双壁打孔波纹管，

将墙背水引排至纵向排水管内,纵向间距 20m。

② 边墙纵向排水 两侧边墙底背后各设置一道纵向排水管,将环向排水管中的地下水集中汇流,通过横向排水管引排至中央排水沟中。纵向排水管采用 $\phi100$ HDPE 打孔双壁波纹管,其纵坡与路线纵坡一致。

③ 隧底横向排水 中长隧道及短隧道洞口段路面下设置横向排水管,将边墙纵向排水管汇集的地下水引排至隧道中央排水沟。横向排水管采用 $\phi100$ PVC 管,间距 20m。

④ 路面水 隧道路面两侧设置纵向路侧排水边沟,用于引排运营清洗污水、消防及路面积水。

⑤ 中央排水沟 在中长隧道及短隧道洞口段隧底设置纵向混凝土中央排水管沟,长隧道中央排水管直径 $\phi500$mm,中短隧道中央排水管直径 $\phi400$mm,将汇集的地下水引排至洞外;每隔 200m 设置一处中央排水沟检查井。

⑥ 横通道排水 车行、人行横通道边墙脚设纵向排水管直接引排至主洞中央排水沟。

⑦ 电缆沟排水 电缆沟每隔 20m 设 $\phi50$ PVC 管连接隧底横向排水管。

⑧ 纵向、横向、环向排水管之间均采用三通或四通连接。

项目防排水设计方案如图 7-19、图 7-20 所示。

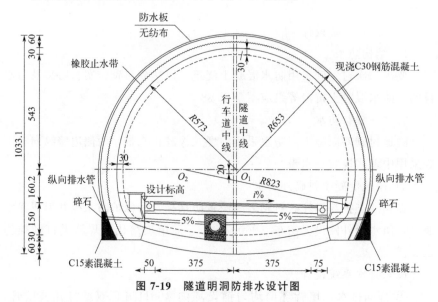

图 7-19 隧道明洞防排水设计图

7 采空区隧道治理与支护技术

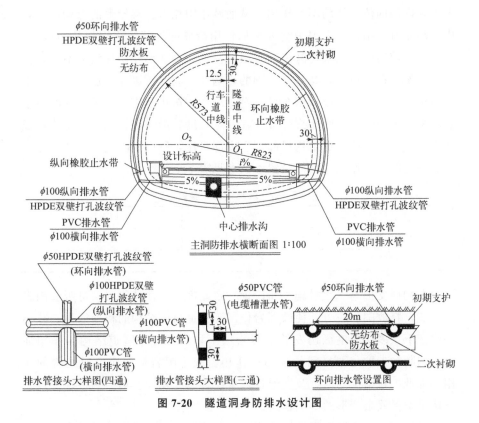

图 7-20 隧道洞身防排水设计图

（4）洞口防排水

隧道洞口区应避免水流汇集，防止地表汇水冲蚀洞口工程。隧道洞口洞顶根据洞口段汇水面积、汇水特征设置洞顶排水沟，在边仰坡开挖线外 5m 设一道洞外截水沟，洞顶排水沟和洞外截水沟应保证排水畅通。

洞口路基水沟积水禁止流入洞内，设置倒边沟，防止路基水流入隧道内。

7.2.5 沉降缝及柔性功能层设计

本项目隧道下伏多层采空区，由于各层采空开采年代不同且与隧道的空间分布位置均不相同，各层采空区对隧道及上覆岩层的稳定性、应力及变形产生复杂叠加影响，通过对隧道设置沉降缝，有利于释放隧道结构

269

发生在内部的位移错动不利作用，从而减小因相对位移导致的衬砌应力集中，防止衬砌结构发生因采空区叠加作用造成的局部结构损伤甚至破坏。此外，经前述研究成果，隧道因多层采空区残余变形作用导致的不均匀沉降主要发生在洞口段，洞身段受到的影响并不大，所以在隧道沉降缝在不均匀沉降最大的洞口段加密布设，对于洞身段按规范进行设置。同时由于多层采空区与隧道空间相交位置存在一定角度，沿隧道轴线产生不均匀残余水平移动，造成隧道结构局部产生内部挤压，所以沉降缝设置还需考虑具有一定防挤压作用，具体设置参数参见表 7-6。

表 7-6 沉降缝设计参数

布置位置	宽度/cm	间距/m
其余洞身段	2	30
洞口段	3	10

在初期支护与二次衬砌之间设置一定厚度的柔性功能层，可吸收围岩应变能，释放围岩应力、耗散围岩作用于隧道衬砌结构的积聚能量，减小和改变下伏多层采空区诱发的上覆岩层不均匀沉降对隧道结构的作用强度；切断初支护与二衬间的强约束作用，减小围岩释放应力对结构的作用；降低二衬结构的内力及变形，减少结构裂缝及大变形的病害现象及受下伏采空区残余变形的影响程度。

柔性层材料主要以聚乙烯泡沫、软质橡胶和压注式沥青材料为主。软质橡胶有良好的弹性性能，但密度较大，会增加隧道荷载且价格高，经济适用性较低。沥青材料虽然最为便宜，但是其性质受温度影响严重，物理力学性质不稳定，此外还需要使用压注的方法进行施工，对目前普遍使用的山岭隧道施工方法影响较大，不便于推广，且山岭隧道气候环境差，也不适宜采用沥青材料。经分析研究，闭孔聚乙烯泡沫板是非常适合用作隧道柔性层材料，具有造价低、强度高、耐腐蚀、质量轻、生产简便等特点，可根据设计参数批量生产，施作方法与山岭隧道防水层布设方式类似，施工难度小，其材料参数见表 7-7。

表 7-7 柔性层材料参数

柔性材料	弹性模量/MPa	泊松比	厚度/m	容重/(kN/m³)
聚乙烯泡沫板	6.0	0.38	0.15	9.5

7.2.5.1 计算模型建立

根据前述章节隧道数值模拟结果分析，在采空区残余变形作用下隧道衬砌应力距隧道洞口距离50～150m、750～850m段各项应力值会增加过大，通过研究，对于该段落隧道采取加密沉降缝、在初期支护与二次衬砌间设置柔性层支护的措施，提出一种新型隧道支护体系，能够补偿围岩变形，达成初支与二衬结构的刚柔结合，同时可减少采空区残余沉降所导致的隧道不均匀沉降以及衬砌的集中应力。建立数值分析模型，如图7-21、图7-22所示，对新型隧道支护体系进行力学响应分析。

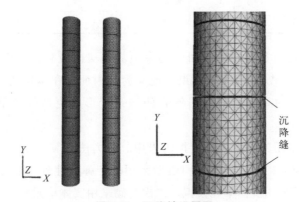

图7-21 沉降缝设置图

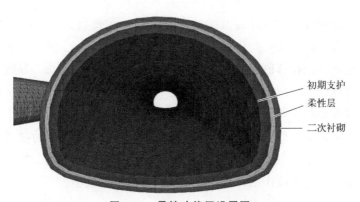

图7-22 柔性功能层设置图

① 隧道支护结构参数见表7-8。

表 7-8　隧道支护结构参数

支护结构	弹性模量/MPa	泊松比	厚度/m	密度/(kg/m³)
柔性层	6	0.38	0.15	0.95
初期支护	26×10^3	0.2	0.26	2380
二次衬砌	30×10^3	0.2	0.45	2450

② 对隧道 50～150m 段建立数值模型，设置隧道沉降缝，每 10m 一段，宽度 3cm，赋予 null 单元模型，参数见表 7-9。

表 7-9　沉降缝参数

结构	宽度/cm	间距/m
沉降缝	3	10

③ 模型轴向及横向边界面仅约束边界面法向位移，平面内无约束。模型底部水平边界采用固定约束。地面为自由面。在覆岩残余变形作用下，需将边界约束释放，根据覆岩的残余变形值更新模型节点的约束条件。

④ 岩体采用四面体单元模拟，采用总应力法计算，相应的岩体计算参数采用总应力指标，岩体本构模型采用基于弹塑性理论的莫尔-库仑模型，初期支护采用实体单元模拟，二次衬砌采用实体单元模拟。

7.2.5.2　隧道衬砌变形分析

隧道结构在设置沉降缝及柔性功能层后，在残余变形作用下的 z 向位移、x 向位移以及 y 向位移云图，如图 7-23 至图 7-25 所示。从图中可知：隧道各方向位移值在沉降缝位置均出现不同程度的增加，导致衬砌应力在沉降缝两侧出现应力集中现象，但从图中可以看出，沉降缝可使每段隧道整体变形趋于均匀，衬砌结构整体应力趋于均匀分布。同时柔性材料并没有使隧道周围的围岩位移变大，这是因为隧道初期支护对隧道洞室周围的围岩起到了约束作用，柔性层对采空区不均匀沉降引起二衬的应力集中起到了很好的吸收作用，使得二衬的应力大幅度减小。

7.2.5.3　隧道衬砌应力分析

在残余变形作用下隧道衬砌结构的 zz 向主应力、xx 向主应力、yy

7 采空区隧道治理与支护技术

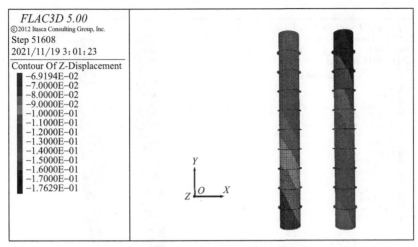

图 7-23 隧道 z 向位移云图

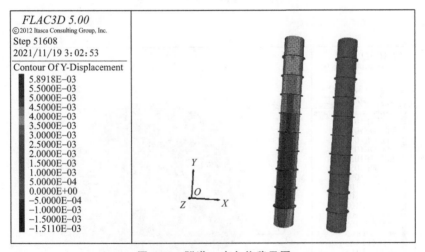

图 7-24 隧道 x 方向位移云图

向主应力、xy 向剪应力、xz 向剪应力、yz 向剪应力云图如图 7-26 至图 7-31 所示，应力云图分布呈现如下规律。

① 衬砌结构 z 向主应力在隧道右拱脚、左拱墙以压应力集中分布，在右拱墙以拉应力集中分布；衬砌结构 x 向主应力在隧道右侧拱肩及拱顶部位以拉应力集中分布，在仰拱及拱脚部位以压应力集中分布；衬砌结构 y 向主应力在隧道仰拱部位以拉应力集中分布，在两侧拱肩部位压应力集中分布。

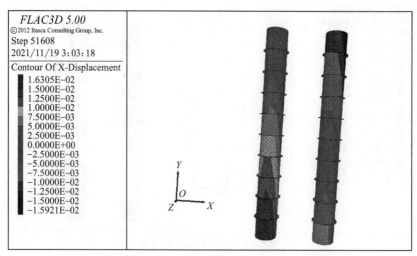

图 7-25　隧道 y 方向位移云图

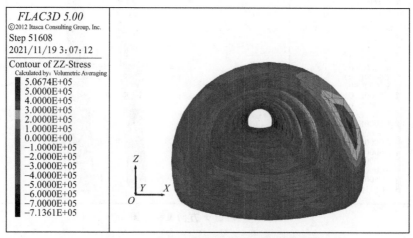

图 7-26　隧道二衬结构 zz 向正应力云图

② 衬砌结构 xy、xz 向剪应力在隧道右拱肩、左拱脚在 x 平面沿 y、z 方向以剪切正应力集中分布，在右墙脚、左拱肩 x 平面沿 y、z 方向以剪切负应力集中分布。衬砌结构 yz 向剪应力在左右两侧墙在 y 平面沿 z 方向以剪切负应力集中分布。

③ z 向主应力值从 2.78MPa 减小到 0.51MPa，x 向主应力值从

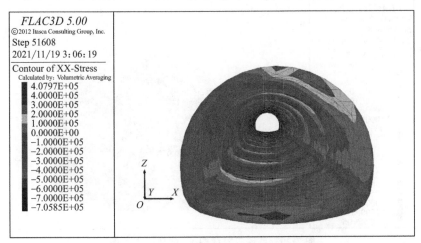

图 7-27　隧道二衬结构 xx 向正应力云图

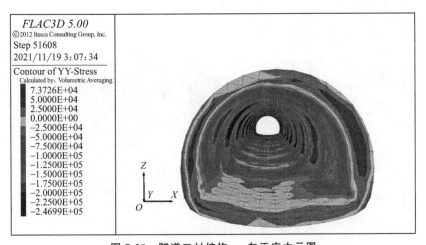

图 7-28　隧道二衬结构 yy 向正应力云图

1.15MPa 减小到 0.41MPa，y 向主应力值从 0.49MPa 减小到 0.07MPa；xy 向剪应力值从 0.56MPa 减小到 0.13MPa；xz 向剪应力值从 1.25MPa 减小到 0.26MPa，yz 向剪应力值从 0.87MPa 减小到 0.1MPa。

④ 数值分析结果表明：沉降缝、柔性功能层可有效减少因采空区残余变形导致的隧道轴向不均匀沉降，降低衬砌主应力及剪切应力值，能起到很好地改善衬砌结构受力状态的作用。

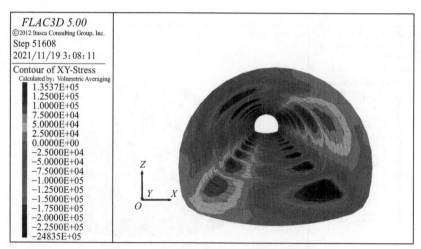

图 7-29　隧道二衬结构 xy 向剪应力云图

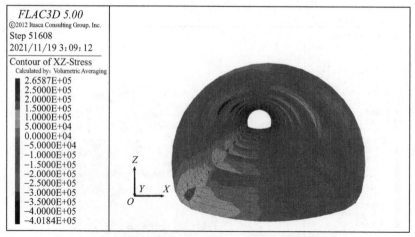

图 7-30　隧道二衬结构 xz 向剪应力云图

7.2.6　瓦斯防治措施

（1）超前预报

穿越瓦斯地层地段须采用超前钻孔进行探测，对前方岩体瓦斯赋存、瓦斯压力、瓦斯涌出量、瓦斯涌出衰减系数等参数进行测定，确定施工工区的瓦斯等级，同时预测施工前方可能出现异常瓦斯涌出情况，判断

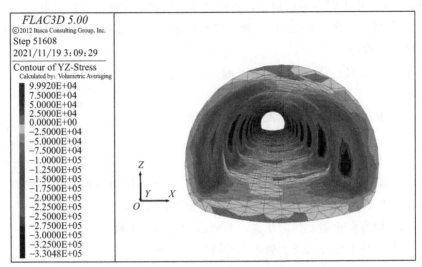

图 7-31 隧道二衬结构 yz 向剪应力云图

是否存在煤与瓦斯突出的可能性。钻机采用防爆型钻机,湿式钻孔,严禁干钻,施工中应随时检查孔内瓦斯情况,发现异常及时记录、汇报、处理。

(2) 施工期瓦斯检测

隧道内应采用便携式瓦斯检测仪,高瓦斯工区和瓦斯突出工区须配置高浓度瓦斯检测仪和瓦斯自动检测报警断电装置。

1) 瓦斯重点监测部位

① 开挖面及其附近 20m 范围。

② 断面变化交界处上部、导坑上部、衬砌与未衬砌交界处上部,以及衬砌台车内部、拱部塌穴等易积聚瓦斯部位。

③ 总回风流中。

④ 各洞室及通道。

⑤ 机械、电器设备及其开关附近 20m 范围内。

⑥ 岩石裂隙、溶洞和采空区瓦斯溢出口。

⑦ 局部通风不良地段。

⑧ 专业负责人指定的监测地点。

2) 瓦斯检查注意事项

① 导坑内瓦斯含量在 0.5% 以下时,每隔 0.5~1h 检查一次,瓦斯含

量在0.5%以上时应持续检查，不得离开开挖面，发现异常及时报告。

② 当瓦斯含量在2%以上时，应加强通风，在瓦斯含量降到允许值后方可进入检查。

③ 在钻眼、装药、放炮前及放炮后四个环节上做好瓦斯巡回检查与记录。

④ 瓦斯人员工作时应配备安全防护装备。

(3) 瓦斯工区施工安全措施

1) 施工组织

① 业主、施工单位、监理单位应成立针对瓦斯防治的安全管理机构和配置专职专业人员，并建立健全相应管理制度。

② 设置灭火器、消防水池、消防用沙等消防设施。

③ 对施工作业人员、管理人员进行安全培训。

④ 施工单位须制定防治瓦斯的专项施工方案及应急预案，通过审批后，严格遵照执行。

2) 施工作业

瓦斯工区钻爆作业（须采用煤矿许用炸药和电雷管）、施工通风、监测系统、防爆电气设备及电缆、防爆作业机械、施工安全管理、质量检验与工程验收要求，须严格执行《公路隧道施工技术规范》(JTG/T 3660—2020)、的各项规定，未尽事宜可参照《公路瓦斯隧道设计与施工技术规范》执行，确保瓦斯工区的施工安全。

(4) 隧道内瓦斯浓度超限处理措施

隧道瓦斯工区施工应严格落实"加强通风、勤测瓦斯、严控火源"的原则，隧道内瓦斯浓度限值及超限处理措施应符合表7-10的规定。

表7-10　隧道内瓦斯浓度限值及超限处理措施

序号	地点	限值	超限处理措施
1	低瓦斯工区任意处	0.5%	超限点20m范围内立即停工，查明原因，加强通风及瓦斯检测
2	局部瓦斯积聚（体积大于0.5m^3）	2.0%	附近20m停工，撤人，断电，进行处理，加强通风
3	开挖工作面风流中	1.0%	停止电钻钻孔
4	煤层爆破后工作面风流	1.0%	继续通风不得进入

续表

序号	地点	限值	超限处理措施
5	局部通风机及电器开关20m范围内	0.5%	停机并不得启动
6	钻孔排放瓦斯时回流中	1.5%	撤人,停电,调整风量
7	竣工后洞内任何处	0.5%	查明渗漏点,增加运营通风设备

(5) 瓦斯工区衬砌结构瓦斯防护措施

① 采用全封闭衬砌结构。喷射混凝土厚度不小于15cm,二次衬砌混凝土厚度不小于40cm。

② 喷射混凝土透气系数应$\leqslant 10^{-10}$cm/s,二次衬砌混凝土透气系数应$\leqslant 10^{-11}$cm/s。

③ 初期支护和二衬之间用全封闭防水板做隔离层,防水板厚度不小于1.5mm,防水板搭接采用冷粘法,施工搭接宽度不小于150mm。

④ 衬砌结构变形缝、施工缝应采用气密处理,封闭瓦斯性能不应小于衬砌本体。

⑤ 瓦斯地段等级为一级时可采用围岩注浆措施封闭瓦斯。

⑥ 在瓦斯设防段左右边墙下布纵向排水管,设置气水分离装置,分离出的瓦斯气体可用管道引出洞外,高空排放。洞外瓦斯排气管口应高出拱顶10m以上,并应接地,其周围20m内禁止有明火及易燃易爆物品。

(6) 运营期瓦斯监测

① 加强瓦斯隧道运营期间应瓦斯检测。瓦斯地段等级为一级的瓦斯隧道在运营期设置自动检测系统,自动检测系统应具有瓦斯超限报警、通风机自动控制等功能。

② 瓦斯检测断面的位置应根据施工期间瓦斯的涌出情况确定,在瓦斯地层地段布置间距$\leqslant 100$m,且在两端洞口附近、人字坡隧道变坡点、紧急停车带、人行和车行横通道区域应布置。

③ 检测探头应位于隧道断面中部拱顶不小于25cm处。设置自动检测系统应能抗强电磁干扰,探头的安装应便于定期检查维修。

④ 瓦斯隧道地下排水系统、电缆沟等检修工作前,必须先进行瓦斯检测,待确认安全后方可进行检修。检修时随时进行瓦斯检测,当瓦斯浓度超限时应采用局部通风设备通风稀释至安全范围。

7.2.7 施工组织设计

7.2.7.1 施工方案

(1) 明洞段

采用明开挖法施工，开挖前先完成洞口截、排水工程的施工，开挖仰坡应按从上到下顺序开挖，并及时对边坡、仰坡采取喷锚支护，在施工中可根据开挖后的实际地质情况对岩体支护措施适当调整以保证其稳定，待边坡稳定后施作明洞，明洞及明洞回填工程应在雨季前施工完成，明洞衬砌施工应按先浇筑仰拱、再施工边墙及拱圈的顺序进行施工，待衬砌混凝土达到设计强度后，对称分层回填浆砌片石及碎石土，压实度不小于90%。明洞施工结束后方可进洞。

(2) 洞身段

分离式隧道主洞Ⅴ级围岩及Ⅳ3级围岩段采用预留核心土环形开挖法，主洞Ⅳ2、Ⅳ1级围岩段采用台阶法开挖，主洞Ⅲ级围岩段采用全断面法开挖。

7.2.7.2 辅助工程措施

① Ⅴ级围岩洞口浅埋段一般采用 ϕ108 管棚超前支护。

② 洞身Ⅴ级围岩地段采用单层小导管超前支护。

③ 洞身Ⅳ级围岩段采用超前砂浆锚杆支护。

7.2.7.3 施工安全注意事项

(1) 洞口施工安全

① 洞口施工应避开雨季进行。

② 洞口施工前应复测洞口段纵横地面线，若与设计不符，应及时上报，严禁盲目开挖，形成高边坡。

③ 应加强洞口周围和掌子面临时边仰坡的锚喷网防护，确保安全进洞。在接长明洞的洞口，明洞和明洞回填应及时施作。

④ 进一步查清隧道进出口段坡体的稳定性。隧道洞口区域所有危及洞口安全的危石、落石等必须彻底清除，同时根据岩体稳定情况可设置隔

离栅、防护网等安全设施，以保证隧道的施工和营运安全。

⑤ 隧道洞口在施工前应首先修筑排水沟，确保排水畅通，以减少积水对洞口的冲蚀，保障洞口施工安全。

(2) 洞身施工安全

① 施工中应严格遵循"短进尺、弱爆破、快封闭、勤量测"的原则，严格控制循环进尺和爆破振动速度。

② 拱部易坍段落在开挖前应施作必要的超前支护。

③ 应坚持"随挖随支护和先喷后锚"的原则，即喷锚或钢架支护必须紧跟开挖工作面，应在爆破、通风和找顶后及时对岩面进行初喷砼，尽快封闭围岩，控制围岩的初期变形，然后再及时施作锚杆、挂钢筋网或架立钢架，最后复喷砼达到设计厚度。在喷锚作业期间，应有人随时观察围岩变化情况。

④ 对可能出现涌水的地段，应进行地质超前预报，并采注浆措施防治涌水。

⑤ 在隧道施工作业中应采取各种有效的防护措施，做好通风、照明、防尘、防水、降温和防治有害气体等的措施，保护环境卫生，保障施工人员的健康和生产安全。

⑥ 施工过程中，应对围岩进行监控量测，根据量测结果及时反馈信息，合理修正支护参数和开挖方法，指导施工和确保施工安全。

⑦ 施工前，应认真检查并处理喷射混凝土支护作业区的危石，施工机具应布置在安全地带。

⑧ 施工中产生的施工用水应加强引排，严禁积水，以保证结构的安全。

⑨ 在隧道土建施工中需注意预留洞室、预埋管件的施工，不要遗漏。

7.2.7.4 应急预案编制要求

施工单位应根据相关法律、法规、规章和标准，结合具体工程特点，进行应急资源调查及事故风险评估，编制针对性应急预案，组织评审论证，并向安全生产监督管理部门和有关部门备案。应急预案编制的主要内容有以下几点。

(1) 应急组织机构及职责

应急预案应规定事故应急响应机构及职责。应急响应机构中应包括抢险救援领导小组，常设抢险、抢险物质保障、消防、医疗救护、交通指挥、后勤保障等部门。

抢险救援领导小组负责抢险指挥及协调工作，并负责抢险信息的发布。

现场抢险部门负责实施事故现场的抢险、搜救工作。

抢险物资保障部门负责抢险物资准备、供应以及现场照明、通风工作。

消防部门负责现场消防工作，以及与当地消防部门的联系。

医疗救护部门负责现场必要的就地救护工作，以及与当地医院救护的联系。

交通指挥部门负责抢险现场的交通疏导，维持现场秩序，并负责与当地公安交通运输部门联络。

后勤保障部门负责抢险救援期间的后勤物资、生活保障。

(2) 预防与预警措施

施工单位应建立重大风险源的监测、日常巡查、定期报告等工作制度，并组织实施。

预防与预警措施包括危险源与风险分析、危险源监控、预警提示信息、信息报告与处置等。

(3) 事故报告制度

根据发生事故的等级建立相应的事故报告制度，事故发生后应在最短的时间内报告事故应急响应机构，启动相应的应急预案。

(4) 应急响应

① 响应分级　针对事故危害程度、影响范围和单位控制事态的能力，将事故分为不同的等级。按照分级负责的原则，明确应急响应级别。

② 响应程序　根据事故的大小和发展态势，明确应急指挥、应急行动、资源调配、应急避险、扩大应急等响应程序。

③ 应急结束　明确应急终止的条件，事故现场得以控制，环境符合有关标准，次生、衍生事故隐患消除后，经事故现场应急指挥机构批准后，现场应急结束。

(5) 后期处置

主要包括污染物处理、事故后果影响消除、生产秩序恢复、善后赔偿、抢险过程和应急救援能力评估及应急预案的修订等内容。

(6) 保障措施

1) 应急物资、设备保障

配备足够的应急救援物资和设备材料,指定专人负责,定期维护,保障正常运转。应急物资主要包括抢险物资、常备医疗药品和器材、通信设备、照明设备、消防设备、发电机、抽水设备等。

抢险物资包括钢材、水泥、木材、脚手架、钢管、钢拱架、编织袋、开挖机具、运输机具、注浆机具等。

常备医疗药品和器材包括消毒用品、受伤急救用品、常用小夹板、担架、止血袋、氧气袋等。

2) 人员保障

配备足够的抢险、救援人员,定期对各类抢险、救援人员进行抢险、救援知识培训,必要时应进行抢险、救援演练。

3) 通信保障

配备必要的通信设备,如手机、电话、对讲机等,并由专人负责,保证通信 24h 畅通。

4) 交通保障

事故发生时应有足够的车辆,并保证车辆运转正常,交通顺畅。

(7) 培训与演练

要明确对本单位人员开展的应急培训计划、方式和要求;明确应急演练的规模、方式、频次、范围、内容、组织、评估、总结等内容。定期组织对重大风险源的应急救援演练。

(8) 施工意外事故逃生

隧道所有开挖作业面均须配置救生箱和逃生管设备,防止塌方后造成人员伤亡,救生箱采用 1cm 厚钢板加工成 1m×1m×1m 的立方体,救生箱须设专人管理,放置于距掌子面不大于 10m 的位置,箱内常备饮用水、食品、药品等应满足国家食品卫生安全标准,并注意防水防潮,定期检查更换。开挖爆破时可临时移至安全地带,但出碴后应及时移回原位。

逃生管采用 1cm 厚钢板卷制成直径 0.95m 的圆管,或采用符合国家标准的其他逃生管。逃生管一端伸入已完二衬的长度不小于 5m,另一端距掌子面不大于 10m,掌子面端管口设向内开启的封闭门一道,距管口 5~10m 处设向外开启的封闭门一道。逃生管内备有线联络器材和工作绳等,方便逃生、抢险、联络和传输各种物品。逃生管外应包裹缓冲材料,施工时注意保护免遭破坏。封闭门应具有易开启的设置,并能防水和防爆炸冲击。施工单位应加强对职工的培训教育,定期进行逃生演练,保证每个工人熟悉逃生程序和逃生方向。施工单位可根据需要和实际情况对救生箱和逃生管的设置进行调整。

7.2.8　监控量测与超前地质预报

7.2.8.1　监控量测

(1) 监控量测目的

① 掌握围岩和支护动态,进行日常施工管理。

② 了解支护构件的作用及效果。

③ 确保隧道施工及运营安全与经济。

④ 将监控量测结果反馈设计及施工中。

(2) 必测项目

1) 地质和支护状况观察

① 洞内观察包括开挖面观察和初期支护完成区段观察等。

② 开挖面观察:每次开挖后进行一次,对岩性、岩层产状、结构面、溶洞、断层进行描述。

③ 初期支护完成区段观察:每天至少进行一次,观察内容包括喷砼、锚杆、钢架的状态。

④ 洞外观察包括洞口地表情况,地表沉陷,边坡、仰坡的稳定,地表水渗漏的观察等。

2) 周边收敛和拱顶下沉量测

量测隧道断面的收敛情况,包括量测拱顶下沉、净空水平收敛以及底板鼓起(必要时)。

拱顶下沉和水平收敛量测断面的间距为:Ⅲ级围岩不大于30m,Ⅳ级围岩不大于25m,Ⅴ级围岩应小于20m。围岩变化处应适当加密,在各类围岩的起始地段增设拱顶下沉测点1~2个,水平收敛1~2对。当发生较大涌水时,Ⅴ级围岩量测断面的间距应缩小至5~10m。各测点应在避免爆破作业破坏测点的前提下,尽可能靠近工作面埋设,一般为0.5~2m,并在下一次爆破循环前获得初始读数。初读数应在开挖后12h内读取,最迟不得超过 24h,而且在下一循环开挖前,必须完成初期变形值的读数。

拱顶下沉量测应与净空水平收敛量测在同一量测断面内进行。当地质条件复杂,下沉量大或偏压明显时,除量测拱顶下沉外,尚应量测拱腰下沉及基底隆起量。

拱顶下沉量测与净空水平收敛量测宜用相同的量测频率,如表 7-11 所示。

表 7-11 量测频率

变形速度/(mm/d)	量测断面距开挖工作面的距离	量测频率
>10	(0~1)B	1~2 次/d
10~5	(1~2)B	1 次/d
5~1	(2~5)B	1 次/2d
<1	>5B	1 次/周

注:B 表示隧道开挖宽度。

(3) 地表下沉量测

浅埋段地表下沉量测断面布置宜与拱顶下沉量测及水平净空变化量测在同一量测断面内,地表下沉量测应在开挖面前方隧道埋置深度与隧道开挖高度之和处开始,直到衬砌结构封闭,下沉基本停止为止。

地表下沉量测频率和拱顶下沉及净空水平收敛的量测频率相同。

(4) 选测项目

① 钢架内力及外力;

② 围岩体内位移(洞内设点);

③ 围岩体内位移(地表设点);

④ 围岩压力及两层支护间压力;

⑤ 支护、衬砌内应力;

⑥ 锚杆轴力。

上述选测项目应结合本隧道围岩性质、开挖方式、地表既有建筑的分布情况等因素有选择地进行;围岩压力、支护及衬砌内应力等项目的量测频率开始时与同一断面的变形量测频率相同,当量测值变化不大时可适当降低量测频率。

(5) 监控量测资料整理及成果应用

包括以下内容。

① 原始记录表（包括断面编号、测点设置时间、施工情况）及实际测点布置图。

② 绘制位移随时间变化的曲线——时态曲线。

③ 绘制位移随开挖面距离变化的曲线——空间曲线。

④ 绘制位移速度、位移加速度随时间及开挖面距离的变化图。

⑤ 对初期支护时态曲线应进行回归分析，选择与实测数据拟合性好的函数进行回归，预测可能出现的最大位移，并根据最大位移值、位移速率及位移时态曲线进行施工管理。判断隧道是否稳定的标准参照施工监控量测设计图的要求，并应满足《公路隧道施工技术规范》的相关要求。

7.2.8.2 超前地质预报

本合同段隧道工程规模较大，尤其是长隧道工程地质条件复杂，鉴于地下工程的复杂性以及勘察手段的局限性，目前还无法精确查明隧道洞身的地质情况，为了保证施工安全，必须加强超前地质预报工作。

建议超前地质预报工作按以下顺序进行。

① 隧道开挖爆破后立即进行地质调查并进行地质素描，一般地段每10m记录一次，地质条件发生变化时，增加素描。

② 利用TSP每隔100m左右探测一次，粗略掌握掌子面前方不良地质分布情况。

③ 用地质雷达或瞬变电磁仪在接近不良地质体30m左右时探测一次，进一步核实与了解不良地质的分布情况。

④ 若物探方法初步判定前方有不良地质体，当掌子面接近不良地质体10m左右时，应采用钻孔进行验证。

⑤ 根据物探与钻探结果，并结合前期地勘成果及地质调查资料，综合判定不良地质体的范围与程度。

参考文献

[1] 李红旭. 布尔台矿重复采动覆岩移动及地表变形规律研究 [D]. 洛阳：河南理工大学，2016.

[2] 朱卫兵. 浅埋近距离煤层重复采动关键层结构失稳机理研究 [D]. 徐州：中国矿业大学，2010.

[3] 童立元，刘松玉，邱钰，等. 高速公路下伏采空区问题国内外研究现状及进展 [J]. 岩石力学与工程学报，2004，23（7）：1198-1202.

[4] 付建新，宋卫东，杜翠凤，等. 硬岩矿山采空区损伤失稳机制与稳定性控制技术 [M]. 北京：冶金工业出版社，2016.

[5] 朱广轶，徐征慧，解陈，等. 老采空区地表残余移动变形影响函数研究 [J]. 岩石力学与工程学报，2014，33（10）：1962-1970.

[6] 马荣振. 厚松散层及承压水失水条件下重复采动地表移动变形规律研究 [D]. 淮南：安徽理工大学，2014.

[7] 赵军. 多煤层开采覆岩结构演化规律及矿压控制研究 [D]. 青岛：山东科技大学，2018.

[8] 朱广轶，李树峰，高志广，等. 论浅部开采条件下城区土地开发 [J]. 辽宁工程技术大学学报：自然科学版，2009，28（5）：704-707.

[9] 王磊，郭广礼，查剑锋，等. 老采空区地表残余沉降预计与应用 [J]. 采矿与安全工程学报，2011，28（2）：283-287.

[10] 王文学，王四巍，刘海宁，等. 老采后覆岩裂隙岩体应力恢复的时空特征 [J]. 采矿与安全工程学报，2017，34（1）：127-134.

[11] 于洋，神文龙，高杰. 极近距离煤层下位巷道变形机理及控制 [J]. 采矿与安全工程学报，2016，33（01）：49-55.

[12] 李建旺. 上伏采空区高速公路隧道开挖灾变演化机制及安全控制关键技术研究 [D]. 北京：北京科技大学，2021.

[13] 李晓红，姜德义，刘春，等. 公路隧道穿越采空区治理技术研究 [J]. 岩土力学，2005，26（06）：910-915.

[14] 王华玲. 下伏采空区公路隧道结构安全稳定性评价及处治措施研究 [J]. 公路，2020，02：308-315.

[15] 符亚鹏，姚志刚，方勇，等. 隧道开挖对下伏水平薄煤层采空区地层的扰动及衬砌受荷特征 [J]. 岩土力学，2016，37（11）：117-125.

[16] 缪协兴，张吉雄，郭广礼. 综合机械化固体充填采煤方法与技术研究 [J]. 煤炭学报，2010，35（01）：1-6.

[17] 朱卫兵，许家林，赖文奇，等. 覆岩离层分区隔离注浆充填减沉技术的理论研究 [J]. 煤炭学报，2007，32（05）：458-462.

[18] 张村，赵毅鑫，屠世浩，等. 采空区破碎煤岩样压实再次破碎特征的数值模拟研究 [J]. 岩土工程学报，2020，42（04）：696-704.

[19] 栾元重，李静涛，刘娜，等．重复开采上覆岩体与地移动规律研究［J］．采矿与安全工程学报，2012，29（01）：90-94．

[20] 姚邦华，周海峰，陈龙．重复采动下覆岩裂隙发育规律模拟研究［J］．采矿与安全工程学报，2010，27（03）：443-446．

[21] 张乃烊，黄明，郑斌，等．泥质页岩注浆结石体的蠕变特性试验研究［J］．有色金属，2016，68（01）：52-56．

[22] 许宏发，耿汉生，李朝甫，等．破碎岩体注浆加固体强度估计．岩土工程学报，2013，35（11）：2018-2022．

[23] 樊永山，张胜云．近距离煤层群下行开采下煤层覆岩运移规律模拟［J］．辽宁工程技术大学学报（自然科学版），2015，34（08）：887-891．

[24] 胡炳南，郭爱国．矸石充填材料压缩仿真实验研究［J］．煤炭学报，2009，34（08）：1076-1080．

[25] 樊永山，张胜云．近距离煤层群下行开采下煤层覆岩运移规律模拟［J］．辽宁工程技术大学学报（自然科学版），2015，34（08）：887-891．

[26] 王文，李化敏，熊祖强，等．粒径级配对矸石压实变形特性影响研究［J］．地下空间与工程学报，2016，12（06）：1553-1558．

[27] 李猛．矸石充填材料力学行为及控制岩层移动机理研究［D］．徐州：中国矿业大学，2018．

[28] 孙利辉，纪洪广，蒋华，等．弱胶结地层条件下垮落带岩层破碎冒落特征与压实变形规律试验研究［J］．煤炭学报，2017，42（10）：2565-2572．

[29] 周伟，刘东，马刚，等．基于随机散粒体模型的堆石体真三轴数值试验研究［J］．岩土工程学报，2012，34（04）：748-755．

[30] 秦严．多煤层开采岩层移动规律研究［D］．北京：中国地质大学，2021．

[31] 孟敏强，王磊，蒋翔，等．基于尺寸效应的粗粒土单颗粒破碎试验及数值模拟［J］．岩土力学，2020，41（09）：2953-2962．

[32] 邱华富，刘浪，孙伟博，等．采空区充填体强度分布规律试验研究［J］．中南大学学报（自然科学版），2018，49（10）：2584-2592．

[33] 梁冰，汪北方，姜利国，等．浅埋采空区垮落岩体碎胀特性研究［J］．中国矿业大学学报，2016，45（03）：475-482．

[34] 崔路允．深埋隧道穿越复杂采空区围岩稳定性分析［J］．地下空间与工程学报，2019，15（02）：710-716．

[35] 谢和平．分形几何及其在岩土力学中的应用［J］．岩土工程学报，1992（01）：14-24．